## はじめに

　2013年秋に起きたメニュー表示問題は、消費者に驚きと怒りをもたらした。信頼できるはずの老舗ホテルや百貨店で、メニューとは実際に異なる食材が提供されていることがわかり、わずか1か月間でその数は数百に及んだのである。

　もっとも、これらの事例を一つひとつみると、これまでの偽装表示事件とは異なる側面がみえてくる。その多くが、成形肉を「ステーキ」とだけ表示したり、異なるエビの種名をメニューにのせたりしたもので、「表示ルールを知らなかったから」「業界の慣習だから」という理由によるものだった。同時期に摘発されたコメの原産地表示偽装事件のように、最初から利益を追求するような悪質なものではない。それでも、食材を偽ってメニューに表示をしたのは事実であり、「食材偽装」として消費者の信頼を損なう結果となった。

　これ以上食材偽装が続けば、日本が誇る「和食」に傷がつくことにもなりかねない。

　政府はこの問題を重く受け止め、様々な対策を講じている。消費者庁ではメニュー表示に係る法律「景品表示法」の改正を進め、行政の監視指導体制を強化するとともに、事業者の表示管理体制の強化も求めることとした。また、違反した際に課徴金をとる制度も検討が進められている。

　様々な対策が進められる中で大事なことは、どんな表示が不当な表示にあたるのか、景品表示法だけでなく複雑な食品表示の法律について、まずは関係者が知識を共有することだろう。本著は、そのお手伝いになるよう表示の法律の解説を中心にまとめている。

　第1章は、なぜこれだけ多くの事業者が公表することになったのか、その背景を探り、再発防止のために国がどのような施策をうちだしたのか、経緯についてまとめた。

　第2章は、景品表示法が他の食品表示の法律とつくりが異なること、この法律の目的と不当表示の考え方について解説をする。

第3章は、2014年3月に消費者庁が公表したメニュー表示の考え方をまとめたガイドラインについて、35項目のQ&Aの事例について紹介した。
　第4章は、景品表示法の過去の違反事例等をもとに、ガイドラインだけでは見えてこないグレーゾーンにあたる用語・表現をまとめ、どんな場合に消費者を誤認させることになるのか考えてみた。
　第5章は、景品表示法上問題となるかどうか、判断の根拠となる食品表示に関する様々な法律や規格などをまとめた。2015年度から施行される新しい法律「食品表示法」についても紹介している。
　第6章は、メニューの表示を適切に行うために、事業者に求められる取り組みについて、コンプライアンスの強化や表示の管理手法等についてまとめた。
　最終第7章では、不当な表示を許さないために今後、消費者ができることを考え、事業者とのコミュニケーションも含めて提案している。

　景品表示法はわかりにくいと言われるが、要は実際のものと表示が異なっていたり、大げさだったりして消費者を誤認させるかどうかがポイントである。そこで、消費者視点の表示が求められるが、そもそも外食産業は様々な人々の日々の暮らしに密着して、消費者の気持ちに一番近いところにいるはずである。
　外食はこれまでは義務表示のルールが適用されず、行政の取り締まりも緩いことから、食材が偽装されやすい状況にあった。しかし、法令遵守の重要性を理解し、表示をきちんと管理をすれば、自由で魅力的な表現は可能である。それが、消費者との有効なコミュニケーションの手段ともなり、楽しい外食の世界につながる。本著が、その糸口となれば幸いである。

2014年9月

消費生活コンサルタント

森田満樹

# 目　次

## 第1章　なぜ、食材偽装が起こったのか

1. メニュー表示問題、これまでの偽装表示事件とここが違う …… 1
2. メニュー表示問題の経緯 ……………………………………… 4
   1）2013年10月以前のメニュー表示の違反　　4
   2）㈱阪急阪神ホテルズのメニュー表示問題　　5
   3）メニュー表示問題―どこまでが違反か　　7
   4）「ザ・リッツ・カールトン大阪」と「三笠」の事例　　10
   5）肉、エビの表示で問題となったのが過半数　　13
3. なぜホテルや百貨店で食材偽装が起きたのか ………………… 15
   1）事業者のコンプライアンス意識の欠如と、調理現場の問題　　15
   2）景品表示法の理解不足と不徹底　　16
   3）行政の監視指導体制の問題　　16
   4）消費者ニーズの多様化と競争の激化　　17
4. 繰り返される食材偽装を絶つために …………………………… 18

## 第2章　メニュー表示に適用される景品表示法とは

1. 食品表示には義務表示、任意表示、禁止表示がある ………… 25
2. 外食に義務表示はない、景品表示法だけ ……………………… 28
3. 景品表示法の目的 ………………………………………………… 32
4. 景品表示法が定める不当表示とは ……………………………… 35
   （優良誤認表示）　35
   （有利誤認表示）　36
   （その他の不当表示）　37
5. 景品表示法が定める「表示」の対象 …………………………… 38
6. 違反かどうかは一般消費者の認識で決まる …………………… 41
7. 景品表示法に違反したら ………………………………………… 44

1

目　次

8．改正景品表示法の概要……………………………………………48

### 第3章　消費者庁のメニュー・料理等の表示ガイドライン

1．ガイドラインが発表されるまで……………………………………53
　●景品表示法のガイドライン　　53
　●最初のガイドライン案で混乱が深まる　　54
　●ガイドライン案を修正、正式なガイドラインへ　　56
2．ガイドライン「第3　不当な表示の禁止に関する基本的な考え方」……………………………………………………………58
3．ガイドライン「Q＆A　Q1基本的な考え方」…………………59
4．ガイドライン「Q＆A　肉類のQ＆A（Q2～7）」…………62
　●サイコロステーキは？　　63
　●成型肉の場合のアレルギー表示は？　　63
　●ビーフシチューの場合は？　　64
　●ポークステーキの場合は？　　65
5．ガイドライン「Q＆A　魚介類に関するQ＆A（Q10～22）」…71
6．ガイドライン「Q＆A　農産物に関するQ＆A（Q23～27）」…81
7．ガイドライン「小麦製品、乳製品、飲料に関するQ＆A（Q28～35）」……………………………………………………84

### 第4章　メニュー表示のグレーゾーン
　　　　　―その表示は、消費者を誤認させていませんか―

1．ガイドラインにおける不当表示例をまとめると…………………91
2．どこまでがパフィング（puffing）か………………………………92
3．「特選（撰）」「極上」等のランクの優良性を示す表示…………93
4．「世界一」等の最大級表現…………………………………………95
5．「期間限定」等の表示………………………………………………95
6．食材の原産地に関する表示…………………………………………96

目　次

　　●景品表示法は原産地の不当表示に厳しい　98
　　●原産地は飼養期間の最も長い場所　99
　　●異なる原産地の表示が混ざる場合　100
　　●他にも原産地表示に関する不当表示事例　101
　7．銘柄名やブランド名に関わる表示……………………………………102
　　●地域ブランド商標制度と偽ブランド　103
　8．品種名に関わる表示……………………………………………………104
　　●種名には標準和名と一般的名称例がある　105
　　●エビやアワビのような高級魚介類は、料理名も正確な名称で　108
　　●野菜・果物の品種　108
　9．「和牛」「有機」「地鶏」など他法令で規格がある表示…………109
　10．「手づくり」「自家製」「手打ち」など製法に関わる表示………110
　11．「無菌」「無添加」等の表示…………………………………………111
　12．「無農薬」「無化学肥料」等の表示…………………………………114
　13．特色のある原材料がごくわずかしか用いられていない場合……116
　14．「自然」「天然」に関する表示………………………………………119
　15．「フレッシュ」「生」「新鮮」「朝採れ」など鮮度に関する表示…120
　16．「本物」「本格」「純」「ピュア」など品質に関する表示…………121
　17．栄養、健康に関する表示……………………………………………122
　18．「国連認定証」「○○賞受賞」など認証、賞に関する表示………124
　19．「まろやか」「コク深い」など食感、シズル感、嗜好性に関す
　　　る表示…………………………………………………………………126
　20．「たっぷり」「特大」などサイズや、お徳用、増量、サービス
　　　パックなど量に関する表示…………………………………………127
　21．部位を使った料理名…………………………………………………128
　22．グレーゾーンをシロにする取り組みを……………………………129

第5章　食品表示の他法令を知っておく

　1．食品表示制度は複雑……………………………………………………133

目　次

2. 外食にかかる表示　①牛肉生食の場合の表示基準……… 135
3. 外食にかかる表示　②外食の原産地表示ガイドライン……… 135
4. ＪＡＳ法（農林物資の規格化及び品質表示の適正化に関する法律）……… 137
5. 食品衛生法……… 139
6. 健康増進法……… 140
7. 牛トレーサビリティ法（牛の個体識別のための情報の管理及び伝達による特別措置法）……… 141
8. 米トレーサビリティ法（米穀等の取引等に係る情報の記録及び産地情報の伝達に関する法律）……… 142
9. 公正競争規約（景品表示法第11条に基づく協定又は規約）… 143
10. 国税庁による酒の表示……… 145
11. 食品表示の法律が一元化されるまで……… 147
12. 消費者庁のもとでできた「食品表示法」……… 148
13. 食品表示法の基本理念―消費者と事業者の両方に配慮……… 150
14. 新しい食品表示法で変わること……… 152
　●現行制度からの主な変更点　154
　●食品表示法に違反したら　158
15. 今後の栄養表示……… 162
16. 外食に求められるアレルゲン情報……… 166

## 第6章　偽装表示―起こさないための事業者の取り組み

1. 改正景品表示法の指針―事業者が講ずべき7つの必要な措置……… 169
2. 消費者視点に立ってコンプライアンスの確立を……… 174
3. コンプライアンスを支える内部統制の重要性……… 176
4. 表示等管理担当者によるチェック体制の確立を……… 179
5. 表示等管理担当者に求められる関連法令の理解……… 182
6. 正しい表示のために規格書の活用……… 184

7．メニュー作りの留意点―食材供給の変更にどう対応するか…… 186
8．適正な表示のための内部コミュニケーション―職場、部門の壁を超えて……………………………………………………… 187
9．表示違反に気づいたら―初動対応を迅速かつ適切に………… 192

### 第7章　消費者の信頼を取り戻すために

1．食材偽装は許さない―課徴金制度の導入が検討されている… 197
2．食材偽装を取り巻く社会環境………………………………… 203
3．消費者が食材偽装から身を守るために……………………… 204
4．事業者と消費者、もっとコミュニケーションを…………… 208

### 資料編

(1)　食品表示に関する問い合わせ先一覧……………………… 211
(2)　関連サイト…………………………………………………… 215
(3)　メニュー・料理等の食品表示に係る景品表示法上の考え方について（ガイドライン）……………………………… 218
(4)　魚介類の名称のガイドラインについて…………………… 253

# 第1章
## なぜ、食材偽装が起こったのか

 **メニュー表示問題、これまでの偽装表示事件とここが違う**

　2013年10月、㈱阪急阪神ホテルズがメニュー表示と実際の食材が異なっていた事例を公表した。これが大きく報道され、他のホテルや高級百貨店、レストランでも同様の事例を次々と公表し、メニュー表示問題は大きな社会問題へと発展した。

　問題が起きた直後、「偽装表示」か「誤表示」かをめぐり、報道は過熱した。その後も、メディアによって捉え方が異なり、「偽装表示」「誤表示」「不適正表示」「食材偽装」など様々な言葉で伝えられている。

　この問題を一言で表現するのは難しい。10月以降、事業者が公表した事例をみると、一部で意図的で悪質なケースがあるものの、その多くは、法令の知識不足が原因で、成型肉やエビの品種の表示を誤ったものであった。従来のように利益追求の目的で故意かつ計画的に行われてきた「偽装表示」とは性格が異なる。とはいえ、消費者から見れば情報が偽って伝えられたことに変わりはない。

　このため従来の偽装表示とは区別する形で、今回のメニュー表示問題を総括して「食材偽装」と一部で伝えられている。つまり、外食で食材を加工して料理として提供する際に、産地やブランド、品種などの食材の情報を偽って、メニューやチラシ等に表示をしたのがこの問題である。本来の「食材偽装」という意味よりも狭義ではあるが、本書もこれをタイトルとした。

1

第1章　なぜ、食材偽装が起こったのか

　これまでの「偽装表示」の歴史は古く、特にこの十数年間、様々な事件が多発して消費者の食の信頼を損なってきた。そのきっかけとなったのが、2001年秋に国内で発生したBSE（牛海綿状脳症）であり、これを受けて国産牛肉買い取り事業を悪用した食肉の産地偽装事件である。事件は1社にとどまらず、食肉、食肉加工品で20件以上の偽装が明らかになった。当時は、まさに「どこの会社でもやっているようなこと」が表面化して社会を混乱に陥れ、消費者は事業者のモラルに対して不信を抱いた。その後も毎年のように様々な食品で偽装表示事件が相次ぎ、消費者の不信はなかなか払拭されていない。（図表1-1）

　これら偽装表示事件の対象は、一般に流通する生鮮食品や加工食品である。商品の流通量が多く、偽装によって得られる利益は大きい。特に産地や品種の偽装は、実際のものとの価格差が顕著であるにもかかわらず、消費者が見分けることは困難である。「ばれなきゃ丸儲け」であり、偽装が行われやすい。最近の事例で2013年の三瀧商事のコメの産地偽装では、関連会社を巻き込んで大規模かつ巧妙な手口で組織的に行われていた。同社は差益で2億円以上の利益があったと報道されている。

　この場合はJAS法（農林物資の規格化及び品質表示の適正化に関する法律）で取り締まられるほか、悪質な場合は不正競争防止法や詐欺罪も適用される。2007年に発覚したミートホープ事件は、牛挽肉に他の畜種の肉や肉以外の内臓等の部位を加えたものを「牛挽肉」として販売したものだが、悪質さが際立ったことから詐欺罪が適用されている。偽装表示の代名詞ともいえる事件であり、これを受けてJAS法改正も行われた。

　一方、2013年10月以降のメニュー表示問題の場合は、対象が一般に流通する食品ではない。商品・サービスの提供の形態が異なり、表示に関わる法体系が全く異なる。外食や中食は対面販売のため義務表示ではなく、かかるのは景品表示法（不当景品類及び不当表示防止法）だけである。違反しても事業者に与えるダメージはさほど大きくない。

事業者の法令順守の意識は自ずと低くなり、「騙すつもりはなかった」「ずっとやってきたこと」として、食材偽装が行われやすい土壌があった。

図表1-1　2000年以降の主な偽装表示事件

| 発生年 | 類型 | 内容 |
| --- | --- | --- |
| 2001年 | 産地偽装 | 雪印食品事件　オーストラリア産牛肉を国産と偽装 |
| 2002年 | 産地偽装 | 全農チキンフーズ事件　タイ・中国産の鶏肉を「鹿児島県産無薬飼料飼育若鶏」と表示し生協等に販売 |
| 2003年 | 産地偽装 | 八女茶産地偽装事件　JA全農福岡県本部が他県茶をブレンドしたものを、「八女茶」として販売 |
| 2005年 | 産地偽装 | アサリ産地偽装事件　北朝鮮で採取したアサリを国産と販売 |
| 2007年 | 原料偽装 | ミートホープ事件　挽肉に異物を混入させて挽肉と表示、輸入鶏肉を国産鶏肉と偽装 |
| 2007年 | 期限偽装 | 赤福製造日偽装事件　老舗の和菓子屋で、売れ残り商品を製造日を偽装して再出荷していたことが明らかに |
| 2007年 | 偽装表示 使い回し | 船場吉兆偽装事件　料亭で出された「但馬牛」が実際は佐賀牛、消費期限改ざん、客が箸をつけなかった刺身を使い回し |
| 2008年 | 産地偽装 | 一色うなぎ偽装事件　愛知県一色町の漁業協同組合が台湾産を「一色産うなぎ」とシールを貼付、販売 |
| 2008年 | 産地偽装 | 事故米不正転売事件　中国産の事故米が複数の業者によって国内産等に表示され販売 |
| 2008年 | 産地偽装 | 鳴門産ワカメ偽装事件　鳴門市の水産会社が中国産ワカメを鳴門産として販売 |
| 2009年 | 産地偽装 | 蜂蜜産地偽装事件　養蜂業者がカナダ産等の蜂蜜を原産地「北北海道」と表示し、「国産クローバー蜂蜜」の名称で販売 |
| 2010年 | 産地偽装 | 島根県産サザエ偽装事件　大手スーパーマーケットが韓国産サザエを「島根県産他国内産」として販売 |
| 2011年 | 産地偽装 | 淡路産タマネギ偽装事件　中国産タマネギを淡路産とし販売 |
| 2012年 | 産地偽装 | 兵庫県産米偽装事件　JA兵庫六甲の職員が岩手県産米90％混入したコメを「こうべ育ちオリジナル米（兵庫県産）」と販売 |
| 2013年 | 産地偽装 用途偽装 | 三瀧商事偽装米事件　中国産、米国産米を日本産米と偽装、加工用米を主食用として販売 |

第1章　なぜ、食材偽装が起こったのか

　こうして水面下で行われていた不正が、2013年10月以降、一斉に明らかになったのである。全てが自主公表であり、これも従来の偽装表示事件とは異なる点である。一つひとつは、従来の偽装表示事件ほど悪質ではない。しかし、これだけ広範囲で行われていたことからメニュー表示の信頼も大いに損なわれることになった。

##  メニュー表示問題の経緯

### 1）2013年10月以前のメニュー表示の違反

　メニュー表示の不当表示は、2013年10月以降の一連の問題が初めてではない。それ以前も景品表示法で違反とされた事例はいくつもあった。

　例えば、2010年12月、「京地鶏」が実際はブロイラーの肉であった事例、2011年3月「霜降ステーキ」が実際は牛脂注入加工肉だった事例、2012年10月、旅館のウェブサイトに掲載されたメニュー表示の「坊ちゃん島あわび」が実際は外国産養殖あわびだった事例等、毎年のように消費者庁（消費者庁以前は公正取引委員会）は措置命令（消費者庁以前は排除命令）を出して違反を指摘していた（図表1-2）。業界では繰り返し食材偽装が行われてきたのである。

　また、2013年5月には、東京ディズニーリゾートホテルが誤表示を公表している。その内容は、ブラックタイガーが用いられているのに「車海老」の表示が、国産牛が用いられているのに「和牛」の表示が、国産鶏が用いられているのに「地鶏」の表示が行われているなど、景品表示法の典型的な違反事例といえるものであった。しかし、この事案は指導にとどまり、「措置命令」は出されていない。

　また、2013年6月24日には、プリンスホテルが「メニュー表示と異なった食材を使用していたことに関するお詫びとお知らせ」として、55品目の項目を公表した。ここでは、国産牛を特選牛と表示したり、米国産アスパラガスを信州産と表示したり、産地の異なるものが目立つ。こちらも指導にとどまり、公表後もマスコミに騒がれることはな

4

図表1-2　2012年以前の主なメニュー表示違反事例

| 日時 | 対象 | 表示内容と（実際のなかみ） |
|---|---|---|
| 2012年10月18日 | ㈱ホテル椿館 | ぼっちゃん島あわび（交雑種の外国産養殖あわび） |
| 2011年3月4日 | ㈱バークジャパン | 霜降りサーロインステーキ（牛脂注入加工肉） |
| | | 健康ステーキ（横隔膜部分肉の加工肉） |
| 2010年12月9日 | ㈱JR西日本ホテル開発 | 京地鶏（ブロイラー肉）、トロトロ半熟卵（使われていなかった） |
| 2009年3月31日 | フーディーズ㈱ | 但馬牛の中でも格付等級A5以上の神戸ビーフ（神戸ビーフではない） |
| 2008年12月16日 | 日本ヒルトン㈱ | 特選前沢牛サーロインステーキ（実際と異なる） |
| | | オーガニック野菜（普通の野菜）、北海道産ボタンエビ（カナダ産） |
| 2007年12月14日 | マルシェ㈱ | とろ馬刺し（馬脂注入馬肉） |
| 2007年12月14日 | 村さ来 | 国産霜降り馬刺し（馬脂注入馬肉） |
| 2007年12月14日 | ㈱モンテローザ | とろ馬刺し、霜降りとろ桜刺し（馬脂注入馬肉） |
| 2007年12月14日 | トーホー㈱ | 特選霜降り馬刺し（馬脂注入馬肉） |
| 2007年12月14日 | ㈱ファンシー | 極旨霜降り馬刺し（馬脂注入馬肉） |
| 2005年11月15日 | ㈱フォルクス | ビーフステーキ焼肉ソースランチ（成型肉） |
| 2005年5月25日 | セラヴィリゾート㈱（警告） | 北海道産食材（外国産） |

かった。

当時、このプリンスホテルの事案はホテル業界で話題となった。㈱阪急阪神ホテルズでは、この問題を契機に自社のメニュー表示が正しいかどうか、点検・確認を数ヵ月にわたって行うことにしたという。その結果、問題のある表示が数多く見つかり、同社はプリンスホテルと同様、公表にふみきったのである。

2）㈱阪急阪神ホテルズのメニュー表示問題

2013年10月22日、㈱阪急阪神ホテルズは「メニュー表示と異なった

食材を使用していたお詫びとお知らせ」というタイトルのニュースリリースを発表した。そこには同社が運営する23店舗で、実際に使用した食材とメニューの表示が異なる47商品が並んでいた。

この発表を受けてマスコミ各社は「ホテルで食材偽装」「客を裏切った」などと報道し、各ホテルには「以前食べたが返金されるのか」といった問い合わせが殺到することになった。6月のプリンスホテルではマスコミは問題としなかったのに、なぜ、㈱阪急阪神ホテルズがことさら取り上げられたのかは、定かではない。しかし、問題が大きくなった1つの要因として、同社の危機管理対応のまずさが挙げられるだろう。

ニュースリリースを公表した10月22日、同社の総務人事部長と営業企画部長が記者会見を実施してその内容や返金方法について説明を行った。しかし、マスコミはその説明には納得せず24日、改めて代表取締役社長らが記者会見を行った。この日の記者会見は予定時間を大幅にオーバーして、3時間近くに及んでいる。

社長はここで改めてリストの内容を説明しているが、食品表示の法律や景品表示法の専門家による適切なコメントはなく、状況に応じて調理場の担当者などが説明をしている。このため、法律上は何が問題になるのか、記者は理解することができなかった。記者からは「偽装表示ではないか」と厳しく追及されることになったが、社長は最後まで「偽装ではなく誤表示」「意図的に利益を得ようとか、人をだまそうとかいうことであったとするなら、そういうものにはあたらない」と繰り返し、記者たちを納得させるには至らなかった。むしろ、マスコミの不信感を募らせる結果となってしまい、この映像は繰り返し流され「高級ホテルでも偽装表示をしていた」と驚きをもって受け止められた。

もし、事業者が食品偽装などの問題を起こしてしまったら、
① 調査を行い全容把握に努め、事態の重要性を認識すること
② 公的機関に速やかに申告をすること

③　対応方針を定めること（自主回収、商品交換、料金返還など）
　④　公表し、状況に応じて記者会見の場など説明の機会を設けて説明責任を果たすこと
　⑤　問題を検証し、再発防止策を講じること
の危機管理対応が基本となる。

　中でも④で、正確な情報を伝え説明責任を果たすことは特に重要である。1999年に起きた雪印乳業の食中毒事件でも、2007年に発生した菓子メーカーの事案や、料亭の事案でも、最初の記者会見の説明が不適切だと、社長が複数回の記者会見に臨まなければならなくなり、大きな社会問題に発展してしまった。

　㈱阪急阪神ホテルズは、①の調査、②の消費者庁への申告、③の対応方針（お客様への料金返還）まで誠実に行っていると思う。しかし、④の記者会見で十分な説明ができなかった。これがきっかけとなり、次々と他社も公表を行い、メニュー表示問題は社会問題に発展したのである。

　最初のマスコミの関心は「誤表示」か「偽装表示」かどうかという点だったが、そもそも「偽装」の定義は定かではない。また法律の観点からいえば「誤表示」であろうと「偽装表示」であろうと関係はない。不当な表示を取り締まる景品表示法では、結果として消費者を著しく誤認させるような表示を違反とするものだからだ。

　結局、同社の社長は10月29日の記者会見で「会社としては偽装ではなかったと考えるが、利用者からみれば欺かれた形であり、改めてお詫びする」と謝罪し、辞任する意向を明らかにした。

## 3）メニュー表示問題─どこまでが違反か

　景品表示法の観点から阪急阪神ホテルズのメニュー表示リストをみると、問題があるものと、そうでないものとが混在している。同社は法律の認識不足からその点を整理できないままリスト化し、事情が異なる問題を一律に誤表示として発表した。

　同社のメニュー表示は法律上、何が問題だったのだろうか。例えば、

バナメイエビを「芝海老」と表示していた件については、記者会見で担当シェフが「中華料理の業界では30年ほど前から小さなエビを『芝海老』と呼ぶ慣習があった」と説明している。10年以上前から芝海老の漁獲量は減少傾向にあり、輸入品として新たにバナメイエビを仕入れて用いてきたが、料理のメニューは芝海老と記載することに問題は無いという認識だった。

　一方、魚介類の名称については水産庁が2007年、「魚介類の名称ガイドライン」によってルールを決めており、バナメイエビと芝海老は明らかに種名が異なる。そのことを認識しないまま、業界内での慣例にそのまま従った形でメニュー表記に至ったもので、認識不足だろう。

　認識不足といえば、「牛脂注入加工肉」の問題もそうである。「牛脂注入加工肉」とは、赤身の肉に剣山のような機械で刺して牛脂をインジェクション（注入）するもので、赤身の肉が霜降り肉に似た柔らかい肉になるという加工技術を施したものである。肉を美味しく食べるための画期的な技術で、20年以上の歴史がある。

　しかし、消費者にそのことを知らさなければ、「高級な霜降り肉」と区別がつかず、著しく優良であると誤認してしまう。このため、消費者庁では牛脂注入肉や成型肉をステーキのような一枚肉で提供する場合は、「ステーキ（成型肉）」「ステーキ（牛脂注入加工肉）」のように表記をしなければ景品表示法上問題があるとしていた。数年前から違反事例を取り締まり、2011年にはウェブサイトのＱ＆Ａなどでも詳しく説明を行っていた。

　このように、これら加工肉を用いる場合は、表示等に特別な配慮が必要なのだが、そのことを認識しておらず、単に「ステーキ」と表示をして客に提供をしていた。こちらも法令の知識不足が原因であり、業界全体で認識が欠けていた。

　一方、わかっていながら事実とは明らかに異なる表示を行った事例もある。例えば「霧島ポーク」と表示をしているのに異なる産地を表示したり、「九条ねぎ」と表示をしているのに白ネギを使用したりする事例で、これらは気付きながらも食材を偽ったものだ。

図表1-3　阪急阪神ホテルズが発表したメニュー（主なものを抜粋）

| メニュー表示の記載 | 実際に使用していた食材 |
| --- | --- |
| 1．芝海老とイカのクリスタル炒め | バナメイエビ |
| 2．ビーフステーキフライドポテト添え | 牛脂注入加工肉 |
| 3．やわらかビーフソテー | 牛脂注入加工肉 |
| 4．津軽地鶏のマリネ　胡麻風味 | 地鶏でない鶏肉 |
| 5．有機野菜のプチサラダ | 有機農産物でない野菜 |
| 6．九条ねぎのロティと共に | 青ネギ、白ネギ使用 |
| 7．手づくりチョコソースとあわせて | 市販の業務用チョコレート |
| 8．シャンパン | 発泡性ワイン |
| 9．霧島ポークの上海式醤油煮込み | 産地の異なるポーク |
| 10．手捏ね煮込みハンバーグ | 既製品ハンバーグ使用 |
| 11．ホテル菜園の無農薬野菜サラダ | ホテル菜園以外であり、無農薬栽培でもなかった |
| 12．沖縄マーさん豚ひとくち豚カツ | 沖縄産以外の豚 |
| 13．天ざるそば（信州） | 信州産ではないそば |
| 14．ホテル自家菜園のサラダ | 一部自家菜園でない野菜を使用 |
| 15．フレッシュオレンジジュース | ストレートジュース |
| 16．鮮魚のムニエル | 冷凍保存した魚 |
| 17．旬鮮魚のお造り三種盛り合わせ | 冷凍マグロ |
| 18．クラゲのレッドキャビア添え | トビウオの魚卵 |

上記のうち、1～15は同社の第三者委員会で景品表示法上問題があるとされたもの。1～8は12月19日に消費者庁から措置命令の中で優良誤認とされた。なお、16～18は法律上の問題はない。

　また、公表した資料47商品中10商品以上は「鮮魚」についてのメニュー表示で、「鮮魚のムニエル」「お造り鮮魚三種盛り合わせ」などに冷凍品を使用していたというものだった。新聞やテレビは記者会見の説明を受けて「鮮魚メニュー　実は冷凍」などと報道しているが、JAS法でも食品衛生法でも鮮魚の法律的な根拠は無かったため、景品表示法上は鮮魚と表示しても問題は無かった。
　こうして見ていくと、「昔からやっているから」という業界の慣習を優先させて、現場における関連法令の知識不足、法令順守の意識の低さが根底にあったことがわかる。

第1章　なぜ、食材偽装が起こったのか

 ㈱阪急阪神ホテルズでは、偽装とまでいえる事例はなかった？

　㈱阪急阪神ホテルズは2013年11月7日、同社と利害関係を有しない外部の弁護士による第三者委員会を設置し調査を行い、2014年1月31日、報告書を発表している。
　調査では、問題となったメニュー表示の項目ごとに、なぜ実際と異なる表示を行ったのか、細かく検証をしている。例えば、有機野菜のサラダとメニューに表示しているのに、それ以外の野菜を使用した事例においては、「同レストラン関係者で有機JASマークをチェックしていた者がいなかった」などと報告している。他の事例においても表示の知識不足が多数みられた。
　報告書では、同社の表示が偽装だったかどうかについても触れており、「そもそも偽装という言葉の法的な定義が明確でなく、この用語の定義を整理することなく議論すると混乱する原因となる」と指摘している。
　そのうえで偽装の定義を「故意に、つまり食材とメニュー表示との間に客観的な相違があることを知っていて、この違いの事実を知らない顧客に料理を提供し、その代金相当の利益を不当に奪う行為という要件を満たすもの」であるとすれば、「当委員会としては、個々の事例に関して、偽装と断定し得るまでの事例は無かったと考える」と結論付けている。
　とはいえ、景品表示法の措置命令に問われたことは事実であり、問題の背景には業界の競争や、会社の利益追求の姿勢と関係がなかったとはいえない。報告書では最後に「法令や社内規則を遵守し、公正な企業活動を行う」ことを改めて求める内容となっている。

4）「ザ・リッツ・カールトン大阪」と「三笠」の事例
　㈱阪急阪神ホテルズが問題になった直後、「ザ・リッツ・カールトン大阪」でも10月25日、ブラックタイガーを用いて「車海老のチリソース煮」、バナメイエビを用いて「芝海老チャーシュー入り炒飯」、他社製造のパンを用いて「自家製パン各種」と表示するなど、メニュー表示と異なる食材を用いた料理を提供していたことを公表した。

同社もトップが記者会見を行って謝罪をしたが、超高級ホテルでこんなことが行われていたのかと、さらに社会に大きな驚きを与えることになった。

　その後も、全国のホテルでメニュー表示の誤表示の公表が相次いだが、中でも最も悪質だと思われたのが、10月31日に公表された近畿日本鉄道㈱の旅館「奈良万葉若草の宿　三笠」の事例だ。

　「和牛朴葉焼き」「和牛ステーキ」のメニューが、実はオーストラリア産牛肉を使用した成型肉だったという。1つのメニュー表示でいくつもの優良誤認の要素を盛り込んで、消費者を欺いている。過去のメニュー表示違反事例からみても、これほどに優良誤認の程度がひどいケースはみたことがない。

　また、この問題は成形肉のアレルギー表示についても問題を提起することになった。成型肉には異なる部位の肉や横隔膜をはり合わせる際に、結着剤などの食品添加物が用いられる。その場合は、食品添加物にアレルギー物質である乳、大豆、小麦を含むことになる。「三笠」に納入された成型肉の段ボール箱に貼られたラベルには、「原材料の一部に大豆、乳を含む」とするアレルギー表示が記載されていたことがマスコミの取材で明らかになり、問題視された。

　この成型肉を「ステーキ」と表示して提供するとき、アレルギー情報が伝えられなければ、乳などの食物アレルギーを持つ患者さんは気づかないまま食べて発症する可能性がある。現在、中食や外食にアレルギー表示は義務付けられていないため、表示が無いのは成型肉に限った事ではない。しかし、一部のマスコミは表示が無いことで誤食する可能性が高くなるのでは、と報道した。

　もっとも「三笠」ではその点はわかっていて、客に食物アレルギーの有無を尋ねて、アレルギー体質の客には成型肉ではない牛肉を提供していた、という。ということは、明らかにウソと認識しながら異なる表示を行い、客を欺いていたことにもなる。

　また、同社が公表した事例で問題になったのは成型肉だけでない。「大和地鶏肉」というメニュー表示では、地鶏ではなくブラジル産鶏

図表1-4 「三笠」で用いてたメニュー表示「和牛ステーキ」に
実際に用いられていた成型肉のラベル（写し）

肉を使用していたことも明らかになっている。こちらも「原産地」と「地鶏」と異なる2点の優良誤認表示を、1つのメニューの中に盛り込んでいた。

ちなみに「三笠」は、レストランや宿泊施設を格付けする世界的な観光ガイドブック「ミシュランガイド関西2014」にも紹介されている高級旅館であった。その総支配人が、この問題を受けて11月3日「食材偽装ととられても仕方がない」と、マスコミの取材に答えている。これらのケースは知識不足や確認不足で言い逃れることはできない。

消費者庁は、「三笠」のケースについて、例えば「大和地鶏唐揚げ」と表示しているが実際は地鶏ではない鶏肉を使用していた事例や、おせち料理に「車海老」と記載しているが実際はブラックタイガーを使用していた事例などが、景品表示法の優良誤認（景品表示法第4条第1項第1号・詳細は第2章）にあたるとしている。

さらに「大和肉鶏」料理については、おとり広告（同法第4条第1項第3号）が認められたとしている。「おとり広告」とは、実際に商品やサービスが購入できないにもかかわらず、購入できるかのような不当表示である。三笠では、旅行情報ウェブサイトで「大和肉鶏」、「県畜産技術センターが『名古屋種』や『シャモ』などをかけ合わせ開発した奈良独自の地鶏です。」、「三笠では『大和肉鶏鍋』や『つみ

図表1-5　三笠で「おとり広告」とされた違反事例

http://www.caa.go.jp/representation/pdf/131219premiums_1.pdf

れ鍋』としてお召し上がりいただいております。」と記載していたが、実際には「大和肉鶏」と称する地鶏を仕入れていなかったのである。

### 5）肉、エビの表示で問題となったのが過半数

　これらホテル・旅館の誤表示発表後も、ホテル、百貨店等で同様の事案が発生していることが次々と明らかになり、わずか1カ月で、全国で400社近くが公表を行うことになった。これらの事例をみると、約3分の1が成型肉や牛脂注入加工肉を用いていることを表記していなかった事例や、地鶏と表示して実際は違う肉であったなどの問題である。また、約3分の1がエビなどに関する種名が異なるものであった。業界の慣習として、同様の事例で幅広く不正表示が行われていたことがわかる。

　このうち約300事業者が、2014年1月までに消費者庁など関係省庁に、景品表示法に違反した事例として申告をしている。

　消費者庁は12月19日、㈱阪急阪神ホテルズ、「ザ・リッツカールトンホテル大阪」を経営する㈱阪神ホテルシステムズ、旅館「奈良万葉若草の宿三笠」を所有する近畿日本鉄道㈱の3社に対して措置命令を出した。また、報道によると他のホテルや百貨店など約230社に対して、行政指導（措置命令よりも軽い対応）を行い、口頭や文書で再発防止を求めた。

第1章 なぜ、食材偽装が起こったのか

### 図表1-6 食品表示問題の主な事例
（食品表示等問題関係府省庁会議資料より）

| 施設 | 主な内容 |
| --- | --- |
| （ホテル・旅館） | |
| 阪急阪神ホテルズの直営8ホテルなど | 「鮮魚のムニエル」に冷凍の魚、「九条ねぎ」に一般的な白ネギなどを使用 |
| ザ・リッツカールトン大阪 | 「車エビ」と表示しながらブラックタイガーを使用 |
| 帝国ホテル東京・帝国ホテル大阪 | 既製品のオレンジジュースを「フレッシュジュース」の名で提供 |
| 近畿日本鉄道系の9ホテル・旅館 | 牛脂注入肉を「ビーフステーキ」と表示 |
| かんぽの宿塩原 | 牛脂注入肉を「ステーキ」と表示 |
| 愛知、岐阜両県の名鉄系ホテルなど7社 | ロブスターを「伊勢エビ」と表示 |
| JR九州ホテルズの2ホテル | 地鶏と表示できない国産鶏肉を「地鶏」と表示 |
| ホテル京阪の直営3ホテルのレストランや宴会場 | 牛脂注入肉を使った料理で「加工肉」と表示せず |
| 東急ホテルズの20ホテルのレストランと宴会場 | バナメイエビを「芝エビ」と表記 |
| 小田急電鉄グループのホテル | 「駿河湾産鮮魚マリネ」に駿河湾産以外の魚も混在 |
| ホテルオークラ（ホテルオークラ東京など全国の13ホテルとグループ会社3社） | メニューと異なるエビや牛肉などの食材を使用 |
| JRタワーホテル日航札幌 | 日高産キングサーモンの代わりにニュージーランド産を使用 |
| ホテルメトロポリタン山形 | サメやタラの卵を「カラスミ」と表示 |
| 横浜ベイシェラトンホテル&タワーズ | 「自家製スモークサーモン」に一部に市販品が含まれていた。 |
| 東武鉄道グループの7ホテル | バナメイエビを「芝エビ」と表記 |
| ホテルニューグランド | 冷凍ジュースを「フレッシュジュース」と表示して提供していた。 |
| 日本ビューホテル（3ホテル内のレストラン） | 蝦夷アワビを「房総アワビ」と表示 |
| （百貨店） | |
| 大丸松坂屋（百貨店3施設） | ブラックタイガーを「車海老のテリーヌ」とおせちに表示 |
| 日本橋三越本店の料理店 | 加工肉であることを表示せずステーキなどと表示 |
| 日本橋高島屋など（百貨店など16施設） | 「車エビ」と表示しながらブラックタイガーを使用 |
| 三越伊勢丹（百貨店など9施設） | 中国産をフランス産、バナメイエビを芝海老と表示 |
| そごう・西武（百貨店7施設） | 牛脂注入牛肉をステーキ、バナメイエビを芝海老と表示 |
| 小田急百貨店（百貨店3施設など） | ブラックタイガーを車海老、紙パックジュースをフレッシュジュースと表示 |
| （その他） | |
| 日本郵便 | 「チルドゆうパック」としながら、一部常温配達がされていた。 |
| ヤマト運輸 | 「クール宅急便」としながら、一部常温で取り扱っていた。 |

政府の府省庁会議がまとめた、問題のある主な事例を図表1-6に示す。事業者が公表した事例の中には、景品表示法上問題の無いものも含まれていたが、この図表1-6は典型的な景品表示法上問題のあるものが並んでいる。これらの違反事例から、メニュー表示のガイドライン（第3章に詳細）が作られることになった。

## 3　なぜホテルや百貨店で食材偽装が起きたのか

　今回のような問題はなぜ起こったのか。その原因には「事業者のコンプライアンス意識の欠如と、調理現場の問題」「景品表示法の理解不足と不徹底」「行政の監視指導体制の問題」「消費者ニーズの多様化と競争の激化」の4点が挙げられる。

### 1）事業者のコンプライアンス意識の欠如と、調理現場の問題

　外食で用いられる食材の多くは、季節や気候変動、環境の変化などにより品質や収穫量が一定でなく、質、量ともに安定した状態を維持することが難しい。いったん、メニュー表示を決めても、仕入れが変わって価格が異なったりすると、食材の産地、品種が急きょ変更される場合が出てくる。

　変更が生じた場合に、誰がどう対応するか。メニュー表示を変更して整合性を保てるかどうかは、調理現場の判断だけでなく、経営層の考え方、メニュー作成担当部署の権限が大きく影響する。

　調理現場における料理担当部署では、仕入れの変更などは基本的に、把握しているはずである。しかし、現場ではこれらの変更があっても料理の味に影響が出ないよう、食材に合わせて調理をすることも同時に求められる。ホテルのような職人さんたちの調理場では、臨機応変においしい料理を提供する腕が何よりも重宝される。食品表示などの法律の知識は二の次で、これまでは重要視されてこない風土があった。問題となったホテルの第三者委員会による調査報告書によれば、現場では表示の法令遵守について学ぶ場は与えられず、知識不足が常態化

していたことがわかる。

　こうした風土が調理現場にあって、しかも経営層やメニュー作成担当部署が調理場の権限を尊重する雰囲気があれば、食材変更に伴うメニュー変更の対応は難しい。メニュー表示と実際の間に不整合が起こらないよう権限をもった表示責任者が必要となるが、そこまでの対応ができなかったのが現状であった。

### 2）景品表示法の理解不足と不徹底

　メニュー表示において過去にも、同様の不正事案が発生しているにもかかわらず、事業者の間には景品表示法の趣旨や内容が十分に伝わってこなかった。

　これは、景品表示法という法律の特色によるところも大きい。事業者の中には物販を行っているところも多く、JAS法や食品衛生法については、地域で地方自治体主催の学習会も多く開催されており、そちらは学ぶ機会もあり理解をしていたという声も聞く。一方、景品表示法は学ぶ機会が少ないだけでなく、JAS法や食品衛生法と法律の仕組みが異なり、わかりにくい。本書では、第2章以降で法の目的について述べていくが、景品表示法は任意表示事項について、内容が不当であるかどうかを判断して後から取り締まる事後規制である。過去の違反事例は参考になるものの、事前にマルかバツかを判断するのはものによっては難しい。

　景品表示法における「優良誤認表示」の具体的ルールが明確になっておらず、メニュー表示に特化したガイドラインもなかった。こうしたわかりにくさが、景品表示法の周知の不徹底につながり、メニュー表示の問題は起きたのである。

### 3）行政の監視指導体制の問題

　景品表示法は現在、消費者庁が中心となって法執行を行っているが、地方に出先機関を持たないことから、事業者を対象とする直接の監視指導は行われてこなかった。

このため外食の調理場では、食品衛生に関しては保健所の食品衛生監視員による監視指導を受けてきたが、表示について巡回で指導を受けるような機会がなかった。一般に流通する生鮮食品や加工食品を取り扱うスーパーや食品事業者にはJAS法を遵守させるために食品表示Ｇメンが巡回しにくるが、外食はJAS法の対象外である。行政の監視指導体制がなければ、メニュー表示の法令を遵守するコンプライアンスの意識が育ちにくい。また、景品表示法は違反した際の罰則が緩いことも一因となっている。

### 4）消費者ニーズの多様化と競争の激化
　消費者は外食に何を期待するだろうか。ネット情報やマスコミなどで様々な情報が発信される中で、おいしさはもちろんだが、「こだわりの食材を使った特別な料理を食べたい」というニーズは、高まるばかりだ。

　2013年4月に、民間のインターネット調査（ホットペッパーグルメリサーチ）で9,000人近くに「メニュー選びでもっとも心躍る慣用句」をたずねたところ、「朝採れ・朝引き（23％）」が第1位、「旬・期間限定、季節限定（21.7％）」が第2位、「天然もの（18.2％）」が第3位となっている。また、洋食では「シェフ・料理長が直接買い付け」が消費者に「刺さる」魅力的な慣用句だそうである。国産志向も依然として高い。

　こうした消費者の声に応えようと、事業者がこだわりの食材を用いて提供してみるものの、これらの食材は供給能力が限定的であることが多い。それでも納入業者に継続して食材を納めさせようとすればどこかにしわ寄せがいく。食品偽装は様々なパターンがあり、最初から計画的な利益追求型場合もあるが、途中から納入先が知らぬ間に食材を変更していたケースもある。

　外食産業の競争が激化する中で、消費者のニーズに応えるために欠品の間だけメニューが違ってもやむを得ないという判断が、食材偽装の温床となってきたと考えられる。

##  繰り返される食材偽装を絶つために

　中国の古いことわざに「羊頭狗肉」という言葉がある。これは「羊肉と表示して犬肉を売る」と言う意味で、今から約2000年前の中国宋時代の書かれた禅書「無関門」に出てくる。それからさかのぼること400年前、秦の始皇帝前の春秋時代に書かれた書物には、「牛頭を懸けて馬肉を売る（牛肉と表示をして馬肉を売る）」ということわざもある。商売の歴史が始まって以来、その宣伝・表示には偽装がつきものであったことがわかる。

　牛肉と表示をして馬肉を売る偽装表示は、時と場所を超えて2013年、イギリスとアイルランドを中心に問題となった。大手スーパーマーケットで牛肉を使用したとして流通していたハンバーグから、馬のDNAが検出されたのである。特に英国では、馬肉を食べることは「食のタブー」とされており、大きな問題となった。さらに調査が進むにつれてEU全域で馬肉混入が確認された。

　英国のビー・ウィルソン著の「食品偽装の歴史」という本の中で、冒頭こう述べられている。

　「人間は誰でも騙されたくはない、とりわけ、旨いものを買おうとしている時には。騙された際の屈辱と怒りの混ざった感情は何とも不快なものだが、ごくお馴染みのものである。食べ物で欺かれるというのは、誰でも経験することだ。（中略）

　食品偽装には長い歴史があり、それには他のすべての科学的、経済的、政治的影響が混ざり合って働き、われわれの住む世界を、良かれ悪しかれ作り上げているのである。多くの面で、食品偽装の歴史は現代社会の歴史でもある」

　食材偽装は日本だけのものではなく、世界共通で長い歴史を持つものであることがわかる。それは実に巧妙に行われ、消費者はなかなか見分けることはできない。現在ではDNA解析や成分分析技術によって偽装が明らかになることもあるが、それはほんの一部である。

　日本では、偽装表示といえば最近は、産地偽装が話題になることが

多いが、海外では混ぜ物による食品偽装がよく問題になる。これを「偽和」と呼ぶ。例えば果実飲料の偽和は、果汁に糖類、アミノ酸、有機酸等を加えて水増しをする行為である。果実飲料は、特定成分の分析によって偽和の鑑別が可能となり、分析技術の進歩により偽装は厳しく取り締まられるようになっている。また、肉も偽和が行われやすいが、畜種を偽るような場合はDNA解析でわかるようになった。しかし同じ畜種で部位が異なる偽和は判別が難しい。さらに偽和で問題になったのは、ハチミツ、牛乳などがあるが、日本ではこれらは公正競争規約で厳しいルールが設けられており、定期的な監視も行われている。

　また、食品の加工技術の進展によって、ある食材に似せて別の食材を用いて作った加工食品「コピー食品」が増えている。これもその旨を消費者に伝えなければ食材偽装になる。例えば「からすみ」はボラの卵巣の加工食品だが、サメなどの卵を用いた「からすみ風」商品があり、業務用食材として広く流通している。これをメニューに「からすみ」と表示すれば、消費者を誤認させる。今回のメニュー表示問題でも、おせち料理に入ったからすみが本物ではなかったことがわかった。メニュー表示ガイドラインでは「からすみ風」と表示するように示されており、同様の事例では、ゼラチンを使った「ふかひれ風」食材もある。

　こうした偽和食品やコピー食品の技術そのものは、否定すべきではない。しかし、その技術を用いて意図的に虚偽の表示をした場合は、消費者を著しく誤認させることになる。例えば2007年に起きた北海道のミートホープ事件（牛肉に混ぜ物をして牛挽肉と表示して販売）は肉の偽和による偽装表示の代表的なものである。なお、偽和であっても一般に流通する加工食品であれば、原材料表示が義務付けられ、名称規定もあることから、混ぜものであることがわかる。

　しかし、外食には原材料表示は義務付けられておらず、消費者には中みはわからない。このため原材料を偽る食材偽装が外食分野では起こりやすいといえる。同じような問題がくり返されないためには事業

者の取り組みと規制の強化が求められる。

　おりしもこの問題が起きた直後に、「和食」がユネスコの無形文化遺産に登録されており、2020年には東京オリンピック開催もひかえている。2013年10月以降に起きた外食・中食の食材偽装は、「日本の食」に対する国内外の消費者の信頼を傷つけるものであり、国は厳しい対応策を講じることになった。

　2013年11月、消費者庁など関連府省庁が必要な対策を講じる「食品表示等問題関係府省庁等会議」が開催され、2013年12月19日には食品表示等適正化対策（図表1-7）を発表した。必要な対策を速やかに講じることで、「日本の食」に対する国内外の消費者の信頼回復に全力を尽くす考えを示した。

　政府の府省庁会議では、今回のような問題がなぜ生じたのか、その理由について、①事業者のコンプライアンス意識の欠如、②景品表示法の趣旨・内容の不徹底、③行政の監視指導体制の問題の3点を挙げている。

　これを踏まえて、基本課題として、「事業者のコンプライアンスの確立と景品表示法の周知・遵守徹底」「国・地方における行政の監視指導体制の強化を図る」という2点から、様々な対策パッケージを講じている。

　この食品表示等適正化対策の担い手の中心となったのが、消費者庁である。消費者庁は、不当な表示を禁止する景品表示法も所掌している。外食のメニュー表示問題は景品表示法であり、今回の問題は事業者の景品表示法の理解不足が背景となっている。消費者庁は、事業者に景品表示法の周知・徹底を図る視点で、下記の対策を講じることとした。

　政府の「食品表示等適正化対策」の対策パッケージは
① 　個別事案に対する厳正な措置
　　問題の事業者に対する行政処分（2013年12月に3事業者に措置命令を実施）
② 　関係業界に対する表示適正化とルール遵守の徹底

図表 1-7　政府の「食品表示等適正化対策」の概要

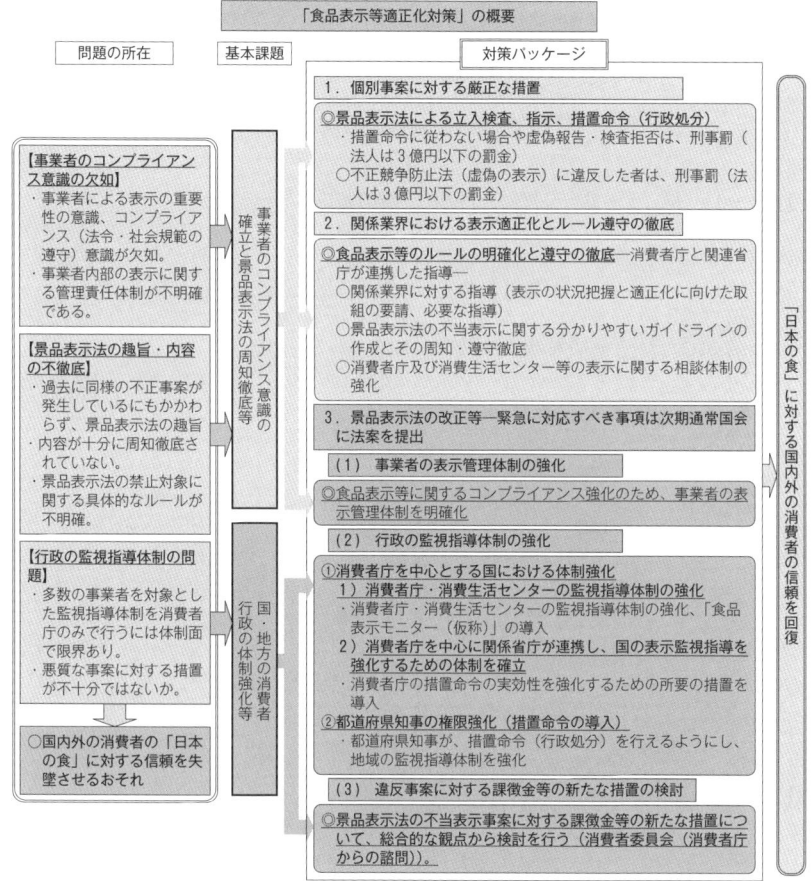

http://www.caa.go.jp/representation/pdf/shiryo_4_2.pdf

　　ガイドラインを作成し、それを周知させる（2014年3月公表）
③　景品表示法の改正（2014年6月に国会で成立・2014年12月施行）
　　・事業者のコンプライアンス強化と表示管理体制の強化（2014年8月指針案を公表）
　　・消費者庁や食品表示Gメンによる監視体制の強化（2014年3月から実施）

第1章　なぜ、食材偽装が起こったのか

　　　・都道府県知事の権限強化（2014年12月より施行）
　　　・課徴金制度の検討（2014年秋以降に法案提出の予定）
が示されている。これらは実際に（　）のスケジュールで実施または予定されている。

**図表1-8　メニュー表示問題の経緯と政府の対応**

- 2013年10月22日　㈱阪急阪神ホテルズが運営するホテル等でメニュー表示が実際と異なっていたことを公表
- 10月25日　ザ・リッツ・カールトン大阪が公表
- 10月26日　㈱阪急阪神ホテルズの代表取締役記者会見
- 10月末　奈良万葉若草の宿三笠が公表
- 11月5日　高級百貨店で次々と発表
- 11月11日　食品表示等問題府省庁会議第1回会合開催
- 11月中旬までに公表した事業者は、全国で400件以上に及ぶ
- 12月9日　食品表示等問題関係府省庁等会議第2回会合で、政策パッケージを発表
- 12月19日　消費者庁がガイドライン案「メニュー・料理等の食品表示に係る景品表示法上の考え方について（案）」を公表
- 12月19日　㈱阪急阪神ホテルズなど、3件について消費者庁が景品表示法の措置命令を発表
- 2014年1月22日　ガイドライン（案）に関する意見交換会
- 1月24日　食品表示Gメン等の消費者庁への併任発令
- 3月11日　景品表示法改正案・閣議決定、国会に提出
- 3月28日　上記のガイドライン案が修正のうえ、成案
- 3月28日　森大臣が食品Gメン巡回開始にあたり訓示
- 2014年4月以降、地方自治体で景品表示法の勉強会開催
- 5月29日　メニュー表示問題で約230の事業者に対し、景品表示法違反で行政指導を求めていたことが明らかに
- 6月6日　改正景品表示法が参議院で成立
- 6月13日　改正景品表示法の公布

　今後、事業者がメニューや料理の表示を適切に行うためには、景品表示法とともに、消費者庁が示したメニュー表示のガイドラインを理解することがまずは求められる。また判断の根拠となる食品表示に関する法律や規格など、食材にかかる関連法令も理解しておく必要がある。
　景品表示法はほかの食品表示の法律とは異なり、一つひとつの表示

事項を規定していないため、わかりにくい。ガイドラインや過去の違反事例が参考になるものの、これらに照らし合わせても判断できないものもいくつか残り、白黒はっきりさせられない「グレーゾーン」と考えられるものもある。

　次章より景品表示法、ガイドライン、グレーゾーンの考え方について解説する。

# 第2章 メニュー表示に適用される景品表示法とは

##  食品表示には義務表示、任意表示、禁止表示がある

　私たちの身のまわりには、様々な食品表示がある。食品の容器包装はもちろん、お店には産地や価格等を示すポップの表示があり、必要な情報を得ることができる。また、カタログ、チラシ、インターネット、メニューなどの情報も広義では表示である（図表2-1）。これら表示には、法律で書かなければならない表示（義務表示）、事業者が自由に書いてよい表示（任意表示）、書いてはいけない表示（禁止表示）があり、様々な法律で規定されている（図表2-2）。

　外食のメニュー表示には、義務表示はない。メニューのないお店もあるそうだが、法律上は問題ない。基本的には何を書いても自由な任意表示となるが、一般消費者を著しく優良誤認させるような場合は、

図表2-1　私たちの身のまわりの食品表示

・食品の容器包装
・店頭のポップ
・広告・チラシ
・インターネット
・外食メニュー

25

景品表示法によって禁止されている。

　一方、店頭で販売されている生鮮食品や加工食品には、JAS法、食品衛生法などで義務表示が定められている（2015年の食品表示法施行後は移行）。外食の店舗でも、別のところでつくったおみやげの加工食品などを販売する場合は、義務表示のルールを守らなければならない。

　食品の義務表示項目は、安全に食するために必ず伝えなくてはならない項目や、表示をしなければ消費者が適切に選択できなかったりする項目を定めたものである。例えば、八百屋に行けば野菜には名称、原産地が必ず表示されているし、加工食品には、名称、原材料・食品添加物、賞味期限、保存方法、製造者などが一括表示としてまとめて表示されている。これらは全て、書き方のルールが複数の法律で規定された義務表示項目である。義務表示項目が欠けていれば法律違反に問われる。

　食品の義務表示の詳細は第5章で紹介するが、一般に流通する生鮮食品、加工食品に関わる法律は、現在、JAS法、食品衛生法、健康増進法などがある（図表2-3）。事業者はこれら法律のルールを学び、正しい表示をすることが求められる。また、国や地方自治体は、事業者が適切な義務表示を行うよう、食品表示Gメンや食品衛生監視員などによる監視・指導を行っている。

　一方任意表示は、事業者が消費者に伝えたいことを自由に表示するものである。例えば加工食品のパッケージには、表面や裏面の一括表示以外の部分で使い方や商品の特徴、イラストなどたくさんの情報が盛り込まれている。こだわりの食材など、商品の魅力をちりばめた表現も用いられる。任意表示は、事業者が消費者に最もアピールしたい部分を訴求するもので、私たちが商品を手に取る時に最初に目に飛び込んでくる。

　この任意表示に、消費者を騙すような内容があってはならず、行き過ぎた表示は景品表示法で禁止されている。

　景品表示法は、任意表示の部分で「実際のものよりもすごくいいも

図表2-2　食品の表示関連諸制度

①JAS法（農林物資の規格化及び品質表示の適正化に関する法律）消費者の選択のための表示基準
②食品衛生法
　公衆衛生の見地から販売する食品に定められている表示基準
③健康増進法による栄養成分表示
　栄養表示基準や保健機能食品（特定保健用食品など）

⇒ 消費者庁のもと、3つの法律が一つになって新しい食品表示法が2013年6月に成立・2015年に施行

④計量法
　内容量等の表示

⑤不当景品類及び不当表示防止法（景品表示法）
　不当な表示の禁止及び公正競争規約
⑥薬事法
　食品に対する医薬品的な効能効果の表示を禁止
⑦不正競争防止法
　事業間の公正な競争を目的とした法律。商品の原産地や品質、内容、製造方法などを偽ったり誤認させる行為などを禁止

⇒ 表示の禁止に係る法律

＊他にもトレーサビリティ法、容器包装リサイクル法、PL（製造物責任）法や各種ガイドライン（水産物の名称のガイドライン、特別栽培農産物ガイドライン、外食における原産地表示など）

図表2-3　食品表示の義務表示に関わる主な法律

| 法律の名称 | 法律の主旨と義務付ける表示項目 |
| --- | --- |
| JAS法 | 消費者の商品選択のための表示（名称、原材料、消費期限、保存方法、製造者または販売者など） |
| 食品衛生法 | 衛生上の危害発生防止のための表示（食品添加物、消費期限、保存方法、アレルギー表示など） |
| 健康増進法 | 栄養の改善及び健康増進のため（栄養表示基準など） |
| 計量法 | 適正な計量の実施の確保のため（内容量など） |

のですよ」という誤った判断を一般消費者に与える、虚偽・誇大表示を禁止するものである。景品表示法は、食品だけでなくあらゆる商品・サービスが対象となる。嘘つき表示を全て取り締まる万能薬のようなものだ。

　禁止表示として、「これでがんが治る」といった表示は、薬事法で禁止されている。また、健康食品などにおける健康保持増進効果についての虚偽誇大広告は、健康増進法で禁止されている。これらは任意表示の中で、消費者をだます行きすぎた表示を取り締まるものである。

図表2-4 食品表示の表示禁止に関わる主な法律

| 主な法規 | 禁止される事項 |
| --- | --- |
| 景品表示法 | 優良誤認、有利誤認などを禁止。全ての商品・サービスが規制対象 |
| 薬事法 | 食品に対する医薬品的な効能効果表示の禁止 |
| 健康増進法 | 食品に対する健康の保持増進効果等に関する虚偽誇大広告等を禁止 |
| 食品衛生法 | 公衆衛生に危害を及ぼす虚偽誇大表示・広告を禁止 |
| JAS法 | 表示内容と矛盾する用語、内容物を誤認させる表示、産地を誤認させる表示などを禁止 |
| 不当競争防止法 | 誤認惹起行為となる誤認表示、虚偽表示を禁止 |
| 公正競争規約 | 法律ではなく、事業者団体が自主的な表示ルールを定めるもので、一定の用語を禁止 |

義務表示であるJAS法や食品衛生法においても、一定の事項において表示禁止事項が定められている。さらに産地偽装のような悪質なものには、不正競争防止法が適用される（図表2-4）。

## 2 外食に義務表示はない、景品表示法だけ

義務表示が定められていないのは、外食だけではない。ファストフードのテイクアウトや持ち帰り弁当、パン屋やケーキ屋など対面販売の商品にも、義務表示はない。

一般に流通する生鮮食品、加工食品に義務表示があるのは、その商品について誰がどんな材料を用いて作ったのか、いつまで食べられるのかといった表示がなければ、必要な情報が伝わらないためだ。生産現場から店頭までは、複雑な流通経路を経て消費者に届くものであり、その情報が確実に届くように食品表示が必要となる。

一方、外食や持ち帰り弁当の場合は対面販売であり、消費者が店員に直接聞いて確認することもできる。また、対面販売で食品を選択する際に、消費者は食材の情報だけでなく、店の雰囲気や料理方法などサービス全体を総合的に判断して選ぶ。このため、情報伝達手段である食品表示の必要性は一般に流通する食品ほど高くない。

図表2-5　外食や弁当・惣菜にかかる表示規制

|  | 食品衛生法 | JAS法 |
| --- | --- | --- |
| 他の場所で製造してスーパー等で販売される弁当 | 表示が必要 | 表示が必要 |
| スーパー等のバックヤードで製造した惣菜 | 表示が必要 | 表示不要<br>（その場で製造販売） |
| 店舗の調理場で製造したサンドイッチ（客がセルフで選び、購入） | 表示が必要 | 表示不要<br>（その場で製造販売） |
| 店舗の調理場で製造したサンドイッチ（ショーウインドウに並べられ、客の求めに応じて店員が販売） | 表示不要<br>（客の求めに応じ販売、かつ、その場で製造販売） | 表示不要<br>（その場で製造販売） |
| ハンバーガーショップのテイクアウト | 表示不要<br>（客の求めに応じ販売、かつ、その場で製造販売） | 表示不要<br>（その場で製造販売） |
| ハンバーガーショップの店舗内で飲食・外食 | 表示不要<br>（設備を設けて飲食） | 表示不要<br>（設備を設けて飲食） |

　さらに提供される食品は、原材料が日々変わるものも多い。JAS法や食品衛生法のように原産地や原材料、食品添加物といった表示項目を義務付けることは難しいという一面もある。

　こうしたことから外食や持ち帰り弁当、惣菜店の量り売り、パン屋の陳列販売、セルフ販売等では、表示は免除され、義務付けられてこなかった。しかし、このことは消費者からみると、バランスが悪く見えることもある。例えばコンビニ弁当や駅弁など、弁当工場で容器包装された場合は、一般の加工食品と同様に表示が義務付けられ、原材料、食品添加物、アレルギー表示、消費期限などの表示が細かく義務付けられている。一方、デパ地下弁当や持ち帰り弁当は何の表示もなく、食材情報がわからない。

　2013年10月、メニュー表示の問題が社会問題として取り上げられた際には、一部のマスコミや消費者団体から「メニュー名や料理名にも義務表示として、表示基準を設けるべきだ」という声があげられた。問題が起きたことをきっかけに、この分野もちゃんと情報開示を求め

たのだ。

　こうした声に対して消費者庁の阿南久長官は2013年11月6日の記者会見で次の主旨の説明を行っている。

　「外食、中食のメニュー表示等については、景品表示法を使っていくべきである。景品表示法は、事業者が自ら商品やサービスの宣伝のために行う表示で虚偽、誇大な表現で消費者の優良誤認等を生じないようにするという目的を持っている。それに対して、ＪＡＳ法などは、その事業者の自主性に任せていたら、必ずしも情報提供がなされないという事項について、義務表示となっている。

　今回問題となった外食は、スーパー等での容器包装入りの食品の表示とは違っていて、料理人が食材を調理した料理としてその場で消費者に提供するというサービスの提供という側面がある。こうした外食におけるメニュー表示については、消費者に選択してもらうために非常に多種多様である。

　例えば、特定の産地や銘柄の材料を使用したということを強調する表示や、キャビアとかフォアグラのように『高価な材料を使用しています』と言って顧客を誘引するもの、一方で、日替わり定食、本日の魚料理、シェフのおまかせランチ等、食材の詳細を必ずしも明らかにしないもの、漁師風のサラダや至高の一口とか、ごちゃ焼きといった趣向を凝らした料理名や書き方で消費者の目を引くものなどがある。このように、外食のメニューというのは様々な創意工夫によって消費者に訴求するという、宣伝的、広告的な面を有しているといえる。このため、特定の事項を定めて表示をさせるという義務を課すにはなじまない面があり、これは景品表示法で取り締まることが適切である」

　つまるところ、外食や持ち帰り弁当に義務表示はなじまないということから、今後も義務表示は適用されないことになった。この分野は任意表示で、その表示が不当な場合にのみ、景品表示法で取り締まられるという原則が、これからも継続されることになったのである。

　しかし、一部ではあるが「外食のメニュー表示がいい加減なのは義務表示が定められていないからで、義務表示を設けるべきだ」という

意見は依然として根強くある。また、事業者によっては、むしろ明確なルールを示してほしいという声もある。いずれにしても事業者は今後、景品表示法の遵守を徹底することが求められる。

## Column　お弁当の表示いろいろ

　一口に弁当と言っても、その販売形態によって義務表示の内容が大きく異なり、3タイプに分けられる。
　1つは持ち帰り弁当のように対面販売の場合。外食の考え方と同じで、義務表示はかからない。パン屋のサンドイッチ、デパ地下の惣菜などの対面表示の弁当がこれにあたる。表示が何もない場合が多いせいか、これまでは消費者を著しく誤認させるような表示はあまり見られず、過去に景品表示法の措置命令が出た事例はほとんどない。
　2つめ、コンビニ弁当や駅弁のように、弁当工場など別の場所で製造されて店舗に持ち込まれる場合は、一般に流通する加工食品と同様にJAS法と食品衛生法が義務付けられ、名称、原材料、食品添加物、アレルギー表示、消費期限、保存方法、製造者などが義務付けられて表示項目がたくさんある。時にシールが大きすぎて中みが見えないほどだ。これらの表示が誤っていた場合は食品衛生法・JAS法等に抵触する。
　3つめ、スーパーのバックヤードで製造されて店頭に並ぶ弁当の場合は、安全性に関する食品衛生法の表示だけが義務付けられている。シールには消費期限、アレルギー表示、食品添加物の表示などは表示されているが、原材料の表示義務は無く省略される。シールは小さめだ。
　一方では厳しく表示が義務付けられ、一方では全く表示が要らない。このため、コンビニの弁当は添加物が多いがデパ地下は添加物を使っていないと、消費者によっては勘違いする場合もある。消費者にとってはわかりにくいことから、最近では持ち帰り弁当にも情報開示を進めようと、自主的にガイドラインを設けて表示を進める取り組みもある。

## 3 景品表示法の目的

　景品表示法（正式には不当景品類及び不当表示防止法）は、消費者の選択を誤らせるような不当な表示や、過大な景品類の提供を制限し、または禁止することで消費者の利益を保護することを目的につくられた法律である。その歴史は古く、昭和37年に制定されて以来、50年以上にわたって様々な分野においてウソや大げさな表示から消費者を守り、不当な景品の問題に対応してきた。

　景品表示法は時代や経済情勢の変化に応じて、その時々で規定の見直しが行われながら進化している。2009年9月1日に消費者庁の設立された際には公正取引委員会から消費者庁に移管された。

　消費者庁に移管された後も、健康食品や健康機器など消費者の健康志向に便乗した不当表示を規制し、最近では電子商取引のようなインターネット上の表示問題にも力を注ぎ、消費者取引の適正化に向けた役割を果たしている。昔も今も、事業者よりも圧倒的に情報量の少ない消費者の立場に立って消費者を守る役割を果たしてきた。

　景品表示法ができたきっかけとなったのが、昭和35年におきた「に

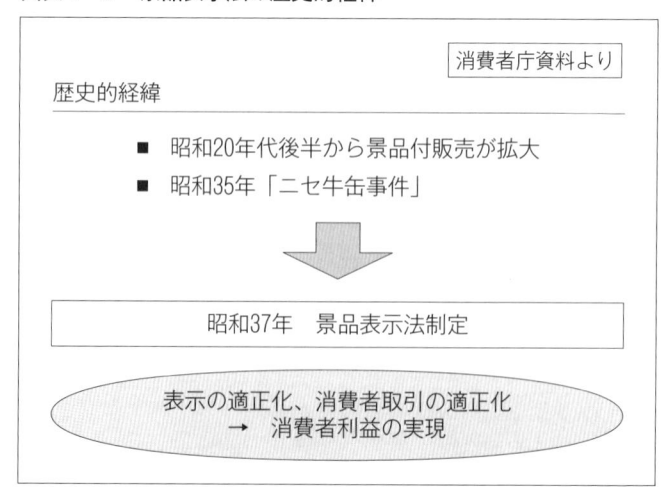

図表2-6　景品表示法の歴史的経緯

消費者庁資料より

歴史的経緯
- 昭和20年代後半から景品付販売が拡大
- 昭和35年「ニセ牛缶事件」

⇩

昭和37年　景品表示法制定

表示の適正化、消費者取引の適正化
→　消費者利益の実現

せ牛缶事件」である。昭和35年7月末、東京都の消費者が牛肉の大和煮缶詰の中にハエが入っていたと東京都衛生局に持ち込んだ。検査の結果、その中味が鯨赤肉であることが判明、製造業者が缶詰製造業の許可を受けずに製造していたこともわかり、行政処分が行われた。

　さらに調査をしていくと、缶詰業界では牛肉缶詰に馬肉を使用することがなかば商習慣となっていることが判明した。全国で20社近くある主な牛肉の缶詰メーカーのうち、牛肉を100％使っているところはわずか2社しかないことがわかり、ニセ牛缶事件は大きな社会問題となった。

　当時の業界のコメントに「缶詰のレッテルと中身が違う問題は業界の長い間の商慣習」と説明したと記録がある。2013年のメニュー表示問題で、「バナメイエビを芝エビと表示するのは、中華料理の世界では長い間の商慣習」というホテルのコメントと重なるものがある。ニセ牛缶事件をきっかけに、欺瞞的な表示に対して厳しい規制を要求する声が消費者団体からあげられ、世論も高まった。

　また、昭和35年頃は、様々な商品の賞金や賞品の高額化が目立つようになった。例えば、チューインガムで1,000万円の賞金が、ウイスキーでハワイ旅行が当たるといったように消費者の射幸心を過度に刺激するものがでてきた。こうした賞品や賞金は反社会性を持つものであるとして、こちらも何らかの規制を要望する声が高まった。

　当時は大量生産体制が進み、販売競争の激化に伴い様々な消費者問題が顕在化してきた時期でもある。そこで消費者保護という新しい観点の取り組みが求められるようになった。

　こうした状況を受けて、公正取引委員会が新法の立案作業を行い、独占禁止法の特例法として景品表示法（不当景品類及び不当表示防止法）が成立、昭和37年8月に施行された。表示を取り締まる法律なのに、景品の名前がつくのはこうした経緯からである。景品と表示の両方の観点で消費者を保護する法律として、施行後は執行体制が強化されてきた。

　景品表示法が施行された当時、大都市近郊の宅地開発が盛んに行わ

### 図表2-7　景品表示法は不当表示の禁止と景品の規制
景品表示法とは？

→不当な顧客誘引を禁止する法律です。

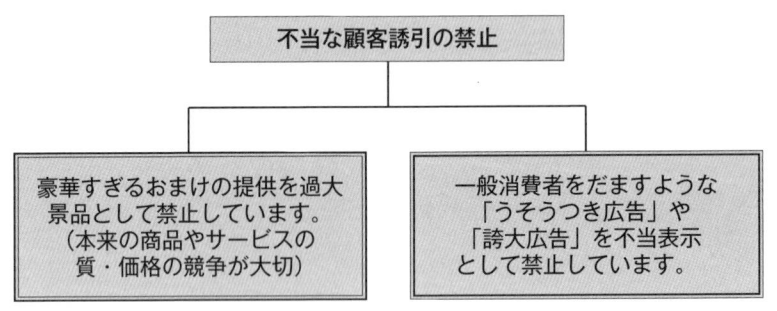

```
                不当な顧客誘引の禁止
                ┌──────┴──────┐
  豪華すぎるおまけの提供を過大       一般消費者をだますような
  景品として禁止しています。        「うそつき広告」や
  （本来の商品やサービスの         「誇大広告」を不当表示
   質・価格の競争が大切）         として禁止しています。
```

http://www.caa.go.jp/representation/pdf/shiryo_1_1_3.pdf

れており、宅地分譲の誇大広告が行われていた。高額で消費者被害も多発していたことから、景品表示法の排除命令が行われた事例がみられる。

また、食品の事例では、昭和41～42年に合成レモン飲料のテレビ広告で、天然レモンジュースであるような表現をしていたことで不当表示とされた事例も知られている。これを契機に果実飲料全体を対象にして、「ジュース」と表示できるのは100％果汁の場合のみとするなど、個別の表示問題に対応してきた。当時の飲料は、果汁100％のものから、果汁はほとんどないのに着色、着香をしたものまで多種多様で表示のルールが定められていなかったのである。

昭和46年には業界の自主規制ルールとして、公正競争規約制度（第5章の9参照）が導入され、どういう表現がどこまで許されるのか、業界ごとに細かいルールが定められるようになり、表示の適正化が進められた。例えば、前述の果汁の業界では混ぜ物などで消費者をだますことがないよう、公正競争規約で細かい表記にルールを定めている。また、「天然」「ナチュラル」「フレッシュ」「生」といった表示も、業界自らが規制をしている。

## 4 景品表示法が定める不当表示とは

　景品表示法は、第4条第1項で不当な表示を禁止している。不当表示の種類は大きく分けて3つあり、第4条第1項の中で第1号に規定される品質、規格、その他の内容に関するもの（優良誤認表示）、第2号に規定される価格その他の取引条件に関するもの（有利誤認表示）、第3号に規定されるその他の不当表示の3つに分類される。

（優良誤認表示）

　優良誤認表示とは、商品・サービスの品質や規格、その他の内容について、実際よりも著しく優良であると一般消費者に誤認される表示のことである。今回問題となったメニュー表示問題では、景品表示法上問題となったほとんどが、この優良誤認表示にあたる。

　例えば、食肉のブランド表示の偽装など、ブランド牛の表示をしておいて実際は異なる場合、有機野菜と表示して実際は異なる場合、機械打ちの麺に「手打ち」と表示したり、添加物を使用した食品に「無添加」と表示する場合など消費者に「実際のものよりもいいものです

図表2-8　優良誤認表示とは

### 1. 優良誤認表示とは？

「これはとても良い品質（規格、内容）だ！」と消費者に思わせておいて、実際にはそうではない表示のことをいいます。

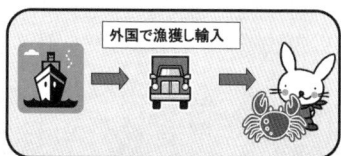

例えば…　　　　　　実は…

北海道から産地直送！本場ズワイガニ！
産地直送なんだ！おいしそうだな〜
外国で漁獲し輸入

http://www.caa.go.jp/representation/pdf/shiryo_1_1_3.pdf

よ！」とアピールして消費者を誤認させている。

　また、健康食品などで「運動しなくても飲むだけで必ず痩せる」と強力なダイエット効果があるように表示して、合理的な根拠は保有していなかった場合も優良誤認として取り締まられている。

　景品表示法では毎年数十件の措置命令が出されているが、食品に関するものは一部であり、塾のチラシ、健康機器のCM、空間除菌機器の新聞広告など、様々な分野に及ぶ。その大部分が優良誤認表示に分類されるもので、さらに行政指導が行われている事案を含めると毎年数百件にもなる。

（有利誤認表示）

　有利誤認表示とは、実際にはそうでもないのに、商品・サービスの品質や規格などが競争業者のものよりも「お得ですよ」と思わせて、著しく有利であると誤認させることである。

　例えば、「今だけの半額特価キャンペーン実施中」と表示をしていたが、「今」に限らず常時設定されている販売価格であり、期間が限られているわけでもないような事例などがこれにあたる。メニュー表

図表2-9　有利誤認表示とは

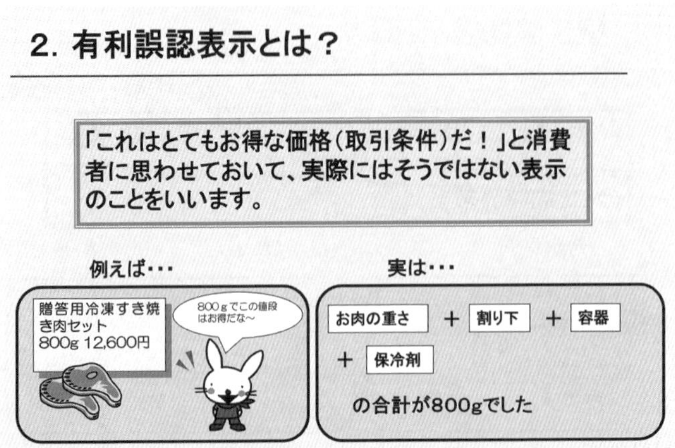

## 2. 有利誤認表示とは？

「これはとてもお得な価格（取引条件）だ！」と消費者に思わせておいて、実際にはそうではない表示のことをいいます。

例えば…
贈答用冷凍すき焼き肉セット
800g 12,600円
800gでこの値段はお得だな〜

実は…
お肉の重さ ＋ 割り下 ＋ 容器 ＋ 保冷剤
の合計が800gでした

http://www.caa.go.jp/representation/pdf/shiryo_1_1_3.pdf

示などでは「期間限定」という用語もよく用いられるが、実際には表示された期限を過ぎても、期限を変えて記載し、継続して販売する場合は不当表示にあたる。また、合理的な根拠なく「どこよりも安い」と表示した場合も有利誤認となる。ウェブサイト等の不当表示事例でも、有利誤認表示はよくみられる。

（その他の不当表示）
　優良誤認、有利誤認の他に、誤認するおそれのあるまぎらわしい表示を次のとおり指定して禁止している。
① 　無果汁の清涼飲料水等についての不当な表示
　果汁を使用しておらず又は５％未満しか使用されていない清涼飲料水等であるにもかかわらず、商品名に果実の名称を用いたり、果実の絵や写真等を表示したり、果汁と類似の着色、着香、味付けをしているものについては、『無果汁』又は『使用割合』が明記されていない場合は不当表示となる。
② 　商品の原産国に関する不当な表示
　A国製の商品に、B国の国名、国旗、事業者名等を表示することにより、消費者がその商品の原産国をA国と認識できない場合、「A国製」と明瞭に記載していないと不当表示になる。
③ 　消費者信用の融資費用に関する不当な表示
④ 　不動産のおとり広告に関する不当な表示
⑤ 　おとり広告に関する不当な表示
⑥ 　有料老人ホームに関する不当な表示

> **Column** 表示には合理的根拠が必要
>
> 　新聞のチラシやテレビの深夜番組などで、明らかに優良誤認表示と思われるような商品が販売されていることがある。このような場合、消費者庁は表示の裏付けとなる合理的な根拠を示す資料の提出を求めることができる。これに対して、事業者が何ら資料を提出しない場合や、表示の裏付けとなる合理的根拠とは認められない場合には、その表示は優良誤認表示とみなされ、不当表示として行政処分を行うことができる。
> 　この規定は「不実証広告規制」といい、景品表示法第4条第2項に規定され、不当表示を迅速に規制し、一般消費者の利益を確保する観点から平成15年改正より導入されたものである。不実証広告規制が適用されるものは、いわゆる健康食品や、健康器具など健康効果を過剰に表示したものにも多くみられる。
> 　例えば最近の事例では、平成25年12月、㈱コマースゲートの「夜スリムトマ美ちゃん」と称するサプリメント状の食品でこの規定が適用され、同製品は痩身効果に関する表示で、チラシや雑誌に「寝ている間に勝手にダイエット！？」「寝る前に飲むだけで努力なし！？」等と記載され、様々な体験談も掲載されていた。消費者庁が資料の提出を求めたところ、同社から資料は提出されたものの、表示の裏付けとなる合理的な根拠を示すものとは認められなかった。このため不実証広告規制の規定に基づいて、措置命令が出された。

## 5　景品表示法が定める「表示」の対象

　景品表示法の定める「表示」の対象は、範囲が広いことが特長である。食品の場合、通常は表示というと容器包装に貼られているラベル表示や、店頭の表示を思い浮かべるが、景品表示法ではありとあらゆる全ての商品・サービスにおいて顧客を誘引する手段とされている。CMやインターネット表示、さらには口頭でのセールストークといったものまで対象になり、以下の①～⑤で不当な表示が行われている場合に、表示を禁止するものである。

図表2-10　景品表示法が規制対象とする表示

http://www.caa.go.jp/representation/pdf/shiryo_4_1.pdf

① 商品、容器又は包装による広告その他の表示及びこれらに添付した物による広告その他の表示
② 見本、チラシ、パンフレット、説明書面その他これらに類似する物による広告その他の表示（ダイレクトメール、ファクシミリ等によるものを含む）及び口頭による広告その他の表示（電話によるものを含む）
③ ポスター、看板（プラカード及び建物又は電車、自動車等に記載されたものを含む）ネオン・サイン、アドバルーン、その他これらに類似する物による広告及び陳列物又は実演による広告
④ 新聞紙、雑誌その他の出版物、放送（有線電気通信設備又は拡声機による放送を含む）、映写、演劇又は電光による広告
⑤ 情報処理の用に供する機器による広告その他の表示（インターネット、パソコン通信等によるものを含む）

外食や持ち帰り弁当などの場合には、

① 店内のメニュー、掲示物
② チラシ、ポスター
③ 店の入り口の掲示板や看板
④ ディスプレイ
⑤ 口頭による説明
⑥ インターネット広告・表示
⑦ テレビ・ラジオCM、新聞広告

などが景品表示法の表示対象に該当すると考えらる。

## Column 有名人のコメントも景品表示法の対象に

　2013年6月27日、消費者庁は、株式会社アクセルクリエイションに対して、「浅漬け名人『菜漬器』（さいしき）」と称する漬物容器を使用することによる発酵促進効果に関する表示について、優良誤認にあたるとして措置命令を行った。

　この製品は、2011年12月から2013年3月まで、毎日のようにテレビショッピングで放映された製品で、「漬物容器の素材にタウマリン鉱石を使うことで遠赤外線を放出するので、自然発酵のスピードが速くなり、1時間で漬かり植物性乳酸菌が1時間で通常の6倍以上になる」と効果をうたって、広告・宣伝を続けた。

　消費者庁は、この表示の裏付けとなる合理的な根拠を示す資料の提出を同社に求めたが、その資料は表示の裏付けとなる合理的な根拠を示すものとは認められなかったとして、措置命令を下した。

　この宣伝では有名な料理研究家のコメントが写真付きで紹介されており、「この浅漬け名人はとても素晴らしいんです」として宣伝を行っている。措置命令では、こうしたコメント部分でも表示違反の対象とされることが明確にされた。

　同社ではこの措置命令を受けて、表示を改めており、2か月間返品返金対応を行った。

> 「浅漬け名人」だとどうしておいしく早くできるのか？
>
> 内部図
>
> 菜漬器「浅漬け名人」の仕組みは、本体を構成している原料「電気石タウマリン鉱石」が遠赤外線（育成光線領域）を放出しており熟成スピードを加速させています。
> ※セラミックには一切放射性物質は入っておりません。
>
> タウマリン鉱石が、遠赤外線（育成光線領域）を放出するので、自然発酵のスピードが早く、30分～1時間ほどで漬けられる（野菜の種類や季節によります）ので、漬けた野菜の風味も逃しません。
>
> http://www.caa.go.jp/representation/pdf/130627premiums.pdf

## 6 違反かどうかは一般消費者の認識で決まる

　景品表示法上問題となるかどうかは、表示の内容全体から「一般消費者が受ける印象や認識」を基準に、「著しく優良・有利と誤認を与える」かどうかで判断する。統一的な表示ルールが決まっているわけではなく、ましてや、一定の表示を義務付けるものではない。

　ここで表示から受ける「一般消費者の認識」とは、表示媒体、表示内容にもよるが、そもそもその商品・サービスによって異なる。

　消費者庁は「一般消費者は多種多様であり、ある表示について問題の有無を判断する場合は、その個別的事案に即して、その実際の商品・サービスの表示に接する一般消費者を念頭に優良誤認を判断する必要がある」としている。

　その表示に接する一般消費者は、地域、性別、家族構成などによって認識は異なる。消費者庁の説明資料では「ハモ」のような魚を事例に説明している。非常によく食べられる地域では少しの違いでも値段差が出てくるが、あまり食べられることのない地域ではそれほどでもなく、地域によって認識は異なる。また、例えば、「シャンパン」を提供する場合、シャンパンではない発泡ワインを提供していたとしたら、「安酒屋チェーンで飲み放題メニューの1つとして出された場合」か「高級仏料理店に初来店のカップル客がソムリエにおススメされた場合」とでは、誤認の程度に違いがでてくるだろう。

このように一般消費者は、個別事案ごとに表示全体を見てそこから受ける印象で判断するもので、その認識は時代や消費者の背景によって異なる。このため、景品表示法では一律不変に優良誤認の○か×かを決めるものではない。

次に「著しく優良であると示す表示」をどう考えたらいいだろうか。ここでは「著しく」がポイントであり、消費者庁の説明資料には、「通常程度の誇張は許容される」とある。表示の中でも、広告・宣伝の要素を含む場合、表示対象の商品・サービスが一般消費者に購入されるように「ある程度の誇張」がなされるのは一般的で、一般消費者もそれを通常認識している。このため広告・宣伝に通常含まれる程度の誇張は、人が化粧の際に白粉をはたくことを意味する「パフィング（puffing）」と呼ばれ、一般消費者の適切な選択を妨げないものとして許容される。

しかし、許容される限度を超えるほどに実際のものよりも優良であると表示すれば、一般消費者はパフィングを割り引いて判断しても実際のものよりも優良であると認識してしまう。この場合、「著しく優良である」ことに該当する。

そのうえで消費者庁は、著しく優良であると示すかどうかの判断について、次のとおりまとめている。

**図表2-11 「著しく優良であると示す」かどうかの判断（消費者庁説明資料より）**

◇「著しく優良であると示す」かどうかの判断は、その当該表示を誤認して一般消費者が誘引されるかどうかで判断されます。（たとえば、実際にその表示で多くの一般消費者がその値段で購入しているかどうかなど）
◇この「一般消費者が誘引される」かどうかは、商品の性質、一般消費者の知識水準や、取引の実態、表示の方法、表示の対象となる内容などによって判断されることになります。
◇このように「著しく優良であると示す」かどうかの判断は、表示をする事業者側の認識に立ち判断されるものではなく、一般消費者の側に立ち判断されるものとなります。

## Column　公正競争規約とガイドライン

　昭和46年に業界の自主規制ルールとして、景品表示法の規定により公正競争規約制度が導入された。景品表示法で優良誤認かどうかは、個別事案ごとに異なり、一般消費者の認識によっても異なり、一律に〇か×かがわからない。どういう表現がどこまで許されるのか、判断が付きにくい場合も多く、不当な表示を行わないよう業界ごとに細かいルールが定められるようになり、表示の適正化が進められた。

　食品では、飲用乳、チーズ、みそ、鶏卵、果実飲料等37規約に及ぶ。また、酒類もビール、ウイスキーなど7規約となる。ここでは、どのような場合にどんな用語ならよいのか、悪いのか、優良誤認を禁止する具体的な事項を規定している。不当な表示を防ぐという目的のために業界ごとに公正取引協議会が運用するもので、通常はこれを守っていれば景表法に違反することはない。協議会に加盟していないアウトサイダーでも法律違反にならないよう公正競争規約を遵守する。

　景品表示法ができた当時は消費者運動が盛んで、不当な表示は許さないという社会の風潮が今よりも強かった。このため、法的な拘束力が強い公正競争規約をつくる業界が多く、公正取引委員会の認定を受けて、自ら適正な表示のルールを定めてきた歴史がある。

　現在、公正競争規約の中に外食の分野はない。本来であれば、外食の事業者が公正競争規約をつくることが望ましく、消費者団体からも今回の食材偽装問題を受けて外食事業者団体に対して要望が出されていた。しかし、外食と一口にいっても、ホテル、旅館、外食チェーン、中食と様々な事業者がいることから、公正競争規約をつくることは難しかったようである。何ら取り組みの様子は伝わってこない。

　また、公正競争規約ほど拘束力は高くないが、事業者の自主的な取り組みを促す方法として、業界で自主ルールを策定して導入するケースや、国によってガイドラインが制定されることもある。外食の分野では2005年に「外食における原産地表示に関するガイドライン」が農林水産省によってつくられ、主なメニューの原産地表示の開示が進められた。また、中食の業界では、アレルギー表示や原材料表示などのルールを加工食品の表示ルールに準じて作成しており、事業者の自主的な取り組みを促し

ている。
　一方、公正競争規約がなかなか整備されない状況においては消費者庁が事業者の自主的な取り組みを進めるため、業態によって事業者の予見可能性を高めるガイドラインが作られる場合もある。2014年3月には「メニュー・料理等の食品表示に係る景品表示法の考え方について」ガイドラインがつくられたのも、こうした経緯からである。

## 7 景品表示法に違反したら

　景品表示法に違反する不当な表示が行われている疑いがある場合、消費者庁、都道府県、公正取引委員会の地方事務所は、関連資料の収集、事業者への事情聴取などの調査を実施する。調査の結果、違反行為が認められた場合には、消費者庁は事業者に弁明の機会を与えた上で「措置命令」を行う。改正景品表示法の施行後（2014年12月1日より）は、都道府県も措置命令が出せるようになる（図表2-12、2-13）。措置命令は、事業者に対して、不当表示により一般消費者に与えた誤認の排除、再発防止策の実施、今後同様の違反行為を行わないことなどを命ずるものである。

　事業者は違反したことをプレスリリース等で一般消費者に周知徹底し、違反行為の中止（当該表示を含む商品、広告物等の使用中止・回収、ウェブサイトでの表示の削除等）、再発防止策の策定等の対応が求められる。また、その違反行為を将来繰り返さないことも義務付けられる。措置命令の場合は名前が公表され、新聞などにも掲載され、事業者はダメージを被る。現に、不当表示で措置命令が出されたことが報道されると、会社の株価が大きく値を下げるようなこともある。

　違反の事実が認められない場合であっても、違反のおそれのある行為がみられた場合は「指導」の措置がとられる。景品表示法に基づく指導等は、既にその違反行為が無くなっている場合であっても対象となる。この場合は、多くは公表されない。

　都道府県知事も景品表示法に基づく権限を有しており、景品表示法

図表2-12　景品表示法違反の事件処理手続【現行】

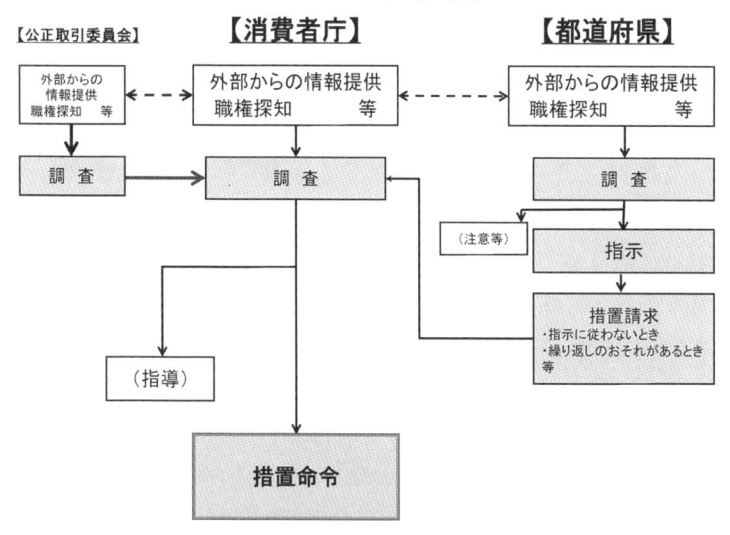

http://www.caa.go.jp/representation/pdf/shiryo_4_2.pdf

図表2-13　景品表示法違反の事件処理手続【施行後】

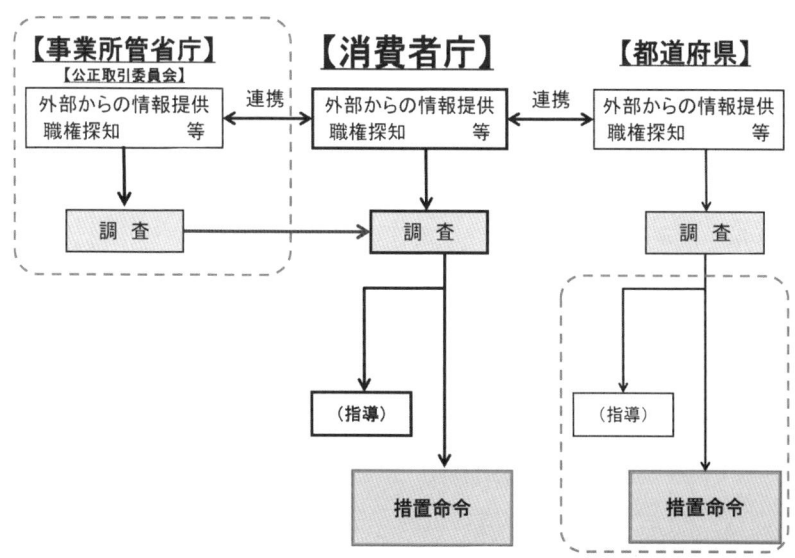

http://www.caa.go.jp/representation/pdf/shiryo_4_2.pdf

の違反行為を迅速かつ効果的に規制できる。都道府県においては消費者問題を担当する課や取引指導を担当する課が窓口となっており、不当表示が行われている疑いがある場合は、資料の収集、事業者からの報告徴収等の調査を実施し、これまでも違反行為を確認した場合は、表示の改善などの指導等が行われてきた。改正景品表示法施行後は措置命令が出せるように権限が強化されることになる。

事業者が措置命令に従わない場合は、2年以下の懲役または300万円以下の罰金が科せられるが、情状によっては懲役と罰金の併科もある。そして行為者のみならず、その法人等に対しても3億円以下の罰金が科せられるという両罰規定が設けられている。

景品表示法の措置命令が出される場合、最初に消費者庁からの指摘

図表2-14　景品表示法調査件数等の推移（消費者庁資料より）

| 年度 | | 平成23年度 | 平成24年度 | 平成25年度 |
|---|---|---|---|---|
| 前年度からの繰越 | | 259 | 170 | 180 |
| 新規件数 | 職権探知 | 178 | 131 | 128 |
| | 情報提供[※1] | 392（3,667） | 425（5,082） | 560（5,858[※3]） |
| | 小計 | 570 | 556 | 688 |
| 調査件数 | | 829 | 726 | 868 |
| 処理件数 | 措置命令 | 28 | 37 | 45 |
| | 警告 | 0 | 265[※2] | 373[※2] |
| | 注意 | 405 | | |
| | 都道府県移送 | 1 | 12 | 15 |
| | 協議会処理 | 53 | 45 | 33 |
| | 打切り等 | 172 | 187 | 200 |
| | 小計 | 659 | 546 | 666 |
| 次年度への繰越し | | 170 | 180 | 202 |

※1　外部から提供された情報のうち、景品表示法違反被疑事案として処理することが適当と思われた情報の件数。括弧内の数字は外部から提供された情報の総数。
※2　行政手続法上の「行政指導」にあたる「指導」の件数。平成24年度から、「警告」、「注意」の区分を廃止した。
※3　うち食品表示に関係する内容（外食等、役務に分類されるものは含まない。）が含まれる情報件数は839件。

を受けてから調査を経て、措置命令が出されるまでに2カ月間ほどかかるケースが多い。指摘されても措置命令が出されるかどうかはケースバイケースだが、事業者側は措置命令が出された場合の対応（ウェブサイトの公表や広報対応、再発防止策の公表等）は準備しておくこともできる。また、事業者が措置命令に対して不服があれば、不服申し立てを行うことができ、手続きを踏むことになる。その場合の対応についても、プレスリリースなどの事前準備は可能である。

しかし、今回のメニュー表示の場合は通常の措置命令の流れではなかった。事業者が自主的に違反の事実を自主的に申告し公表した段階で問題となったものである。しかし、申告しても措置命令等は回避できるとは限らない。

実際に約300事業者が、2014年1月までに消費者庁など関係省庁に、景品表示法に違反した事例として自ら申告をしたとされている。そのうち、阪急阪神ホテルズなど3社に、措置命令が出されている。これらは調査の過程で申告後も問題が見つかったため、指導ではとどまらず、措置命令に至ったとされている。

それでは毎年、どのくらいの景品表示法の調査が行われ、措置命令が出されているのだろうか。景品表示法は食品関連だけでなく、不動産、旅行、金融など様々な商品・サービスに適用される。この3年間の消費者庁における調査件数の推移と処理件数（措置命令件数を含む）を図表2-14に示す。2013年度における調査件数をみると、前年度から繰越となっている180件、年度内に新規に着手した688件の合計868件である。同年度の処理件数は、措置命令が45件、指導が373件のほか、都道府県による処理が適当として都道府県に移送したものが15件、公正競争規約により処理することが適当として、当該公正競争規約を運用している公正取引協議会等に移送して、同協議会等が処理したものが33件など、合計666件となっている。また、2011年度は措置命令が28件、2012年度は37件となっており、年々措置命令が増えてきていることがわかる。

図表2-15　都道府県による景品表示法指示件数（消費者庁資料より）

| 年度 | 平成23年度 | 平成24年度 | 平成25年度 |
|---|---|---|---|
| 都道府県等による指示件数 | 22件<br>（北海道3件）<br>（茨城県1件）<br>（栃木県1件）<br>（埼玉県4件）<br>（東京都3件）<br>（神奈川県2件）<br>（静岡県1件）<br>（愛知県1件）<br>（京都府1件）<br>（愛媛県1件）<br>（大分県3件）<br>（宮崎県1件） | 29件<br>（北海道1件）<br>（茨城県2件）<br>（栃木県2件）<br>（埼玉県9件）<br>（千葉県1件）<br>（東京都6件）<br>（神奈川県1件）<br>（静岡県3件）<br>（京都府1件）<br>（和歌山県2件）<br>（福岡県1件） | 64件<br>（北海道36件）<br>（群馬県1件）<br>（埼玉県11件）<br>（東京都3件）<br>（新潟県1件）<br>（岐阜県1件）<br>（静岡県2件）<br>（愛知県2件）<br>（奈良県2件）<br>（和歌山県1件）<br>（山口県3件）<br>（徳島県1件） |

　ここで調査件数の内訳をみると、調査の端緒（景品表示法違反の事実があるかどうかを調査するためのきっかけ）がわかるが、多くが外部からの情報提供によるものだ。これは関連事業者・団体や一般消費者などから寄せられた情報である。

　また、消費者庁が行った処理とは別に、都道府県知事権限の指導も行われているが、その件数についても公表されている（図表2-15）。都道府県によって対応がかなり異なり、過去10年間で一度も指導を行っていない県もある（青森、富山、石川、福井、山梨、三重、岡山、広島、鹿児島）。その一方で、北海道のように2013（平成25）年度だけで36件の指示を行っているところもあり、都道府県によってばらつきが大きいことがわかる。

## 8　改正景品表示法の概要

　2014年6月6日、「景品表示法等の一部改正等法」が参議院で成立し、同月13日に公布された。この法律案は、メニュー表示問題を受けた「景品表示法等の改正部分」と、近年拡大している高齢者の消費者被害を受けて地域の消費者を見守るための仕組みとなる「消費者安全

図表 2-16　改正景品表示法の概要

> **参考**
>
> **改正景品表示法（抄）**
> （事業者が講ずべき景品類の提供及び表示の管理上の措置）
> 第7条　事業者は、(中略)景品類の価額の最高額、総額その他の景品類の提供に関する事項及び商品又は役務の品質、規格その他の内容に係る表示に関する事項を適正に管理するために必要な体制の整備その他の必要な措置を講じなければならない。
> 2　内閣総理大臣は、前項の規定に基づき事業者が講ずべき措置に関して、その適切かつ有効な実施を図るために必要な指針（以下この条において単に「指針」という。）を定めるものとする。
> 3　内閣総理大臣は、指針を定めようとするときは、あらかじめ、事業者の事業を所管する大臣及び公正取引委員会に協議するとともに、消費者委員会の意見を聴かなければならない。
> 4　内閣総理大臣は、指針を定めたときは、遅滞なく、これを公表するものとする。
> 5　前二項の規定は、指針の変更について準用する。

http://www.caa.go.jp/representation/pdf/shiryo_4_2.pdf

法の改正部分」の二つの改正部分からなる。

　その概要を図表2-17に示す。前者の景品表示法の改正部分は、左部分の「Ⅰ事業者のコンプライアンス体制の確立」「Ⅲ監視指導体制の強化」と、右下の「Ⅳ課徴金制度の検討等」の3つの柱がある（Ⅱは、消費者安全法の改正部分のため該当しない）。

　1つ目の「Ⅰ事業者のコンプライアンス体制の確立」は、改正景品表示法では第7条第1項で「事業者は…（中略）…表示に関する事項を適正に管理するために必要な体制の整備その他の必要な措置を講じなければならない」と定められたもので、さらに第7条第2項にはそのための必要な指針を定める、とした部分が該当する。これを受けて2014年8月には指針案が公表されており、これが今後の事業者の表示の管理の取組みの手引きとなるものである（詳細は、第6章の1）。

　2つ目の「Ⅲ監視指導体制の強化」は、改正景品表示法では第12条第3項に、「消費者庁長官は、緊急かつ重点的に不当な景品類及び表

示に対処する必要がある等の事情があるため、措置命令又は勧告を効果的に行う上で必要があると認めるときは、調査権限を事業所管大臣等に委任することができる」とされた部分が該当する。これは、迅速な対応のために、経済産業省や農林水産省などが、それぞれ所管するホテルや飲食店、百貨店などを調査できるように権限を委任したものである。

　さらに改正景品表示法第12条第11項で、「消費者庁長官に委任された権限に属する事務の一部は、都道府県知事が行なうことができる」としており、不当表示への対応を迅速に行うため、不当表示をしている事業者に対して、これまで消費者庁に限られていた再発防止などを求める措置命令を都道府県でも出せるようにした（図表2－13）。この部分が景品表示法改正の肝になる部分だろう。また、ここで改正景品表示法第15条は「関係行政機関相互の連携」として、消費者庁、都道府県、事業所管官庁等が連携して必要な情報交換を行い、相互の密接な連携の確保に努めることとしている。

　これらの条文によって、今後は都道府県の力も借りて執行力が高められて不当な表示を取り締まる体制が強化されることになる。都道府県の中でも、景品表示法の指導に熱心に取り組んでいるところは多い。今回はメニュー表示問題を契機に体制が強化されたが、実は消費者をだます不当な表示は健康食品で多くみられ、「飲むだけでやせる」といったダイエット食品の悪質な広告で消費者庁が措置命令が出してきたところである。こうした消費者をだます不当表示を、都道府県でも直接、措置命令が出せることになる。執行力の強化に期待したい。

　3つ目の「Ⅳ課徴金制度の検討等」は、景品表示法の実効性を確保するために検討が行なわれている課徴金制度の導入についてである。これまで景品表示法を違反しても、罰則が甘いために繰り返し行われるのではないかと指摘されてきたところである。このため、景品表示法の抑止効果を高めて実効性を確保するため、課徴金制度の導入の機運が高まったのである。

　消費者委員会では消費者庁の諮問を受けて、2014年2月から課徴金

## 図表2-17　改正景品表示法の概要

不当景品類及び不当表示防止法等の一部を改正する等の法律案（概要）
不当景品類及び不当表示防止法

平成26年3月
消費者庁

**I　事業者のコンプライアンス体制の確立**

○事業者が講ずべき表示等の管理上の措置（第7条関係）
・表示等の適正な管理のため必要な体制の整備その他の必要な措置等を講じなければならない
・事業者が講ずべき措置に関して必要な指針を定めるものとする
（事前に事業所管大臣と協議し、消費者委員会の意見を聴取）
⇒　予見可能性を確保し、事業者内部による管理体制整備を推進
　　事業者の創意工夫は確保し、管理体制の内容や水準は、事業者の規模・業種に配慮
○指導及び助言（第8条関係）・勧告及び公表（第8条の2関係）
・内閣総理大臣が指導・助言、勧告（勧告に従わないときは公表）
⇒　事業者が必要な措置を講じていない場合の措置

**II　情報提供・連携の確保**

○適格消費者団体※1への情報提供等（第10条関係）
・消費生活協力団体・消費生活協力員※2から不当表示等の情報を提供
⇒　民間による問題事案への対処を支援
○関係者（国、地方公共団体、国民生活センター等）相互の密接な連携の確保（第15条関係）

**III　監視指導態勢の強化**

○権限の委任等―国の執行体制の強化（第12条関係）
・消費者庁長官の権限の一部を事業所管大臣等に委任
⇒　［調査権限］
　　当該事業の実情を踏まえたより迅速かつ的確な法執行を推進
○権限の委任等―都道府県の執行体制の強化（第12条関係）
・消費者庁長官の権限の一部を都道府県知事に付与
⇒　［措置命令権限］
　　［合理的根拠提出要求権限］
⇒　国と地方との密接な連携を確保し、問題事案に的確に対処

**景品表示法の執行体制（改正案）※3**

内閣総理大臣 → 消費者庁長官（権限の委任）

① 2以上の都道府県の区域にわたり、特に必要があると認めるとき
② 知事から要請があったとき

都道府県知事（自治事務）［主に1県内のみにあるもの］※4

事業者に対し：
①〔調査〕
②〔合理的根拠の提出要求〕
③〔措置命令〕

都道府県による：
①〔調査〕
②〔合理的根拠の提出要求〕
③〔措置命令（指示は廃止）〕

（報告）（調査）
公正取引委員会
事業所管大臣
消費者庁がその権限を行使することを妨げない。
地方支分部局

権限の委任　権限の委任

**IV　課徴金制度の検討等**

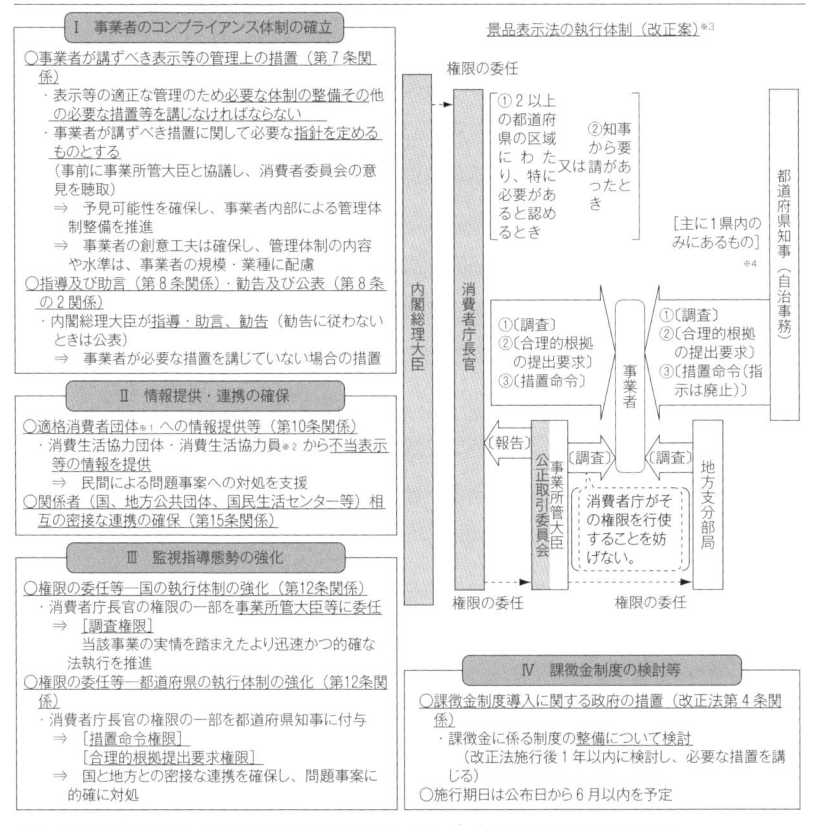

○課徴金制度導入に関する政府の措置（改正法第4条関係）
・課徴金に係る制度の整備について検討
（改正法施行後1年以内に検討し、必要な措置を講じる）
○施行期日は公布日から6月以内を予定

※1　適格消費者団体には、景表法の違反行為の差止請求権が認められている。
※2　今回改正（消費者安全法の改正）により新設
※3　［　］部分は政令で定める事項の例
※4　県域を超える場合には消費者庁が調整を行う。

制度の検討を行い2014年6月に答申案をまとめた。この答申によれば、措置命令が出された場合に事業者が不当表示で得た利益を基準にして、一律で算定した額を国庫に納めるべきとしている（制度の詳細は第7章の1）。

　今後、景品表示法の権限は改正によってさらに強化されて、不当な表示を厳しく取り締まる体制が確立されることになる。

# 第3章 消費者庁のメニュー・料理等の表示ガイドライン

## 1 ガイドラインが発表されるまで

●景品表示法のガイドライン

　2013年10月以降、消費者庁や都道府県の窓口には、メニュー表示に関する様々な質問が寄せられた。この問題を受けて、多くの事業者が景品表示法を遵守すべく自社の表示を見直したが、判断に迷う事例がいくつも見つかったからだ。景品表示法は、JAS法のようなQ＆Aがあるわけではなく、何が問題になるのか明確な基準がなくわかりにくい、という意見も多く寄せられた。そこで消費者庁は、表示適正化対策の1つに示されていたとおり、事業者にとってわかりやすいガイドラインを制定して、自主的な取り組みを促すことにした。

　景品表示法のガイドラインは、これまでも様々な業態でつくられ、最近では2011年10月に示された「インターネット消費者取引に係る広告表示に関する景品表示法上の問題点及び留意事項」がある。また、食品分野では、2013年12月に公表された「いわゆる健康食品に関する景品表示法及び健康増進法上の留意事項」があり、健康食品における広告ガイドラインとして活用されている。

　メニュー表示のガイドラインは、2014年3月に「メニュー・料理等の食品表示に係る景品表示法の考え方について」として公表されたもので、30頁にわたって35項目のQ＆A形式で解説されている。2014年4月以降は各地で研修会等が開催され、周知徹底がはかられている。

第3章　消費者庁のメニュー・料理等の表示ガイドライン

●最初のガイドライン案で混乱が深まる

　現在用いられているガイドラインは、その内容が固まるまでに紆余曲折があった。最初のガイドライン案は2013年12月19日、消費者庁が「メニュー・料理等の食品表示に係る景品表示法上の考え方（案）」として発表した。しかし、迅速さが求められて作成されたため、いくつかの設問で外食の実態と乖離している部分がみられた。

　例えば、ガイドライン案のＱ＆Ａの中の１つ、「Q-15　飲食店のメニューに『サーモントラウト』を『サーモン』と表示しても景品表示法上問題ありませんか」という問いでは、「Ａ　問題となります」としている。解説では、サーモントラウトの標準和名はニジマスであり、これをサーモンと表示すると異なる魚種と認識してしまうことから、景品表示法上問題となると説明をしていた。しかし、この説明がわかりにくく「サーモントラウトを食材に使った弁当を、サケ弁当ではなくニジマス弁当と表示しなければならない」との誤解が広がった。多くのマスコミが「サケ弁当をニジマス弁当と表示せねばならないのか」と報道して、今度は消費者庁のガイドライン案に批判が集中した（サケ類表示の詳細は第４章の８）。

　最初のガイドライン案が公表されてから約１カ月間、国民の意見を求めるパブリックコメントが実施され、地方公共団体や事業者、団体、個人、弁護士から様々な意見が寄せられた（515件）。その多くが、ガイドライン案の個別のＱ＆Ａのわかりにくさを問うものであった。

　また、パブリックコメントの締切日である2014年１月22日、東京で意見交換会も開催された。この時には、業界団体や輸入事業者が魚介類の名称についてサケやイセエビと一般的名称が実際にどのように使われているのか、実態を説明して消費者庁に理解を求めている。寄せられた意見の代表的なものを、次に示す。

図表３-１　最初のガイドライン案（2013年12月19日発表）に対する主な意見

| パブリックコメント、意見交換会で寄せられた主な意見 |
| --- |
| （パブリックコメント期間2013年12月19日～2014年１月22日） |
| ・ガイドラインは従前の説明と何ら変わらず、わかりやすいガイドラインを |

示したことにはなっていない
- 明らかな優良誤認ばかりでグレーゾーンについての記載がないので、事業者の参考にならない
- 外食のメニュー表示は詳細かつ画一的な規制にはなじまないので、基本的な考え方を示すことを要望する
- メニューの表示は料理の名称であり、食材の名称ではない
- 違反行為に対する措置として、都道府県知事の措置命令等の権限付与及び課徴金制度等の早期導入を求める
- 一部のQ＆AでJAS法など他法令の考え方と異なるので、整合を求める
- 「B to B」での正確な情報伝達を求める
- 業界団体による公正競争規約の策定を求める
- 量について適正な表示がなされるよう、考え方を示してほしい
- 魚介類の名称を標準和名のとおりに表記をすると、消費者の食欲をそそらないものがあるので（例：アブラガニなど）、メニュー表示では見直すべき
- 成型肉を使っていても表示をする必要のない料理の線引き、牛肉以外の畜種の見解を求める（ガイドライン案Q1）
- 牛肉の成型肉について「ビーフ」という畜種まで制約する理由はおかしい（ガイドライン案Q2）
- 事業者のアレルギー表示の有無を持って「安全・安心」等を景品表示法上問題となるとする解釈はおかしい（ガイドライン案Q5）
- 鴨南蛮、寿司ネタのサーモンなど料理名として広く定着しているものを景品表示法上問題とするのは、実態とかい離している（Q7とQ15）
- 輸入ロブスターをイセエビと表示すると問題になるとしているが、イセエビ科に属するものは記載を認めるべき（Q9）
- 「サーモントラウト」を「サーモン」と表示すると景品表示法上問題になるとする解釈はおかしい（ガイドライン案Q15）
- 「○○産野菜の使用」の解釈では、使用している野菜の多くが○○産であれば表示を可能とする考え方だが、「多く」の基準はどの程度か。またこの考え方は、他の「○○使用」の表記全てに通用するのか（ガイドライン案Q23）
- 「生クリーム」という表記において、動物性油脂と植物性油脂のコンパウンドタイプを使用しても、景品表示法上問題とならないのではないか（ガイドライン案Q30）
- 加工品の果実飲料ではJAS法で「フレッシュ」という用語の使用を禁止しているのに、メニュー表示で問題とならないのはおかしい（ガイドライン案Q35）

参照）
＊消費者庁・メニュー・料理等の食品表示に係る景品表示法上の考え方について（案）」に対する意見募集における御意見の概要及び御意見に対する考え方（2014年3月28日）
http://www.caa.go.jp/representation/pdf/140328premiums_3.pdf
＊意見交換会における発言者ご意見概要（2014年1月22日）より筆者が抜粋

第3章　消費者庁のメニュー・料理等の表示ガイドライン

## ●ガイドライン案を修正、正式なガイドラインへ

　最初のガイドライン案に寄せられた様々な意見を受けて、消費者庁はその内容を修正し、2014年3月28日、正式なメニュー表示ガイドライン「メニュー・料理等の食品表示に係る景品表示法上の考え方」を発表した（図表3-2）（巻末の参考資料に全文掲載）。

　ガイドラインの目的は、「本ガイドラインは、事業者の予見可能性を高めるとともに、事業者における表示の適正化の取組を促進するため、メニュー・料理等の食品表示に関する景品表示法上の考え方を、Q&A形式で分かりやすく示すものです」とあり、目的そのものは旧案とは変わらない。

　大きく変更された点は、「第3　不当な表示の禁止に関する基本的な考え方」を新設して、「景品表示法が他の食品表示の法律とはそもそも目的が異なり、表示を義務付けるものではない」と強調して解説したところである。あわせて、Q-1も新設され、どんな場合がメニュー表示の場合に優良誤認と判断されるのか、基本的な考え方を重ねて示している。

　また、個別のQ&Aの細部にも寄せられた意見を反映させて、細かい修正が施されている。また、質問内容そのものを変更したものもある。主な変更点を図表3-3に示す。

　ガイドラインの本文は、消費者庁のウェブサイトの「食品表示等問題対策専用ページ」の中の「ガイドラインについて」の別紙2「メニュー・料理等の食品表示に係る景品表示法上の考え方について」に掲載されている。ここではあわせて「『メニュー・料理等の食品表示に係る景品表示法の考え方について』の成案公表について」（ガイドライン案からの修正点をまとめたもの）、別添2「意見募集における意見の概要及びご意見に対する考え方」、リーフレット等も掲載されている。これらの情報も、景品表示法のメニュー表示を理解するうえで参考になる。

　消費者庁は今後、このガイドライン本文の周知徹底をはかり、不当な表示を行わないように遵守を求めていく方針だ。ガイドラインの内

容をまず理解することが、適切なメニュー表示の基本対策となる。

図表3-2　ガイドラインの構成

```
【ガイドライン目次】
第1　はじめに
第2　景品表示法
第3　不当な表示の禁止に関する基本的な考え方
第4　メニュー表示に関するＱ＆Ａ
　1　景品表示法の基本的な考え方に関するＱ＆Ａ
　　（Ｑ-1）
　2　肉類に関するＱ＆Ａ
　　（Ｑ-2から7まで）
　3　魚介類に関するＱ＆Ａ
　　（Ｑ-8から22まで）
　4　農産物に関するＱ＆Ａ
　　（Ｑ-23から27まで）
　5　小麦製品、乳製品、飲料に関するＱ＆Ａ
　　（Ｑ-28から35まで）
```

図表3-3　ガイドライン案の主な修正点

▶第3及びＱ-1を新設
　基本的な考え方をより分かりやすく示すため、義務表示と禁止表示の考え方、他の食品表示の法律との違いを明確にした
▶Ｑ-2に成型肉のアレルギー表示の考え方を挿入
　成型肉を使用している場合のアレルギー表示について旧案Ｑ5に掲載していたが削除し、景品表示法上の問題となるか否かに関わりなく、積極的な対応が求められるとしてＱ2に挿入した
▶旧案Ｑ-2を削除
　「やわらかビーフ」、「健康ビーフ」等は、飲食店で提供する料理の名称としては一般的ではないため、問いそのものを削除した
▶Ｑ-7及びＱ-15で一般的な料理の名称の考え方
　「鴨南蛮」「さけ弁当」など、一般的な料理の名称として確立しているものについての考え方を明示した
▶Ｑ-7及びＱ-19で、問いを変更
　旧案のＱで示された「マグレ・ド・カナール（鴨肉の一種）」「レッドキャビア（魚卵の一種）」などの事例を出していたが、比較的特別なものであったため、より一般的なものに修正
▶Ｑ-10でオーストラリアミナミイセエビ
　外国産のオーストラリアミナミイセエビの考え方を追加
▶Ｑ-18及び23で考え方を明確に
　「鮮魚のムニエル」「△△産野菜使用」の場合、問題となるか否かをより

明確に示す
▶ Q35のフレッシュジュースを厳格化
「フレッシュジュース」の場合、既製品のオレンジジュースや紙パックのジュースを提供している場合は問題となることを明示

## 2 ガイドライン「第3 不当な表示の禁止に関する基本的な考え方」

　ガイドライン本文について、順を追ってみていこう。本著ではガイドライン本文の転記部分は、囲みや「　」の部分で示し、それ以外の部分は著者が消費者庁のパブリックコメントの回答などと照らし合わせて、解説を加えたものである。消費者庁の正式な見解ではないことをおことわりしておく。

　ガイドライン本文の第1、第2は景品表示法の概要であり、2章で既に紹介しているため、ここでは省略する。第3の「不当な表示の禁止に関する基本的な考え方」は、景品表示法の理解のために新設された部分である。その内容を簡単にまとめてみた。
▶表示の規制には、特定表示義務付け型と、虚偽表示禁止型がある。
▶義務型にはJAS法などがあり、原材料などの表示項目をあらかじめ定めるものである。今後施行される食品表示法による表示の規制はこれに当たる。
▶広告・宣伝などの表示は原則自由だが、それが実際と異なり、消費者に誤認を与える場合は表示が禁止される。景品表示法による不当表示規制はこれに当たる。
▶自己の供給する商品・役務の内容を一番よく知っているのはまさに事業者であり、実際と異ならない範囲で自由に表示をすることが可能である。そして、景品表示法は、表示から受ける一般消費者の印象・認識を基準として、消費者の自主的・合理的な選択を阻害するおそれのある表示を不当な表示として禁止しているものであるから、

事前に、どのような表示をすべきか、してはいけないかを具体的・網羅的に明らかにできない。
▶このため、不当な表示にならないようにするためには、消費者の立場に立って考え、実際の内容と比べて顧客に誤解されるような情報や大げさな情報を伝えないことが基本となる。
▶メニュー・料理等の表示については、事業者が任意に行うことができるものだが、できる限り、事業者の予見可能性を高めるため、本考え方を示すこととした。

　食品事業者にとっては、食品表示に関する法律はJAS法や食品衛生法などの義務表示がお馴染みである。項目に沿って膨大なQ&Aがあって、何が○で何が×かが示されているため、法令遵守は容易であり人によって解釈がぶれることはそうはない。これらに比べて、景品表示法は法の目的も対象も異なる。基本的な考え方で示されているのは「事業者がその商品・役務を一番よく知っているのだから、消費者の立場になってよく考えて誤解されないように伝えること」であり、「ケースバイケースだから事前に規制はできない」と、されている。
　もし、景品表示法で明確な基準を決めてしまうと、新しいタイプの不当表示に迅速に適応できなくなり、消費者保護という本来の目的を果たせなくなってしまう。この項では景品表示法の基本について、理解を求める内容となっている。

## 3　ガイドライン「Q&A　Q1基本的な考え方」

> Q-1
> 飲食店等において提供される料理等に関するメニューや料理名の表示について、どのような場合に景品表示法上問題となるのでしょうか。

　景品表示法が禁止する優良誤認にあたるかどうかは、①実際のものとその表示から受ける一般消費者の印象・認識との間に差が生じて、

②その表示が商品・役務の内容について著しく優良であると示す表示といえるか否かという点から個別具体的に判断される。

このように、2つのステップを経て判断することを基本的な考え方として示したものがQ－1である。消費者庁が作成したリーフレットでも、この内容が表面に記されており、これがガイドラインの最大のポイントといえる。

まずは「①実際のものとその表示から受ける一般消費者の印象・認識との間に差が生じて」では、3つの観点「社会常識」「用語等の一般的意味」「社会的に定着していると認められる他法令等における定義・基準・規格」などを考慮して、実際のものとその表示から受ける一般消費者の印象・認識との間に差が生じるかどうか、判断する。

図表3-4　消費者庁作成のリーフレット（表面）

1つ目の「社会常識」だが、これは事業者側の社会常識ではなく、一般消費者の社会常識である。例えば、「ビーフステーキ」と表示されているのに成型肉を使っていた場合、一般消費者の社会常識に照らせば、ステーキに成型肉が使われているとは思わないだろう、と判断する。

　2つ目の「用語等の一般的意味」では、その表示と実際に差が生じるか、判断をする。同じく成型肉の場合で考えてみると「ビーフステーキ」の「一般的な意味」とは、牛の生肉の切り身が使われている、と消費者は認識する。ここで実際に成型肉が用いられていれば、表示と実際のものとの間に差が生じることになるだろう。

　3つ目の「社会的に定着していると認められる他法令における定義・規格」の事例を考えてみよう。例えば、これまでのメニュー表示の違反事例とされてきた「和牛」「有機」「地鶏」は、農林水産省のガイドライン、公正競争規約、有機JAS規格、地鶏のJAS規格などの他法令で厳しくルールが定められている。この定義に合っていないものを用いれば、ウソつき表示になり、明らかに問題があることがわかる。また、「原産地」表示はJAS法で定められており、厳格に運用されており、それを違反した場合も明らかに問題があることがわかる。また、景品表示法の規定に基づき、公正競争規約が食品37規約、酒類7規約でつくられている。フレッシュジュースの「フレッシュ」、手打ち麺の「手打」などは、規約で定義が定められている。

　次に、「②その表示が商品・役務の内容について著しく優良であると示す表示といえるか否か」については、「その料理の性質」「その料理や食材に関する一般消費者の知識水準」「その料理や食材の取引の実態」「メニュー等における表示の方法」「表示の対象となる内容」などを考慮し、メニュー名と実際の食材が異なることを一般消費者が知っていたら、その料理に惹きつけられることは通常ないだろうという誇大表示のときに優良誤認となる。

　一般消費者がどのような印象・認識を抱くかは、個別事案ごとに判

断される。ホテルのレストランのような高級な場所で表示されたものか、安い居酒屋で表示をされたものかといった店舗の形態や価格の高低等によっても異なる。

このように優良誤認かどうかは、①と②の要素をみながら、表示の内容全体から総合的に判断されることになる。このため、景品表示法では、表示上の特定の文言、写真等のみで、単純に線引きはできない。それを基本的な考え方として示したものがこのQ－1である。Q＆Aは35問からなるが、残りの34問全てにかかる位置付けとなる。

## 4 ガイドライン「Q＆A　肉類のQ＆A（Q2～7）」

> **Q－2**
> 飲食店において、牛の成型肉（※）を焼いた料理のことを「ビーフステーキ」、「ステーキ」と表示してもよいでしょうか。
> ※牛の生肉、脂身、内臓等に酵素添加物や植物たん白等を加えるなどして人工的に結着し、形状を整えたもの。結着肉、圧着肉ともいわれる。
> **A**　問題となります。

成型肉を使って「ビーフステーキ」、「ステーキ」と表示した場合、メニューに（成型肉使用）などと一緒に表示をしなければ、一般消費者は牛の生肉の切り身を焼いた料理と誤認するおそれがあるため、景品表示法上問題となる。

それではどう対応したら消費者の誤認をまねかないのだろうか。

「ステーキ」など料理名の近く又は同一視野内に「成型肉使用」、「圧着肉を使用したものです」等と記載があればよい。なお、これらの用語について、消費者庁ガイドラインでは限定はしていない。「『成型肉使用』等の記載は例示であり、これらの表示を義務付けるものではありません」としている。ガイドラインに付随したパブリックコメントの回答をみると、「形を整える加工をしています」といった表現

も可能となると説明している。また、字の大きさについてもメニュー表示と同じポイント数を義務付けるものではない。

さらにガイドラインでは「『ハンバーグステーキ』など、その表示内容全体から、一般消費者が、その料理が牛の生肉の切り身を焼いた料理であると認識することはないと考えられる場合には、その料理に牛の成型肉を使用していたとしても、景品表示法上問題となるものではありません。」としている。

● サイコロステーキは？

一方、サイコロステーキについては、パブリックコメントの回答をみると「なお、サイコロステーキであっても、写真等を含めた表示内容全体から、一般消費者が牛の生肉の切り身を焼いた料理と認識する場合においては、実際には成型肉を使用していたときは問題となります。」とある。

例えば、シェフが鉄板のうえで生肉を焼いてカットして出すようなイメージ写真等があれば、一般消費者はこのサイコロステーキは成型肉が使われているとは思わず、鉄板の上で一枚肉のステーキ肉をカットしている誤認をする可能性がある。こうした場合は、「サイコロステーキ（成型肉使用）」等の記載をすることで、消費者の誤認を招かないような表示が求められる。

● 成型肉の場合のアレルギー表示は？

成型肉のアレルギー表示については、2013年10月末に公表された「奈良万葉若草の宿　三笠」の事例によって社会の関心が高まった（第1章の2・4）。これを受けてガイドラインでは次のように説明を行っている。

「一般的に、牛の成型肉については、使用する結着剤によってはアレルギー反応を引き起こす素材が含まれているものもあり、食品衛生法では、スーパー等の小売店で容器包装されて販売される成型肉及び成型肉を使用した加工食品には特定のアレルゲンについて表示を義務

付けています。この義務付けは、飲食店等のメニュー表示には直接適用されるものではないものの、アレルギー表示といった食品を摂取する際の安全性に関する情報を適切に消費者に伝えることは極めて重要です。」

「積極的に、アレルギー表示を行ったり、料理の注文を受ける際にアレルギーの有無を確認するなど、食物アレルギー疾患を有する方に対する情報提供を充実することが求められます。」

つまり、成型肉を用いた料理においては、アレルギー情報の伝達を推奨したものだ。

実は最初に出されたガイドライン案はもっと踏み込んだ内容で、旧Q5として「メニューに安全・安心をうたう場合は成型肉にアレルギー表示が必要」と説明をしていた。しかし、正式なガイドラインでは旧Q5そのものが削除された。そもそも景品表示法は特定の表示を義務付けるものではなく、ここで成型肉だけにアレルギー表示が必要とするのは法的には整合性がとれない。また、パブリックコメントでも「安全・安心」イコール、アレルギー表示と規制するのは行き過ぎではないか、という意見も多く寄せられ、消費者庁は修正を行ったものである。また、成型肉だけにアレルギー情報を伝えても他のおかずとの整合性がとれない。アレルギー情報の伝達は2014年12月に消費者庁の「外食等におけるアレルゲン情報の提供の在り方検討会」で報告書がまとまる予定であり、そちらを参考にされたい。

●ビーフシチューの場合は？

旧案Q-2では、成型肉を使った場合に「ステーキ」と表示せず単に「ビーフ」等と表示しても、問題となると説明をしていた。このため、成型肉を「ビーフシチュー」「ビーフカレー」等に使った場合に景品表示法上問題となるのかと、事業者は混乱した。しかし、この旧案Q-2をめぐっては、「ビーフ」等の表示は飲食店で提供する料理の名称としては一般的ではないとして、質問ごと削除されている。

同じビーフでも、シチュー、カレーは、「ステーキ」とは加工度も

異なり、消費者の印象・認識は異なる。特にイメージ写真等で牛の生肉の切り身を用いた料理と認識するような表示でなければ、成型肉を用いていても、「成型肉」等の表示が直ちに必要となるわけではない。

●ポークステーキの場合は？
　ビーフに限らず、ポーク、チキンなど牛肉以外の肉であっても加工肉は様々な場面で用いられている。消費者庁のガイドラインの欄外には、「ポークなど牛肉以外の肉であって生肉の切り身を焼いたもの以外のものを『ステーキ』と表示することについては、個別事案ごとに景品表示法上の問題が判断されます。」と記載されている。
　つまり、牛肉以外の畜種において、「ステーキ」と表示している場合に、「成型肉」等の表示を直ちに求めるものではないということだ。特に生肉が用いられていると誤認させるような表示でなければ、直ちに問題になることはなく、個別事案ごとに判断されることになる。

（成型肉の過去の違反事例）
　成型肉を用いているのに「ステーキ」と表示されている場合、これまでも景品表示法で何度も措置命令が出されてきた。
　最初の事例は2005年公正取引委員会が、株式会社フォルクスに出した排除命令だ。同社で提供していた「ビーフステーキ焼肉ソースランチ」「ひとくちビーフステーキ焼肉ソースランチ」など、5種類の料理について「あたかも、当該料理に使用している肉は、牛の生肉の切り身であるかのように表示していたが、実際には、牛の成型肉（牛の生肉、脂身等を人工的に結着し、形状を整えたもの）であった。」としている。
　その後2011年には、成型肉を「健康ステーキ」等と表示した岡山県の株式会社バークジャパンに対して消費者庁が措置命令を行っている。同年、消費者庁はＱ＆Ａで解説も行っている。
　また2013年のホテルのメニュー表示問題の際には、近畿日本鉄道株式会社に対して、成型肉を「牛フィレ肉のステーキ」等と表示してい

たとして、措置命令を行っている。

> **Q-3**
> 飲食店において、牛脂注入加工肉を焼いた料理のことを「霜降りビーフステーキ」、「さし入りビーフステーキ」と表示してもよいでしょうか。
> **A** 問題となります。

　牛脂注入加工肉を使って「霜降りビーフステーキ」、「さし入りビーフステーキ」と表示した場合、メニューに「インジェクション加工肉使用」などと一緒に表示をしなければ、一般消費者は「一定の飼育方法により脂肪が細かく交雑した状態になった牛の生肉の切り身」を焼いたものであると誤認するおそれがあるため、景品表示法上問題になる。

　なお、牛脂注入加工肉とは、牛脂に、水、水あめ、コラーゲン、植物性たん白、ｐＨ調整剤、酸化防止剤、増粘多糖類等を混ぜ合わせたものを、「インジェクション」という注射針が針山になったような機械により、牛肉に注入し、人工的に霜降り状の肉質に変質させ、形状を整えたものであり、「インジェクション加工肉」等ともいわれる。成型肉のように一般に広く流通しておらず、業務用が中心となる。

　それでは事業者はどう対応したらいいのか。

　料理名の近く又は同一視野内に「インジェクション加工肉」等と記載するなどして、消費者が誤認しないような表示が望まれる。表示の表現について、パブリックコメントの回答では「霜降り加工ビーフ」や「さし入り加工ビーフ」等の記載であっても、一般消費者に誤認されないような表示であれば、景品表示法上問題なしとしている。また、字の大きさについてもメニュー表示と同じポイント数を義務付けるものではなく、「近傍または同一視野内に明瞭に記載されていること」としている。

過去の違反事例をみると2011年に、牛脂注入加工肉を「霜降りサーロインステーキ」等と表示した岡山県の株式会社バークジャパンに対して、消費者庁が措置命令を行っている。同社では措置命令後に表示を改善し、現在では「やわらかサーロインステーキ（和牛脂注入肉使用）」とメニューには適正な表示を行っている。

---

**違反事例**

㈱バークジャパンに対する措置命令について〈平成23年3月4日公表〉

「霜降サーロインステーキ」、「健康ステーキ」と表示。
⇒実際には、「霜降サーロインステーキ」は人工的に牛脂を注入する加工を行ったものであり、また、「健康ステーキ」は牛の横隔膜（ハラミ）の部分の肉を食品のりで貼り合わせる加工を行ったものであった。

---

**Q-4**
飲食店において、牛脂注入加工肉を焼いた料理のことを「ビーフステーキ」、「ステーキ」と表示することは景品表示法上問題となりますか。
**A** 問題となります。

　牛脂注入加工肉を使って「ビーフステーキ」、「ステーキ」と表示した場合、Q-2の説明と同様、一般消費者は、牛の生肉の切り身を焼いた料理と誤認するおそれがあるため、景品表示法上問題となる。Q-3と同様、「インジェクション加工肉」「霜降り加工ビーフ」等と記載するなどして、消費者が誤認しないような表示にすることが望まれる。

第3章　消費者庁のメニュー・料理等の表示ガイドライン

（過去の違反事例）

2013年のメニュー表示問題の際に、都ホテルニューアルカイック内に備え置いたチラシの中に「シェフおすすめの食べ放題メニューの中に、「牛ロース肉のステーキ」等と記載した事例が、「あたかも、記載された料理に牛の生肉の切り身を使用しているかのように示す表示について、実際には、生鮮食品に該当しない牛脂その他の添加物を注入した加工食肉製品を使用していたものであった」として、消費者庁は措置命令を行っている。

> **Q－5**
> 飲食店のメニューに「国産和牛のステーキ」と表示していますが、実際には、国産和牛ではなく、オーストラリア産の牛肉を使用しています。景品表示法上問題となりますか。
> **A** 問題となります。

和牛でないものを「和牛」と表示したり、国産でないものを「国産」と表示したりすると、明らかに景品表示法上問題となる。

「和牛」は「食肉の表示に関する公正競争規約」で、「黒毛和種」・「褐毛（あかげ）和種」・「日本短角種」・「無角和種」の4品種と、その4品種間の交雑種を和牛ということと定められている。

また、2007年の「和牛等特色ある食肉の表示に関するガイドライン（和牛・黒豚）」では、上記の定義に加えて国内で出生、飼養された牛であり、そのことが牛トレーサビリティ制度により確認できること、としている。オーストラリアで和牛品種として育てられたいわゆる「WAGYU」は、このガイドラインでは和牛の表示はできないこととなる。

和牛は通常の国産牛よりも飼養期間が長く、飼育方法に手間がかかり、価格も高価である。このように「和牛」という表示は、Q－1の「社会的に定着している他法令における規格」に該当し、その中身が実際と異なる国産牛であれば、消費者は著しく誤認するのは言うまで

もない。

また、「オーストラリア産」を「国産」とする原産地の偽装はＪＡＳ法で直罰規定として特に厳しく取り締まられている。景品表示法においても原産地の偽装は、優良誤認として問題となる。景品表示法の過去の違反事例を見ても、牛肉のブランド偽装や原産地偽装は、小規模の店舗においても再三にわたって措置命令が出されている。

今回の一連のメニュー表示問題では、牛肉の産地や銘柄名、ブランド名に関する違反が多くみられており、今後は厳格な食材の管理によって適切な表示が求められる。

> **Q－6**
> 飲食店のメニューに「××地鶏のグリル」と表示していますが、実際には、××地鶏ではなく、単なる国産鶏肉を使用しています。景品表示法上問題となりますか。
> **A** 問題となります。

地鶏の定義に該当しないものを「地鶏」と表示することは、明らかに景品表示法上問題となる。

地鶏はJAS規格で品種や生産方法が厳しく定められている。明治時代までに国内で定着した全国38種（「比内鶏」「コーチン」など）の在来種の血液百分率が50％以上であり、出生の証明ができる鶏から生産されるもので、飼育期間も80日間以上と長く、平飼いでゆったりと育つよう飼育密度も決められている。

地鶏ではない地域ブランド鶏肉も多い中で、地鶏は特に厳しいルールが定められており希少性が高い。Ｑ－5の和牛と同じ位置付けだ。地鶏以外の鶏肉を「地鶏」と表示をして提供することは、厳しいルールで高品質のものを提供してきた関連事業者の信用を、著しく傷つけることにもなる。

消費者庁のガイドライン本文には過去の違反事例を3件挙げているが、そのうち2件は今回のメニュー表示問題で明らかになったもので、

第3章　消費者庁のメニュー・料理等の表示ガイドライン

> **違反事例**
> ㈱ジェイアール西日本ホテル開発に対する措置命令について
> ＜平成22年12月9日＞
>
> 鶏すき焼きと称する商品に、「京地鶏」、「半熟卵」を使用しているかのように表示
> ⇒実際には、京地鶏の肉ではなく、ブロイラーの肉であり、また、平成22年4月1日から同月12日までの間、半熟卵は用いられていなかった。

　奈良の旅館の「大和地鶏の唐揚げ」、大阪のホテルの「津軽地鶏」「柔らか地鶏」というメニュー表示である。「あたかも記載された料理に地鶏の肉を使用しているかのように示す表示であったが、実際には地鶏の定義に該当しない鶏肉を使用していたもの」とされて措置命令が出された。メニュー表示問題では、「地鶏」と表示して同様の事例で自主公表を行ったホテル、外食事業者が多くみられた。

　この中には当初は地鶏を納入していたが、納入業者が知らないうちに中身を変更していたと説明する事業者もいた。しかし、景品表示法においては、メニュー表示を行う事業者に全ての責任がある。今後、適正な原材料のチェックは事業者の責務として、徹底的な管理が求められる。

> **Q-7**
> 飲食店のメニューに「鴨南蛮」と表示していますが、実際には、合鴨肉を使用しています。景品表示法上問題となりますか。
> **A**　問題となりません。

　合鴨肉は、一般的には鴨（マガモ等）とアヒルを交配した交雑交配種で、鴨肉とは異なる。しかし、合鴨肉を使って「鴨南蛮」とメ

ニューに表示しても、問題はない。「鴨南蛮」は既に料理の名称として確立しており、合鴨肉が用いられているからと言って一般消費者を誤認させることにはならないからだ。ただし、「マガモを使った」、「希少な鴨肉を使用」、「高級鴨肉を使用」などとした場合は、実際の合鴨肉とは異なることになり、景品表示法上問題となる。

## 5 ガイドライン「Q&A　魚介類に関するQ&A（Q10〜22）」

　ガイドラインの魚介類Q&Aでは、「名称」「原産地」「天然・養殖」の表示について、Q10から22までにわたって具体的な質問が並んでいる。魚介類は近年、輸入品や養殖品が増えて、これまで聞いたことのないような新しい魚種が市場に出回るようになった。そこで、一般に流通している生鮮食品や加工食品において、まずは、食品表示制度の充実が求められるようになった。数年間に及ぶ検討会の議論の結果、魚の名称をめぐって消費者や事業者が混乱することがないよう、水産庁が「魚介類の名称のガイドライン」を2007年に発表した。このガイドラインに沿って一般に流通する食品はJAS法によって、正確に名称を表記することが求められている。

　魚の名称は、地域や成長段階によって名称が異なるという魚特有の事情もある。魚介類の名称のガイドラインでは、これらの点を整理して、それぞれの学名を「種名」として、標準和名と一般的な名称として表にまとめたものである。標準和名が馴染みがない場合は、種に応じて標準和名を基本にしつつも一般的名称を使ってもよいとされている。実際に魚売り場に行くと、サケ科の魚は「秋サケ」「紅サケ」「アトランティックサーモン」「サーモントラウト」など、細かい種名で名称が表記されている（第4章の8）。

　今回のメニュー表示問題では、特にエビの種名をごまかしたものが多くみられた。バナメイエビを芝エビ、ブラックタイガーをクルマエビと表示したりと、ホテルや百貨店で公表が相次いだ。メニュー表示では魚介類の名称の表示は義務付けられていないが、異なる名称を表

第3章　消費者庁のメニュー・料理等の表示ガイドライン

示すれば優良誤認となり、景品表示法上問題となる。こうした品種の食材偽装に加えて、原産地、作り方などが実際と異なる場合にどう考えるのか、ここではまとめられている。

> **Q-8**
> 飲食店で提供する料理の材料としてブラックタイガーを使用していますが、クルマエビを使用している旨をメニュー等に表示しても景品表示法上問題ありませんか。
> **A**　問題となります。

　ブラックタイガーは、「魚介類の名称のガイドライン」では正式な標準和名はウシエビ、ブラックタイガーは一般的名称とされている。クルマエビ（標準和名はクルマエビ、一般的名称はなし）とは異なる種名で実際のものと異なり、景品表示法上問題となる。

> **Q-9**
> 飲食店で提供する料理の材料としてアメリカンロブスター（ザリガニのような大きなはさみのあるもの）を使用していますが、イセエビを使用している旨をメニュー等に表示しても景品表示法上問題ありませんか。
> **A**　問題となります。

　アメリカンロブスターは、「魚介類の名称のガイドライン」ではイセエビ（標準和名はイセエビ、一般的名称はなし）と異なる種名で、イセエビと表示をすることは景品表示法上問題となる。

> **Q-10**
> 飲食店で提供する料理の材料として外国産のオーストラリアミナミイセエビ（ザリガニのような大きなはさみのないもの）を使用していま

すが、伊勢志摩地方の風景写真とともに、イセエビを使用している旨をメニュー等に表示しても景品表示法上問題ありませんか。
**A** 問題となります。

　旧ガイドライン案にはなかった、新たな項目。現在、市場にあるイセエビは、標準和名「イセエビ」のものが流通している。一方、輸入品では標準和名の「オーストラリアミナミイセエビ」があり、学名は異なるものの見た目はイセエビとはあまり変わらず、イセエビとしてメニューに表示されている実態があった。このオーストラリアミナミイセエビについて、「(Q-9のような)アメリカンロブスターは、ザリガニ科で科名から違うが、ミナミイセエビ属のオーストラリアミナミイセエビは、イセエビと表示しても問題はないのではないか」という意見が寄せられた。

　消費者庁はこれを受けて、新たに質問項目を設けて解説を加えたものである。外国産のオーストラリアミナミイセエビを食材として使用していて、伊勢志摩地方の風景写真とともにイセエビを使用している旨を表示している場合は、その風景写真から国産の伊勢志摩産のイセエビと誤認させるため問題があるとしている。見方を変えれば風景写真等が付けられて誤認させる情報がなければ、オーストラリアミナミイセエビをイセエビと表示をしても誤認させることはないとも読める。

### Q-11
飲食店で提供する料理の材料としてバナメイエビを使用していますが、シバエビを使用している旨をメニュー等に表示しても景品表示法上問題ありませんか。
**A** 問題となります。

　「魚介類の名称のガイドライン」では、バナメイエビ(標準和名はシロアシエビ、一般的名称はバナメイ)とシバエビ(標準和名はシバエビ、一般的名称はなし)とは異なる魚介類であり、景品表示法上問

題となる。

　違反事例としては、ホテルで提供されていた「芝海老とイカの炒め物」で実際にバナメイエビを用いていた事例があり、消費者庁は2013年12月、措置命令を行っている。

---

**Q－12**
飲食店で提供する料理の材料として赤西貝を使用していますが、サザエを使用している旨をメニュー等に表示しても景品表示法上問題ありませんか。
**A**　問題となります。

---

　「魚介類の名称のガイドライン」では、赤西貝（標準和名はアカニシ、一般的名称はなし）とサザエ（標準和名はサザエ、一般的名称はなし）とは異なる魚介類であり、赤西貝を用いて「サザエ」と表示することは景品表示法上問題となる。

---

**Q－13**
飲食店で提供する料理の材料としてロコ貝を使用していますが、アワビを使用している旨をメニュー等に表示しても景品表示法上問題ありませんか。
**A**　問題となります。

---

　ロコ貝は標準和名が「アワビモドキ」で、その名のとおりアワビに姿形が似ているが輸入品であり、原産国チリでの名称がロコガイで、これが一般的名称である。「魚介類の名称のガイドライン」では、ロコ貝とアワビとは異なる魚介類であり、ロコ貝を使って「アワビ」と表示することは景品表示法上問題となる。

　違反事例として、水産加工品の原材料に「アワビ」が用いられているかのような表示で実際にはロコ貝を用いていたとして、公正取引委員会は2006年3月、排除命令を行っている。

> **Q-14**
> 飲食店で提供する料理の材料として、房総地方の風景写真とともに、房総アワビを使用している旨をメニュー等に表示していますが、実際には、北海道産のエゾアワビを使用しています。景品表示法上問題となりますか。
>
> **A** 問題となります。

　房総地方の風景写真とともに、房総アワビと表示していれば消費者は当然、房総地方でとれたアワビと認識する。エゾアワビ（標準和名）は、一般名称はアワビだが、それが別の産地であれば景品表示法上問題となる。

　違反事例として、宿泊プランの表示において、「ブランド食材を堪能♪媛っ子地鶏＋坊ちゃん島あわび★」等と表示で、実際には交雑種の外国産養殖あわびであった事例がある。消費者庁は2012年10月、措置命令を行っている。

---

### 違反事例
㈱ホテル椿館に対する措置命令について
＜平成24年10月18日公表＞

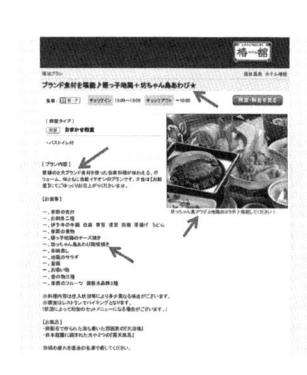

表示内容
○「ブランド食材を堪能♪媛っ子地鶏＋坊ちゃん島あわび★」
○「愛媛の２大ブランド食材を使った懐石料理が味わえる」
○「坊ちゃん島あわびと地鶏のコラボ♪堪能してください！」
○「一、坊ちゃん島あわび陶板焼き」

⇒本件宿泊プランの利用客に提供していたあわびは、坊ちゃん島あわび※ではなく、交雑種の外国産養殖あわびであった。
※　エゾアワビという高級品に分類される品種のあわびであり、松山市の島しょ部で養殖されている。

## Q-15
飲食店で提供する料理の材料としてサーモントラウトを使用していますが、キングサーモンを使用している旨をメニュー等に表示しても景品表示法上問題ありませんか。

**A** 問題となります。

「サーモントラウト（標準和名はニジマス、一般的名称はサーモントラウトなど）」と「キングサーモン（標準和名はマスノスケ、一般的名称はキングサーモン）」は「魚介類の名称のガイドライン」では、同じサケ科サケ属だが、種名が異なる魚介類である。このため、サーモントラウトを使って「キングサーモン」と表示することは景品表示法上問題となる。

一方、「A」の解説では「サーモントラウト」と「サケ（標準和名はサケ、一般的名称はアキサケなど）」は異なる種名だが、サーモントラウトを使って「サケ弁当」と表示した場合でも、直ちに景品表示法上問題にならないとしている。これはQ-7（鴨南蛮）のように、一般的な料理の名称として「サケ弁当」は確立しているものであって、社会的に定着している場合にあたるためである。一般消費者が、その料理等の選択において、それらの食材の違いに通常影響されないと認められる場合には、その料理等の名称を単に表示するだけで直ちに景品表示法上問題となるものではない。「サケおにぎり」、「サケ茶漬け」も同様である。

## Q-16
飲食店で提供する料理の材料として日高産キングサーモンを使用している旨をメニュー等に表示していますが、実際には、ニュージーランド産のキングサーモンを使用しています。景品表示法上問題となりますか。

**A** 問題となります。

原産地（魚の場合は生産水域名または養殖水域名）を誤認させる表示は、景品表示法上問題となる。

違反事例として、飲食店の表示において「北海道産ボタン海老のマリネ　紫蘇とジンジャーの香り」と表示して、実際にはカナダ産ボタンエビであった事例がある。公正取引委員会は2008年12月、排除命令を行っている。

---

**Q-17**
飲食店で提供する料理の材料として駿河湾産の魚を使用している旨をメニュー等に表示していますが、実際には、駿河湾産の魚だけでなく、駿河湾産以外の魚も使用しています。景品表示法上問題となりますか。
**A** 問題となります。

---

原産地（生産水域または養殖水域名）を誤認させる表示は、景品表示法上問題となる。このQでは、実際の料理に他の産地が混ざった場合にも問題になるとしている。刺し身の盛り合わせやブイヤベース、なべ料理など複数の魚種を用いる場合には留意が必要である。また、毎日の水揚げの状況も異なるため産地を表示する場合には特に正確さが要求される。

---

**Q-18**
飲食店のメニューとして「鮮魚のムニエル」と表示していますが、このほか特に使用している魚の新鮮さを強調した表示はしていません。実際には、解凍した魚を使用していますが、景品表示法上問題となりますか。
**A** 問題となりません。

---

メニュー表示問題で複数のホテルが発表した事例の中に、「鮮魚のムニエル」「鮮魚のお造り」等の表示で実際には解凍した魚を用いていたため誤表示とした事例があった。しかし、「鮮魚」の定義はJAS

法や食品衛生法の他法令で明確ではない。JAS法では単なる冷凍魚は生鮮食品に分類される。食品衛生法の冷凍食品では生食用冷凍鮮魚介類が規定されている。船上冷凍などで新鮮さをうたった冷凍鮮魚もあり、解凍した魚を使って「鮮魚」と表示しても、景品表示法上問題となるものではない。

 ただし、解凍魚を用いて「鮮魚」と表示をしていながら、実際には、表示された事実とは異なる場合（例えば、「港で獲れたて」や「今朝市場で買い付けた」ではない場合）には、景品表示法上問題となる。

> **Q-19**
> 飲食店で提供する料理の材料としてキャビアを使用している旨をメニュー等に表示していますが、実際には、ランプフィッシュ卵の塩漬けを使用しています。景品表示法上問題となりますか。
> **A** 問題となります。

 キャビアは、チョウザメ類の卵巣から薄膜を取り除き、卵を粒に分離して洗浄した上で塩蔵するなどの加工を施した食品であるとされる。他の魚種を用いていた場合は、消費者を誤認させるものとして、景品表示法上問題となる。

 過去の違反事例として、おせち料理の食材にキャビアと表示していたが実際にはランプフィッシュの卵であったとして、2013年12月、消費者庁は措置命令を行っている。また、キャビアに関してはカタログ販売等でも中国産をロシア産と表示するなど、これまでも措置命令が出された事例がある。また、ガイドラインにはふれていないが、2013年10月に問題になった「レッドキャビア」の表示が、実際にはトビウオの魚卵だった事例については、「レッドキャビア」そのものにキャビアのような定義はなく、赤い魚卵という意味もあることから景品表示法上、問題があるとまではいえないだろう。

> **Q-20**
> 飲食店で提供する料理の材料としてカラスミを使用している旨をメニュー等に表示していますが、実際には、サメやタラの卵を使用したいわゆるカラスミ風の食材を使用しています。景品表示法上問題となりますか。
>
> **A** 問題となります。

　カラスミはボラの卵巣から作られたものだが、安価なタラ及びサメの卵等からつくられた加工食品が「カラスミ風」として業務用を中心に流通している。こうしたカラスミ風食材を用いて「カラスミ」と表示をすることは、景品表示法上問題となる。実際とは異なる旨の「カラスミ風」と表示して、消費者が誤認しないような表示にする必要がある。

　過去の違反事例として、おせち料理に「からすみ松葉」、「烏賊からすみ」と記載して、カラスミ風食材を用いていた旅館業事業者に対して、消費者庁は2013年12月、措置命令を行っている。

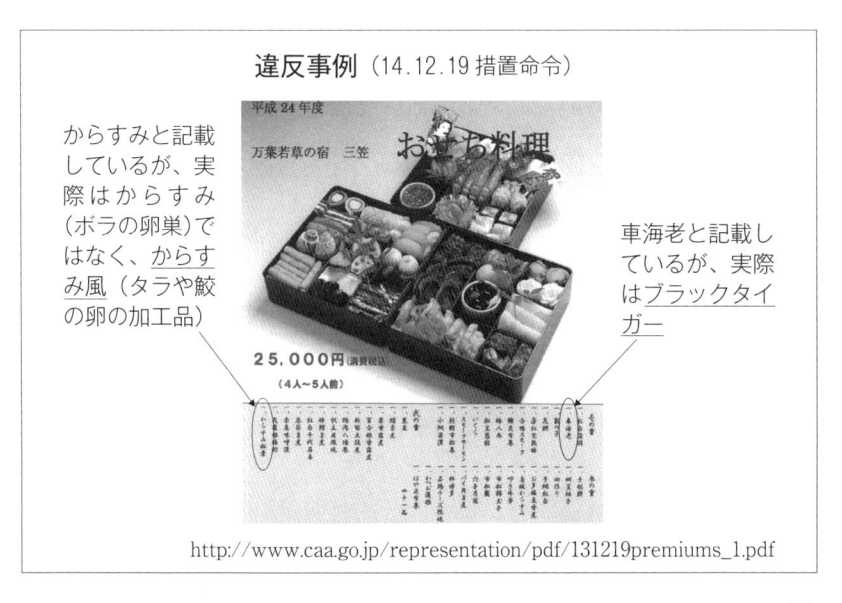

**違反事例**（14.12.19 措置命令）

からすみと記載しているが、実際はからすみ（ボラの卵巣）ではなく、からすみ風（タラや鮫の卵の加工品）

車海老と記載しているが、実際はブラックタイガー

http://www.caa.go.jp/representation/pdf/131219premiums_1.pdf

> **Q−21**
> 飲食店で提供する料理の材料としてフカヒレを使用している旨をメニュー等に表示していますが、実際には、人工フカヒレを使用したいわゆるフカヒレ風の食材を使用しています。景品表示法上問題となりますか。
> **A** 問題となります。

　フカヒレは、サメのヒレから作られるものだが、ゼラチンなどを原料とした人工フカヒレの加工食品が「フカヒレ風」食材として流通している。こうしたフカヒレ風食材を用いて「フカヒレ」と表示をすることは、景品表示法上問題となる。実際とは異なる旨の「フカヒレ風」と表示して、消費者が誤認しないような表示にする必要がある。

> **Q−22**
> 飲食店で提供する料理の材料として岩海苔を使用している旨をメニュー等に表示していますが、実際には、養殖した黒海苔を使用しています。景品表示法上問題となりますか。
> **A** 問題となります。

　「岩海苔」は岩礁等に自生するのりを原材料として作られるが、「岩海苔」と表示して実際には養殖した黒海苔を使用している場合は、景品表示法上問題となる。

　他法令をみると「食品のりの表示に関する公正競争規約」の中で、岩礁等に自生するのりであるとの履歴の明確でないものについては、「岩のり」と表示をすることを禁止している。また、過去の違反事例として公正取引委員会は、養殖のりを用いているのに「岩のり」と表示した製造販売事業者について、2006年に排除命令を行っている。

## 6 ガイドライン「Q&A 農産物に関するQ&A(Q23~27)」

**Q-23**
飲食店のメニューに「△△(地域名)野菜使用」と表示していますが、実際には、△△(地域名)野菜だけでなく、それ以外の野菜を多く使用しています。景品表示法上問題となりますか。
**A** 問題となります。

産地が異なる表示は景品表示法上問題となるが、この質問では「それ以外の野菜を多く使用している」とあり、他の産地が混ざった場合の使用割合が問題となる。

消費者庁の説明は

「△△(地域名)野菜使用」との表示から、一般消費者は、△△(地域名)野菜のみが使用されている、又は△△(地域名)で生育・収穫された野菜のみが使用されていると認識するか、少なくとも使用している野菜の多くが△△(地域名)野菜か△△(地域名)で生育・収穫された野菜であると認識するものと考えられる

としている。つまり、少なくともその産地の野菜を多く使っていれば、消費者が優良誤認をするような問題が無いようにも読めてしまう。

しかし、後述するQ-25の有機野菜使用の場合は過半数ではなく、全て有機野菜使用でないと景品表示法上問題になる、と厳しい。Q17の駿河湾産の魚の解釈も同様である。それに比べて、この設問における地域産野菜に対しては解釈が甘く感じられる。

いずれにしても、地域名を表示する場合は原材料の仕入れの際の継続した管理が重要であり、仕入れ先の急な変更に対応できるようなメニュー表示管理が求められる。

> **Q-24**
> 飲食店で提供する料理の材料として九条ねぎを使用している旨をメニュー等に表示していますが、実際には、一般的なねぎを使用しています。景品表示法上問題となりますか。
> **A** 問題となります。

　魚介類だけでなく農産物においても、特定の品種を表示して実際のものと異なる表示をしてとてもよいものと消費者を誤認させた場合は景品表示法上問題となる。

　違反事例として、ホテルのメニュー名に「若鶏の照り焼き 九条ねぎのロティと共に」と表示し、あたかも、記載された料理に九条ねぎを使用しているかのように示しているが、実際は九条ねぎよりも安価で取引されている青ねぎ又は白ねぎを使用していたものであった事例において、消費者庁は2013年12月、措置命令を行っている。野菜や果物においても、ブランド食材は人気がある。メニューに表示をするのであれば、実際と異なることにならないよう、正確な表示が求められている。

> **Q-25**
> 飲食店で提供する料理の材料としてフランス産の栗を使用している旨をメニュー等に表示していますが、実際には、中国産の栗を使用しています。景品表示法上問題となりますか。
> **A** 問題となります。

　農産物において原産地表示を偽って、消費者に著しくよいものと誤認させた場合は、景品表示法上問題となる。一般にフランス産の栗は中国産の栗よりも業務用の価格は高く、消費者も高級のイメージを抱く。今回のメニュー表示問題では、百貨店で販売した栗の菓子の原産地を偽った事例が公表されている。

> **Q－26**
> 飲食店で提供するご飯について「山形県産はえぬき使用」とメニュー等に表示していますが、実際には、山形県産の品種のブレンド米を使用しています。景品表示法上問題となりますか。
> **A** 問題となります。

　米においても、特定の品種を表示して一般のものと異なる表示をした場合あわせて産地を偽った場合は、景品表示法上問題となる。一般に流通する米は、他の品種をブレンドした場合はきちんと表示をしなければならず、外食においてもその表示と偽る情報を伝えてはならない。

> **Q－27**
> 飲食店で提供するサラダの材料として有機野菜を使用している旨をメニュー等に表示していますが、実際には、一部の野菜は有機野菜ではありません。景品表示法上問題となりますか。
> **A** 問題となります。

　有機の表示は、登録認定機関から認定を受けた生産者が、「有機農産物の日本農林規格」で定める厳しいルールを満たしたものだけに許されている。たい肥等で土作りを行い、種まき又は植え付けの前2年以上（多年生作物の場合は収穫前3年以上）、基本的に無農薬、無化学肥料で環境への負荷をできるだけ低減させた環境で作られるものであり、そのことを第三者の登録認定機関が保証するもので、第三者認証機関の名称も表示される。

　このように厳格な規格が求められる「有機」とメニューに表示して、実際には一般の野菜を用いていたとしたら、消費者を著しく誤認させることは間違いなく、景品表示法上問題となる。

　「有機」に関しては一般に流通する食品だけでなく、メニュー表示でもこれまでも違反事例は数多くある。例えばホテルの料理名に「有

機野菜のプチサラダと前菜二種盛合せ」と表示して、実際には有機農産物の定義に該当しない野菜を使用していたものであったとして、ホテル内の飲食店を営む事業者に対して措置命令を行った事例がある。

## 7 ガイドライン「小麦製品、乳製品、飲料に関するＱ＆Ａ（Q28～35）」

　肉類、魚介類、農産物と個別にみてきたが、その他の加工食品については最後にＱ＆Ａでまとめられている。ここでは「自家製」「手作り」など、製法に関して消費者を誤認させる場合や、牛乳・乳製品、果汁など、他法令（食品衛生法、公正競争規約、JAS法）で表示ルールが定められていて、それを偽った場合などについて、基本的な考え方が示されている。

---

**Q-28**
飲食店で提供する料理として「自家製パン」と表示していますが、実際には、市販品のパンを提供しています。景品表示法上問題となりますか。
**A** 問題となります。

---

　消費者庁のガイドラインでは、「『自家製パン』との表示から、一般消費者は、一般的にはその店舗で一から丁寧に作り上げたパンが提供されていると認識するものと考えられる」としている。このため「自家製パン」と表示して、実際は市販のパンを用いている場合は景品表示法上問題となる。

　違反事例として、大阪の高級ホテルで「自家製のホテルパン３種」とルームメニューに表示されていて、実際は一部に市販品が用いられていた事例があり、消費者庁は2013年12月、措置命令を行っている。

> **Q-29**
> 飲食店で提供する料理の材料として手打ち麺を使用している旨をメニュー等に表示していますが、実際に使用しているのは、機械打ちによる麺で、手作業は加わっていません。このような表示は景品表示法上問題となりますか。
> **A** 問題となります。

「手打ち麺」は、「生めん類の表示に関する公正競争規約」において「製めんに際し、原料に加水して麩質（グルテン）が形成するように混練し、熟成させた後、麺棒で圧延し、包丁でめん線状に裁断すること及び熟成させた後、手作業によりめん線状に延ばし一定の長さに切断することであって、その工程をすべて手作業により行うことをいう。ただし、混練工程のみ機械で行うことができる。」とされている。このように「手打」は公正競争規約で製法が定められており、これに合致せず実際には機械打ち麺の場合は、景品表示法上問題となる。

> **Q-30**
> 飲食店で提供する料理の材料として生クリームを使用している旨をメニュー等に表示していますが、実際には、牛の乳を原料としておらず、植物油を泡立ててクリームと似たような形状と色にしたホイップクリームを使用しています。景品表示法上問題となりますか。
> **A** 問題となります。

牛乳、乳製品について Q30から32で示しているが、食品衛生法の「乳及び乳製品の成分規格等に関する省令」（略して乳等省令）において定義や成分規格等が定められている。ここで「クリーム」については、この乳等省令で、乳脂肪分18.0％以上のものと定められており、植物性脂肪や乳化剤、安定剤などの添加物は一切加えていないものである。

生クリームの用語については規定はないが、メニュー表示のガイド

ラインでは「生クリームを使用している旨の表示から、一般消費者は生乳、牛乳又は特別牛乳から乳脂肪分以外の成分を除去したもの、又は少なくとも牛の乳を原料として作られたものが提供されると認識するものと考えられます」としている。このため、生クリームと表示して、実際は植物油を泡立ててクリームと似たような形状と色にしたホイップクリームを使用している場合は、景品表示法上問題になる。

外食でデザートやケーキに「生クリームたっぷり」という表示や、料理に「生クリームで仕上げました」という表示はよく見かけるところだが、今回のメニュー表示問題を受けて、これらの表示は大幅に見直された。

また、動物性のクリームと植物油や食品添加物を混ぜてつくる「コンパウンドクリーム」とよばれる製品については、パブリックコメントでどう表示したらいいのか、質問が寄せられている。解答では、「生クリーム」と表示してよいかどうかは、その割合や表示方法によって総合的な判断が求められるとしている。

---

**Q−31**
飲食店で提供する料理の材料としてカマンベールチーズを使用している旨をメニュー等に表示していますが、実際には、カマンベールチーズ以外のチーズも使用しています。景品表示法上問題となりますか。

**A** 問題となります。

---

チーズの表示は「ナチュラルチーズ、プロセスチーズ及びチーズフードの表示に関する公正競争規約」が定められており、この規約によりチーズの表示が行われている。この中で特定表示として、ブルーチーズ、カマンベールチーズなどの香味の強いチーズを原材料として、風味をそなえているものは、カマンベールチーズ入りなどと表示し、含有率の表示も必要となる。

このため他のチーズを使用しているのに、香味の強いカマンベールチーズだけを使用しているように誤認させる表示は、景品表示法上問

題となる。

> **Q−32**
> レストランで提供する飲料として「牛乳」と表示していますが、実際には、低脂肪牛乳を提供しています。景品表示法上問題となりますか。
> **A** 問題となります。

牛乳と呼ばれている製品は、種類別牛乳・成分調整牛乳・低脂肪牛乳・無脂肪牛乳・加工乳・乳飲料がある。これらの成分規格や表示などは、食品衛生法にもとづく「乳及び乳製品の成分規格等に関する省令」（略して乳等省令）で規定されており、さらに表示については、牛乳業界が自主的に規制する「飲用乳の表示に関する公正競争規約」で詳しく定められている。「牛乳」は、無脂乳固形分が8.0％以上、乳脂肪分が3.0％以上等とされ、「低脂肪牛乳」は無脂乳固形分が8.0％以上、乳脂肪分0.5％以上1.5％以下とされている。

「牛乳」との表示から、一般消費者は、一般的には、スーパー等の小売店で販売されている牛乳と同規格のものが提供されると認識するものと考えられる。このため、低脂肪牛乳を提供しているのに、「牛乳」と表示することは、景品表示法上問題となる。

> **Q−33**
> 飲食店で提供するアルコール飲料として「純米酒」と表示していますが、実際には、醸造アルコールなどを使用して製造された清酒を提供しています。景品表示法上問題となりますか。
> **A** 問題となります。

酒類の表示は国税庁が定めており、「清酒の製法品質表示基準」によって、容器又は包装に吟醸酒、純米酒及び本醸造酒の表示ができることや、原材料名等の記載事項、原料米の品種名等の任意記載事項及び表示禁止事項が定められている。「純米酒」の表示は、使用原料は

米と米こうじだけで、醸造アルコールなどを使用せずに製造された清酒で、こうじ米の使用割合も15％以上と定められている。

このため、醸造アルコールなどを使用して製造された清酒を、「純米酒」と表示することは、景品表示法上問題となる。

> **Q－34**
> レストランで提供する飲料として「シャンパン」と表示していますが、実際には、スパークリングワインをコップに注いで提供しています。景品表示法上問題となりますか。
> **A** 問題となります。

「シャンパン」の表示は、国際的な表示のルールである AOC（原産地呼称統制法）によって定められており、フランスのシャンパーニュ地方において、ブドウの品種など特定の基準に沿って製造された発泡性のワインと定義されている。このシャンパンという表示を用いて、実際は発泡性のワイン（スパークリングワイン）を提供していた場合は、景品表示法上問題となる。

違反事例として消費者庁は2013年12月にホテル事業者に対して、措置命令を行っている。

> **Q－35**
> 飲食店で提供する飲料として「フレッシュジュース」と表示していますが、実際には、既製品のオレンジジュースや紙パックのジュースをコップに注いで提供しています。景品表示法上問題となりますか。
> **A** 問題となります。

容器包装に入った果汁飲料は、JAS法における「果実飲料品質表示基準」や「果汁飲料等の表示に関する公正競争規約」で表示のルールが定められていて、「フレッシュ」の表示については、「生、フレッシュ、その他新鮮であることを示す用語」を表示してはならないこと

とされている。このため、市販されている紙パックのジュースには、フレッシュジュースや生、新鮮といった表示は一切書かれていない。

　一般消費者は、メニューでフレッシュジュースと表示されていれば、これらの市販品とは異なり、その場で果物が搾られるなどと誤認する。このためメニュー名において紙パックのジュースなどが使用された場合に「フレッシュジュース」と表示することは、景品表示法上問題となる。

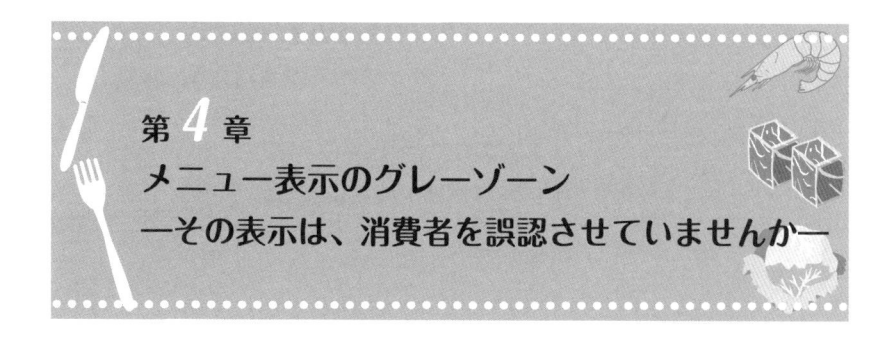

# 第4章
## メニュー表示のグレーゾーン
―その表示は、消費者を誤認させていませんか―

### 1 ガイドラインにおける不当表示例をまとめると

　第3章のガイドラインQ&Aの不当表示例をまとめると、図表4-1のように分類される。

　これらの事例は問題が明らかな事例がほとんどで、事業者には、まずはこうした不当表示にならないよう取り組みが求められる。

　一方、ガイドラインQ&Aで直ちに問題がないとされた事例には、
① 解凍魚を鮮魚とした表示例（Q-18 解凍魚を使った鮮魚のムニエルなど）
② 料理名として一般的に確立していて、かつ、その食材がその料理に用いられていることが広く定着している表示（Q-10合鴨肉を使った鴨南蛮、Q-15 サーモントラウトを使ったサケ弁当など）
等がある。

　ここで図表4-1のような事例をクロ、上記①や②のような事例をシロと考えるとすれば、実際には判断に迷うようなケースのグレーゾーンの表現が広く存在する。今回のガイドラインには触れられていないが、他にも「特選」「無添加」「期間限定」等の表示も景品表示法上問題となる場合があり、過去に違反事例もある。ガイドラインには無いからといって、これらの表示が不適切に用いられていれば景品表示法上問題にならないわけではない。

　事業者には、グレーゾーンをできるだけシロにするよう根拠を明確

にして、消費者を誤認させることがないような取り組みが求められる。この章ではメニュー表示のガイドラインの内容も含めて個別の項目ごとに、何が優良誤認に当たるのかについて考える。

**図表4-1　メニュー表示ガイドラインQ＆Aが示した不当表示例**

---
① 産地に関するもの
　（駿河湾産の魚、国産和牛など、産地に関する表示）
② 有機食品に関するもの
　（有機野菜のプチサラダなど、有機に関する表示）
③ 銘柄名やブランド名に関するもの
　（和牛や地鶏などの表示）
④ 品種名に関するもの
　（魚種名、野菜の品種名などの表示）
⑤ 食肉に関するもの
　（成型肉、牛脂注入肉を用いたステーキの表示）
⑥ 特定の生産法に関するもの
　（自家製などの表示）
⑦ コピー食品に関するもの
　（フカヒレ風、カラスミ風など、○○風食材を用いた場合の表示）
⑧ 公正競争規約に関するもの
　（手打ち麺は「生めん類の表示に関する公正競争規約」、岩のりは「食品のりの表示に関する公正競争規約」などの表示）
⑨ 果汁、牛乳、酒など他法令で表示ルールが定められているもの
　（果汁のフレッシュは果汁飲料品質表示基準（JAS法）、牛乳、生クリームは、「乳及び乳製品の成分規格等に関する省令（厚生労働省）」、清酒は「清酒の製法品質表示基準（国税庁）」などの表示）
---

## 2　どこまでがパフィング（puffing）か

　メニュー表示は本来、自由で楽しいものであってよく、ウソがあってはいけないが消費者に少しでも選択されるように、ある程度の誇張がなされるのが一般的であるといえる。

　例えばカレーライスという料理名の前に、「当店おススメ」「大人気の」「シェフにおまかせ」といったキャッチコピーがあっても、これらは主観的な表現であるとも言え、適切な商品選択を妨げるまでは至

らず、不当な表示とは言えないだろう。

　消費者は、広告や宣伝文句にはある程度の誇張がなされるのが一般的であると通常認識をしている。このことから、通常含まれる程度の誇張の表現は人が化粧の際に白粉をはたくことを意味する「パフィング（puffing）」と呼ばれ、許容され、景品表示法上問題とはならない。

　他にも「気分爽快」「ハッピーランチ」などの抽象的内容に関する表示についても、一般消費者は表示された効果や性能について、具体的なイメージを持つことはなく著しく誤認するとは考え難い。

　例えば、肉じゃが等に「おふくろの味」と表記しているが、実際は男性の料理人が作っている場合、消費者を誤認させているだろうか。一般消費者の「おふくろの味」の認識は、いわゆる日本の家庭料理や郷土料理の総称として捉えられており、実際に男性の料理人が作っていたからといって、一般消費者が騙された、適切な商品選択が妨げられたとは思わないだろう。

　ただし、「おふくろの味」と表示していて、割烹着を着たおふくろ世代の女性料理人が料理を作っているような写真で強調している場合はどうだろうか。この場合は、消費者を誤認させて適切な商品選択を妨げていることもあるかもしれない。

　これらの文言や写真によってメニューを選んだために、一般消費者が不適切な商品選択をすることになるかどうか。事業者は常に消費者の立場に立って、メニュー全体からどのような印象・認識を持つか、大げさな情報を伝えないようにしてもらいたい。

### 3　「特選（撰）」「極上」等のランクの優良性を示す表示

　「特選」「極上」など、使用されている原材料の品質、製造方法等が同種の食品に比べて優れているかのような表示をしている場合、実際には優良性を示す客観的な根拠が無くて表示をしていれば、消費者を誤認させる不当な表示に当たるおそれがある。これらは景品表示法上、よく問題となる表現である。

## 第4章　メニュー表示のグレーゾーン

　他にも、メニュー表示には「最高級」「特上」「高級」「ベスト」「逸品」「スペシャル」「エクセレント」「抜群」など、優良性を示す表示としてよく見かける。この場合は、比較するものが何か、どのような根拠で示すのかを明確にして、他製品も含めて一貫した説明ができることが必要である。食品で「特選」等が問題になるのは、肉類が多い。ブランド牛肉などは、業界内で基準を設けてランクをつけるケースがあり、こうした基準が根拠となる場合もある。

　なお、「特選」「極上」等の表示は、景品表示法の規定に基づき設定されている事業者の自主ルールである公正競争規約によって、基準を定めているものもある。

　例えば、しょうゆの公正競争規約では、「超特撰」と表示をできるものは、「JAS規格の特級のものであって、全窒素分が農林規格に定める特級の基準の数値に1.2を乗じて得た数値以上であるもの」としており、「特選」については、「JAS規格の特級のものであって、全窒素分が特級の基準の数値に1.1を乗じて得た数値以上であるもの」としている。また「特製」「特吟」「上選」「吟上」「優先」「優良」なども基準が定められている。

　メニュー表示に用いる食材に特撰を付ける場合は根拠が必要であり、例えば「特選しょうゆを用いた〇〇」という場合は、しょうゆの公正競争規約の「特選」の基準を満たしていることを確認する必要がある。

　メニュー表示そのものに公正競争規約はない。このため、「スペシャルランチ」「特選ディナー」等については特に基準は設けられていない。これらはメニュー表示にごく一般的に用いられる表示だが、一般消費者は一般品と比較して、食材品質や製造方法が優良であると認識する。提供する事業者には、消費者に聞かれた時にも例えば「〇〇等の特別な材料を使っています」など、すぐ説明できるようにしておく必要がある。

## 4 「世界一」等の最大級表現

「世界一」という用語を含む表示は、あまりに大げさな表示のため、消費者が真に受けない場合もあるだろう。しかし、「世界一」という表示に合理的な根拠がなければ、3）の「特選」や「どこよりも」と同様に個別の状況に応じて景品表示法上問題となる場合もある。「日本一」なども同様で、具体的にどのような点が日本一なのか、根拠を明確にすることが求められる。

また、「どこよりも」という不明瞭な比較表現をしている場合も、一般消費者はその商品・サービスが極めて優れているか、または有利な取引条件であると認識される可能性があり、一般消費者の商品選択に影響を及ぼし、実際と異なる場合には不当表示になるおそれがある。「どこよりも」という表示は、事業者との意図とは別に、競争関係にある他の全商品と比較しても、その商品が優れていると一般消費者には認識されるものである。何と比較をして何をもって「どこよりも」と表示をしているのか、適正な方法で比較したうえで合理的な根拠に基づいて表示をする必要がある。

## 5 「期間限定」等の表示

価格等の取引条件に関する表示で、条件付きで割引であったり、お得であったりするように表示をしている場合は、「有利誤認」のおそれがあり、不当表示に当たるおそれがある。

例えば「○月限定のお得なディナープラン」「平成○年○月末まで」等と期間限定の割引であるかのように表示をしているが、実際には表示された期限を過ぎても、期限を変えて記載し、継続して通年販売で適用されている価格である場合は有利誤認になる。食品に限らず契約関係等で過去の違反事例もある。

「期間限定」や「数量限定」など、限定的な商品・サービスに関わる表示は、あらかじめ期間や数量が限定されている場合のみに許され

る表示であることはいうまでもない。帳簿等で実際と異ならないか問われる場合もあるので留意が必要である。

## 6 食材の原産地に関する表示

　食材の原産地について、消費者の関心はとても高い。東京都生活文化局は2013年10月、都政モニター（n＝500）を対象に「食品の安全性」についてインターネット調査を行い、結果を発表している（図表4-2）。

　調査は様々な観点から食品の安全性について設問が設定されているが外食時に店を選ぶ基準の1位は「おいしさ」（77.2％）、2位が「料金設定」（64.8％）であった。また、同アンケートにおいて、一般に流通する食品の食品表示を確認するときに重要とする項目を聞いたところ、第1位は原産国または国内産地（86.7％）であった。各種調査においても、生鮮食品や加工食品食材の産地情報についての消費者の関心は高く、外食における食材の原産地の情報提供のあり方にもつながっている。

　外食でも、特定の産地の食材を提供することに対する期待度は高い。このため義務表示ではないが、農林水産省では2005年「外食における原産地表示に関するガイドライン」（第5章の3参照）を制定している。これは、事業者が外食の食材の原産地表示の情報提供を行う際に、メニューの主たる原材料や、売れ筋メニューなどの産地情報の表示方法を定めたものである。ガイドラインを受けて外食チェーン店などで産地表示の管理が可能な場合は積極的に取り組みが進められた。

　ファミリーレストラン等でも「広島産かきフライ」等の看板を掲げて、食材の産地をアピールしているお店も増えてきた。このようにメニュー表示は、産地へのこだわりを示す場面が多く、消費者の商品選択に大いに影響している。このため、食材の原産地がメニュー名と実際の表示で異なる場合は、消費者を著しく誤認させる不当表示に当たるおそれが高くなる。

図表4-2　東京都モニター調査・一般の食品における食品表示の確認事項

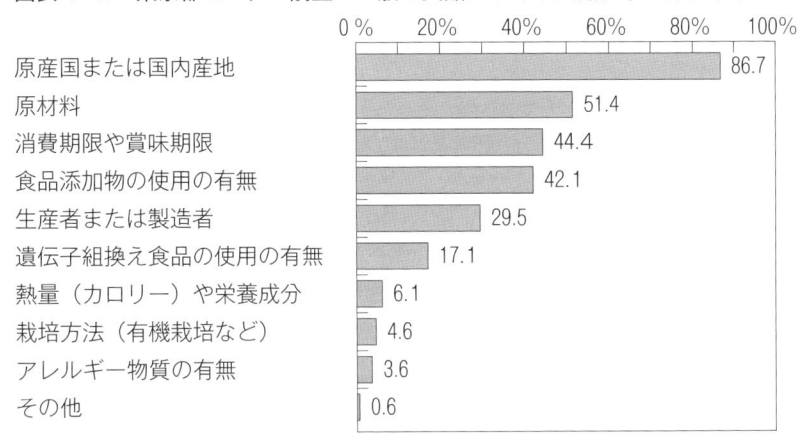

| 項目 | % |
|---|---|
| 原産国または国内産地 | 86.7 |
| 原材料 | 51.4 |
| 消費期限や賞味期限 | 44.4 |
| 食品添加物の使用の有無 | 42.1 |
| 生産者または製造者 | 29.5 |
| 遺伝子組換え食品の使用の有無 | 17.1 |
| 熱量（カロリー）や栄養成分 | 6.1 |
| 栽培方法（有機栽培など） | 4.6 |
| アレルギー物質の有無 | 3.6 |
| その他 | 0.6 |

東京都モニター調査・外食をする時のお店選びの視点

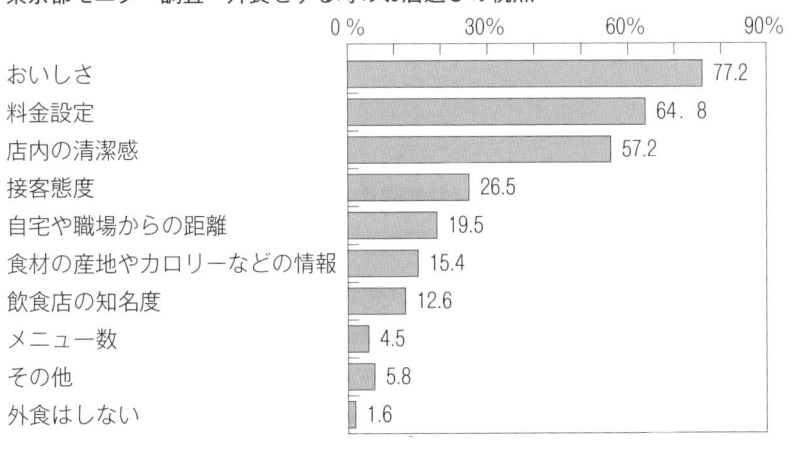

| 項目 | % |
|---|---|
| おいしさ | 77.2 |
| 料金設定 | 64.8 |
| 店内の清潔感 | 57.2 |
| 接客態度 | 26.5 |
| 自宅や職場からの距離 | 19.5 |
| 食材の産地やカロリーなどの情報 | 15.4 |
| 飲食店の知名度 | 12.6 |
| メニュー数 | 4.5 |
| その他 | 5.8 |
| 外食はしない | 1.6 |

　一方、食材の原産地による味の違いはわかりにくい。米、野菜などは、それぞれの食材にあわせて調理法を工夫することにより、料理の一定のレベルが確保できるし、それが料理人の腕でもある。このため、食材を偽装して表示をしても、消費者は気づきにくい分野である。不当表示にならないよう産地を管理できる厳格な対応が事業者には求められる。

## ●景品表示法は原産地の不当表示に厳しい

メニュー表示のガイドラインでも、食材の原産地表示が実際と異なる場合として、複数の事案を挙げている。

▶オーストラリア産の牛肉を用いて「国産」と表示した場合
▶ニュージーランド産のキングサーモンを用いて「日高産キングサーモン」と表示した場合（Q -16）
▶駿河湾産以外の魚を用いて「駿河湾産の魚」と表示した場合（Q -17）
▶産地の異なる野菜が混ざった場合の表示（Q -23）
▶中国産の栗を使用していて「フランス産栗を使用」と表示した場合（Q -25）

**図表4-3　外食にも米トレーサビリティ法**

> 2010年より、米トレーサビリティ法がスタートして、業者間の取引等の記録の作成、保存が義務付けられ、産地情報の伝達が義務付けられている。外食においても米トレーサビリティ制度の取り組みは必要で、伝票の受領と保存、産地を消費者に伝えることが求められる。産地情報の伝達方法は、メニューへの表記、店内での掲示などで「当店のごはん・定食に使用しているお米は、全て〇〇産です」といった表記や「産地情報については店員におたずねください」といった表記等が必要となる。

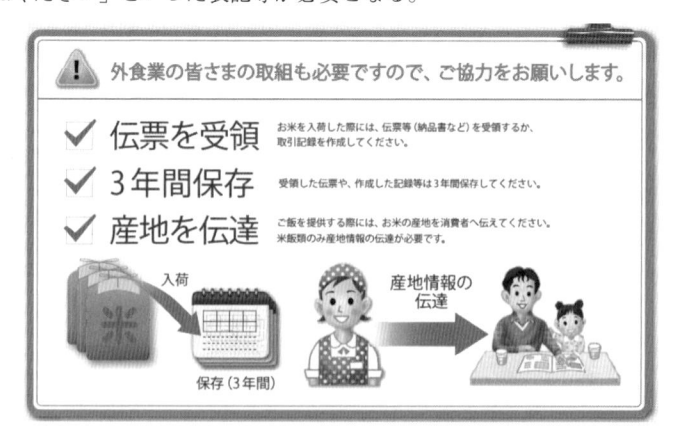

⚠ 外食業の皆さまの取組も必要ですので、ご協力をお願いします。

✓ 伝票を受領　お米を入荷した際には、伝票等（納品書など）を受領するか、取引記録を作成してください。
✓ 3年間保存　受領した伝票や、作成した記録等は3年間保存してください。
✓ 産地を伝達　ご飯を提供する際には、お米の産地を消費者へ伝えてください。米飯類のみ産地情報の伝達が必要です。

入荷　保存（3年間）　産地情報の伝達

なお、外食の調理場で用いる食材は業務用食品の場合が多い。外食向けの業務用食品では表示は義務付けられていないが、外食事業者がメニューに表示をする場合は情報伝達が必須となる。現場では規格書や納品書、帳簿等を根拠情報として産地情報を確認することが求められ、メニュー名の産地と実際の産地が異ならないよう、文書等の確認が必要となる。

　特に米、餅は、米トレーサビリティ法によって、米、米飯や、せんべいなどの米を加工した食品は、最終的に消費者まで産地情報を伝達することになっている。この規定は外食にもかかり、メニュー表示や店頭掲示などの対応が求められる（図表4-3）。

## ●原産地は飼養期間の最も長い場所

　一般に流通する生鮮食品や加工食品の原産地の表示は、JAS法に基づいて定められている。生鮮食品の原産地は、原則としてその農産物や畜産物、水産物が生産（採取等も含む）された場所となる。

　生きたまま産地を移動して複数の場所で飼養された場合には、最も飼養期間の長い場所を原産地として表示することが基本的な考え方となる。例えば、輸入したシジミを一時、国内の養殖場で飼育した場合、その期間が外国での飼育期間を超えていなければ国産品として販売することはできない。言い換えれば中国産のシジミを輸入して、房総沖で一定期間以上飼育すれば千葉県産になる。

　牛や豚などは生きたまま輸入し、一定期間をおいて国内でと畜した場合もある。以前はその肉は国産品とみなされていたが、2004年の「生鮮食品品質表示基準」の改正によりこの規定は廃止され、畜産物についても最終飼養地ではなく飼養期間が一番長い場所を原産地として表示することになった。メニュー表示の原産地表示も、これらの規定に沿って表示をされる。なお、一般に流通する加工食品では、海外で製造後、輸入された製品については、「原産国名」として製造元の国名を表示することが義務付けられている。原産国の表示だけでは、実際には食材がどこかはわからず（タイで製造された加工食品の食材

の原材料が中国産の事例など)、正確な産地は表示できないことは留意しておくべきだろう。

●**異なる原産地の表示が混ざる場合**

　特定の原産地が100％使われている場合はそのまま表示をすればいいが、もし一部だけが使われている場合は、どのように表示をしたら消費者は誤認をしないだろうか。

　メニュー表示のガイドラインでは、Q-17で駿河湾産の魚を使用している旨をメニュー等に表示しているが、実際には駿河湾産の魚だけでなく、駿河湾以外の魚も使用している場合に問題となるとしている。

　一方、Q-23で△△（地域名）産野菜使用と表示をしているが、実際には△△産野菜でなく、それ以外の野菜を多く使用している場合は問題になるとしている。Q-23では、△△産野菜過半数を超えていれば混ざっていても「△△産野菜使用」との表示は許されると解釈ができる。

　しかし、一方で混ざっていてはダメで、一方で混ざっていてもよいというのは、消費者にとってはわかりにくい。産地を表示するからには正確に伝えることが望ましい。

　なお、食品の種類によっては、国名・産地名表示については公正競争規約が定められている場合がある。飲用乳の表示に関する公正競争規約、はっ酵乳、乳酸菌飲料の表示に関する公正競争規約、ナチュラルチーズ、プロセスチーズ及びチーズフードの表示に関する公正競争規約等は製品ごとに細かく定めており、こうした特定の食品カテゴリーの食材を混ぜて用いる場合は、それぞれの公正競争規約を十分に確認しておく必要がある。

### 原産地表示の例

㈱ファミリーマートに対する措置命令について〈平成21年11月10日公表〉

カリーチキン南蛮と称するおにぎりに「国産鶏肉使用」と日本で肥育された鶏の肉を用いているかのように表示。
⇒実際には、ブラジルで肥育された鶏の肉を用いていた。

http://www.caa.go.jp/representation/pdf/091110premiums.pdf

●他にも原産地表示に関する不当表示事例

　原産地表示が実際とは異なるため過去に違反とされた事例は多い。消費者庁ができてから公表されている過去の食品関連の措置命令をみると、特に原産国に関するまぎらわしい表示が多い。

　2009年6月には、ファミリーレストラン「庄屋」において、原産地表示の不当表示で排除命令（消費者庁の措置命令にあたる）が出されている。1つは米で、54店舗のメニューに「庄屋のお米を届けていただいている契約農家の皆さん（長崎県江迎町）」と記載していたが、実際に使用していたのは3店舗に過ぎなかった。また塩の事例で、メニューの裏面に「つばき窯の製塩風景（長崎県五島市）」と記載して、製塩風景の写真を掲載するとともに、「ミネラル豊富な五島灘からの贈り物」と表示していたが、実際にはその塩を用いていたのは寿司酢を用いた料理だけであった。

　また、2009年9月に消費者庁が発足して景表法で初めての措置命令として記憶に残るのが、㈱ファミリーマートのおにぎりだ。「国産鶏肉使用」と記載してあったが、実際にはブラジルの鶏肉を使っていた事例である。

　また、過去に遡ると2005年には「北の家族」という飲食店で、北海道産又は北海道近海産の食材を用いられているように表示をしていた

が、実際には外国産であるとして警告が行われている事例もある。北海道産の食材偽装は、特に不当表示として措置命令が出される事例が多い。原産地の不当表示は、北海道ブランドを傷つけることにもなり、生産者をも傷つけることになる。食材偽装は消費者問題とされるが、まじめな他の生産者にとってもダメージを被るものである。食材を提供する関連事業者はその点を十分に認識して、食材のトレーサビリティを構築することが求められる。

## 7　銘柄名やブランド名に関わる表示

　景品表示法の過去の違反事例の中で銘柄名、特に肉の銘柄名を偽ったものはかなり多い。

　例えば「松阪牛」は、「黒毛和種」という品種の「未経産雌牛」で、三重県中勢地方を中心とした旧22市町村、及び旧松阪肉牛生産者の会の会員の下で肥育され、松阪牛固体識別管理システムに登録している牛と定義されており、希少価値も価格も高い。

　この松阪牛をめぐっては、2002年に京王百貨店で松阪牛と称して販売していた牛肉の過半において、実際には栃木和牛等の肉であったとするJAS法の違反事例がある。

　また、2009年3月には、フーディーズという会社の焼肉店のウェブサイトで「但馬牛の中でも厳しい基準を満たした格付け等級A5以上の神戸ビーフ」として出されていた牛肉の大部分が、神戸ビーフではなかった景品表示法の違反事例がある。

　銘柄肉は品種の規定に加えて、産地や生産方法を限定して総合的にブランド化をしたものであり、メニュー名と実際のものが異なる場合は偽ブランドとして消費者を著しく誤認させることになる。

　また、消費者庁の景品表示法のウェブサイトで「よくある質問コーナー（表示関係）」Q&Aでは、次のように記されている。

　Q46．当店は、『宮崎牛ステーキ』と表示していますが、仕入れの

事情で、日によっては他の銘柄牛を使用することがあります。景品表示法上問題になりますか

　A．実際には表示と異なるものが提供されている場合には、景品表示法上問題となります。料理名の表示は、見るものに強い印象を与えるので、このような場合に注意書きをしたとしても消費者の誤認を解消することはできません。したがって、日によって表示された銘柄の肉を確保できないことがあることが分かっているのであれば、銘柄名を料理名に書くのではなく、例えば、料理名について、「本日の銘柄牛のステーキ」、「シェフが選んだ銘柄牛のステーキ」等として、「銘柄については係員にお尋ねください」等の注記をするという対応が必要になります。

　銘柄牛の偽装表示は後を絶たず、品質がほぼ変わらない別の銘柄牛を提供していた場合でも問題になることは言うまでもない。

● 地域ブランド商標制度と偽ブランド
　こうしたブランド食材は年々増加傾向にある。2006年に特許庁が地域の特産物を商品として認めたことをきっかけに、食品の登録数は年々増加して、現在は300を超す地域ブランドがある。
　特許庁の地域団体商標制度は、地域ブランドを日本全国レベルで保護する制度であり、地域の事業協同組合や農業協同組合などで「地名」を冠した地域ブランドを使用して、地域である程度有名になった場合に「地域団体商標」として商標登録できるものである。野菜、米、果物、茶、肉、水産物、加工食品、牛乳・乳製品、調味料、菓子、めん類、酒など多岐に及ぶ。
　こうした地域ブランドは、品種、栽培方法などにこだわったものだが、外食などで提供される場合は味の違いが明確にならないことも多い。このため、偽装が発覚しにくいということもあり、偽装が多発した背景には、地域ブランド商品の急増と消費者のニーズの高まりが背景にあると指摘する声もある。

さらに商標を持たない自主的な地域ブランドも各地で生まれており、何らかのブランド食材を使用していることをうたったメニューがこの数年で激増した。

今回、メニュー表示問題で公表された事例の中には、こうしたブランド食材に関する表示に関するものが多かった。例えば「霧島ポークの上海式しょうゆ煮込み」というメニューでは、実際には霧島産の豚肉ではなく、神戸産の豚肉が使用されていたというものである。ちなみに霧島ポークというブランド豚肉は存在せず、鹿児島の黒豚ブランド肉とは異なるもので、ホテル側が鹿児島と宮崎にかかる霧島連山近くの一部地域で飼育されている豚肉を求めたものだ。しかし、納入業者は当初商品自体に産地表示をすることもなく、長年にわたり霧島産と偽って神戸産の豚肉を納入していたものである。

同様に「沖縄まーさん豚ひと口豚カツ御膳」というメニューでは、「まーさん」というのは沖縄地方において「おいしい」という意味であり、沖縄まーさん豚肉は沖縄の美味しい豚肉を意味するものであるが、ブランド豚肉ではなく沖縄産豚肉ということであった。しかし、当初は沖縄産豚肉を納入していた事業者は、在庫がなくなったことから他県産の豚肉を納入しており、調理場も確認しないまま通常の国産豚肉が使用されていた。

このように、地域ブランドのようなメニュー名が付されていても、実際は異なるものもある。消費者は実体のないブランドにだまされている構図が、今回明らかになったのである。

## 8 品種名に関わる表示

品種については、畜肉ではかつては牛肉と表示をして中身が馬肉だったという事案があるが、現在の日本では畜肉の品種による不当表示はほとんど見当たらない。

今回品種で大きな問題になったのは、魚介類である。そもそも魚介類の名前は複雑で膨大な品種があり、同じ魚でも地域や成長段階に

よって名前が違っていたり、輸入ものや養殖ものが増えている。かつては、統一されることなく、バラバラに表示されていた。

しかし、高級な魚介類の代用として、魚種の違うものが売られるケースもみられるようになると、消費者がだまされるケースも増えてきた。例えばクエという高級魚のかわりに、安価なアブラボウズという肉質の似た魚が売られていたような事例が問題となってきた。

このように名前をめぐって消費者や事業者が混乱することがないよう、一定のルールがつくられたのが「魚介類の名称のガイドライン」である。水産庁が2007年につくったもので、ここで、魚介類は種ごとに分けた細かい名前、「種名」で表示をする基本ルールができた。

このガイドラインを受けて、魚売り場の表示は大きくかわった。消費者にはあまりなじみのないような横文字の魚を見かけるようになった。現在、スーパーの魚売り場に行くと、サケ類の切り身には「サケ」「サーモントラウト」「アトランティックサーモン」などと多品種にわたって表示がされている。また、サケ缶詰は裏面の一括表示の原材料名に「カラフトマス」、お茶漬けのサケには「シロサケ」、スモークサーモンには「ベニザケ」と詳しく正確な種名が表示されており、魚介類の名称ガイドラインに沿った表示を基本として行われている。

メニュー表示においても、魚介類の名称のガイドラインに沿って魚種名の表示を正確に行うことが基本となる。

● **種名には標準和名と一般的名称例がある**

「魚介類の名称のガイドライン」から抜粋して、サケの仲間の種名をとりあげてみていこう。

|  | 標準和名（種名） | 一般的名称例 | 学名 |
|---|---|---|---|
| 国産の名称例 | サケ | シロサケ、アキサケ、アキアシ | *Oncorhynchus keta* |
| | ギンザケ | — | *Oncorhynchus kisutch* |
| | マスノスケ | キングサーモン | *Oncorhynchus tschawytscha* |
| | ベニサケ | — | *Oncorhynchus nerka* |

第4章　メニュー表示のグレーゾーン

| | | | |
|---|---|---|---|
| 海洋魚介類及び外来魚種 | カラフトマス | アオマス | *Oncorhynchus gorbuscha* |
| | ヤマメ（サクラマスの陸封型） | — | *Oncorhynchus masou masou* |
| | ニジマス | — | *Oncorhynchus mykiss* |
| | ニジマス（降海型） | スチールヘッドトラウト、サーモントラウトなど | *Oncorhynchus mykiss*（降海型） |
| | タイセイヨウサケ | アトランティックサーモン | *Salmo salar* |

　表のとおり1つの種ごとに、「標準和名（種名）」「一般的名称例」「学名」の3種類の名前がある。ガイドラインでは、種ごとの学名に専門家の間で認知された「標準和名（種名）」がつけられ、一般的な名称として表示するときの基本とされている。また、標準和名に馴染みのない場合のために「一般的名称」を表示してもいいとされている。

　この学名は生物の学術上の名称で、国際動物命名規約に基づきラテン語で表記される。例えば表の一番上の「サケ」は *Oncorhynchus keta* で、*Oncorhynchus* は属名、*keta* は種小名と、属名と種小名からなる。これは世界共通で、「種」をまとめたものが「属」、「属」をまとめたものが「科」、「科」をまとめたものが「目」である。「サケ科魚類の分岐図」をみると、ガイドラインに示されたものは、ほとんどが *Oncorhynchus*（サケ属）となることがわかる。

　淡水型のものがマス、川で生まれて海に降る降海型がサケと認識している消費者も多いのかもしれないが、サケ、マスも生物学的には変わりなく、サケ属の中に、サケもマスもいることがわかる。例えばマスノスケは、名称「キングサーモン」の名前で海に降りるのでサケの王様のようだが、標準和名にはマスという字がつく。

　ここで、ややこしいのは属名、科名、目名にも「サケ」が使われていることだ。種名の「サケ」は、サケ目サケ科サケ属サケになり、一般名称はシロサケ、アキサケと呼ばれるもので、昔から塩サケなどでおなじみである。このため、ベニサケなどの他の種は一括表示の名称としては「サケ」とは表示できない。サケという名前を使うと、シロ

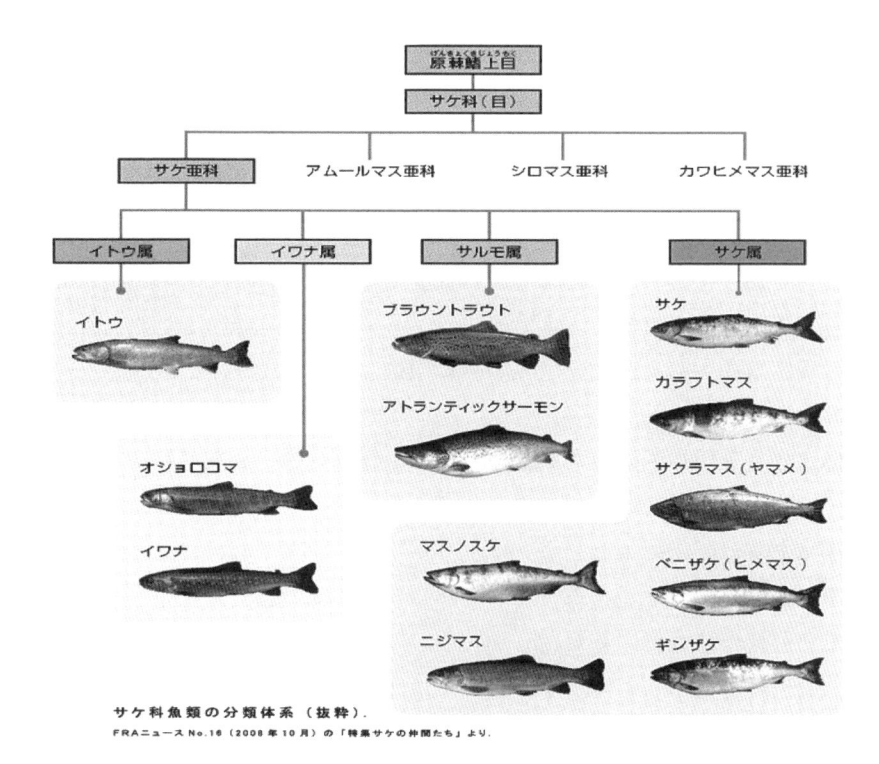

**サケ科魚類の分類体系（抜粋）．**
FRAニュース No.16（2008年10月）の「特集サケの仲間たち」より．

サケを意味してしまうからである。

　サーモントラウト（標準和名「ニジマス」）も一般に流通している商品に表示される場合、JAS法では一般的名称の「サーモントラウト」と表示することが求められ、サケとは表示できない。

　しかし、サケ弁当のように既に消費者に定着している料理名は、そこまで厳密さを求めることは無いだろうという意見も、消費者庁には多く寄せられた。そこで正式なガイドラインでは料理名のように既に定着しているものは例外とされた（Q -15）。ガイドラインではサーモントラウトを使ってサケ弁当と表示しても、必ずしも景品表示法上は問題がないという新たな見解が示されたのである。

　その一方で、今回の問題を機に外食産業は魚種名について正確に表示をしようと、自主的に努力が進んでいることも確かである。回転すし店で、メニュー表示の「サーモン」の下に「トラウト」のシールが

第4章　メニュー表示のグレーゾーン

小さく貼ってあったり、駅弁などにも、サーモントラウト弁当などと表示をしてあるものも出てきている。

　消費者と一口にいっても様々で、正確な名称を気にする人もいるけれども、料理になったらおいしければいいやという人もいるだろう。一方で、スーパーの食品売り場では、魚介類の種名の表示は確実に浸透しており、聞いたことのない魚種名でも、徐々に私たちの生活になじんでいくものもある。メニュー表示もできるだけ正確な名前を付すよう、事業者の自主的な取り組みに期待したい。

●エビやアワビのような高級魚介類は、料理名も正確な名称で
　メニュー表示においてもこれまでの魚介類の名称が問題となった事例はある。南米で捕れたキンググリップはアマダイ、メロという深海魚は銀ムツ、チリ産のロコ貝がアワビとして売られているような事例で、問題とされている。
　今回は特にエビに関する不当表示事例が多くみられた。イセエビ、芝エビ、クルマエビなどの高級食材と消費者に認識されるエビが、実は品種が違っていた。日本人は魚の名称についてこだわりが強いといわれている。食文化や風習によって正確な表記を求めるもので、この点で消費者を誤認させることがあってはならず、高級食材であればなおさらである。魚介類の名称ガイドラインに沿って正確な表示をするために表示の管理と現場での情報共有が求められる。

●野菜・果物の品種
　今回のメニュー表示問題では、メニュー名に「九条ねぎ」と表示をしながら、実際は通常の「青ねぎ」を用いていた事例があった。九条ねぎは、九条地方で採れるねぎではなく、品種名である。
　青果物の品種は、魚介類のようなガイドラインはないが、公益財団法人食品流通構造改善促進機構が「青果標準品名コード」を出しており、例えばだいこんであれば守口だいこん、桜島だいこん、青首だいこん、聖護院だいこんなどの品名コードを定めており参考になる。

品種によっては希少価値があり、通常の品種とは価格差が大きいものもある。また、一般的に高級品種と呼ばれる野菜・果物は生産が限定されているため、安定供給が難しく食材が途切れる場合も多い。メニュー開発する際には、その点を留意したうえで掲載するなどの留意が必要となる。

## 9 「和牛」「有機」「地鶏」など他法令で規格がある表示

「和牛」「有機」「地鶏」は、それぞれ公正競争規約、有機JAS規格、地鶏のJAS規格などの他法令で厳しくルールが定められている。「和牛」と表示していて、実は国産牛だったという事例は不当表示の代表的なものだが、「食肉の表示に関する公正競争規約」では、「和牛」の品種を限定しており、黒毛和種、褐毛和種、日本短各種、無角和種、これらの交雑種に限るとしている。

また、同公正競争規約では、「黒豚」についてはバークシャー純粋種に限るとしている。地鶏は第5章の4に記載しているとおりJAS規格があり、有機も第5章の4に記載しているとおりJAS規格が定

---

**地鶏の違反事例**

㈱ジェイアール西日本ホテル開発に対する措置命令について
〈平成22年12月9日　公表〉

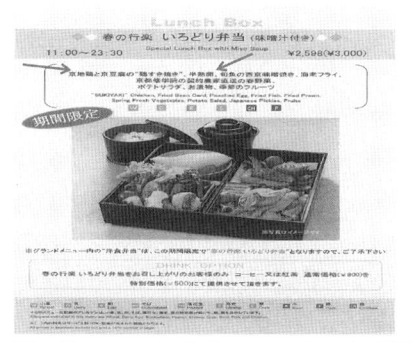

鶏すき焼きと称する商品に、「京地鶏」、「半熟卵」を使用しているかのように表示
⇒実際には、京地鶏の肉ではなく、ブロイラーの肉であり、また、平成22年4月1日から同月12日までの間、半熟卵は用いられていなかった。

http://www.caa.go.jp/representation/pdf/101209premiums_1.pdf

第4章　メニュー表示のグレーゾーン

められている。

　今回、問題となった阪急阪神ホテルズが、メニュー表示の適正化に関する第三者委員会の報告書を公表しているが、それによれば「津軽鶏は地鶏と表記しても構わないと思った」「有機水菜を発注したが、有機JASマークが表示されるところを、レストラン関係者でこのマークをチェックしたものがいなかった」「ホテル菜園で栽培されている有機野菜は、栽培履歴がなかった」等の表記があり、知識不足による内容が目立つ。これらの表示をするからには、どのような規格で表示が担保されているのか、食品表示全般に関する知識の習得が必須であることは言うまでもない（第5章に他の食品表示の法令を解説する）。

## 10 「手作り」「自家製」「手打ち」など製法に関わる表示

　これまでは外食で用いられる食材についてみてきたが、外食の場合は独特の製法、作り方に関してアピールする表示も多い。

　今回のメニュー表示で問題になったのは、「自家製」の表示であった。大阪の高級ホテルで「自家製のホテルパン3種」とルームメニューに表示されていたのに、そのうちの1つは市販品が用いられていた事例があり、消費者庁は2013年12月措置命令を出している。

　消費者庁のガイドラインでは、「『自家製パン』との表示から、一般消費者は、一般的にはその店舗で一から丁寧に作り上げたパンが提供されていると認識するものと考えられる」としている。最近はパン種は別工場で製造されたものを用いて整形して焼いたパンを提供する場合が増えているが、これらは「店内焼きたて」などの表示がされている。これであれば誤認しない。

　「自家製」「手作り」などの製法については、食品ごとに定められている公正競争規約で自主ルールを作っているものも多い。ちなみに、パンの公正競争規約はつくられておらず、自家製や手作りに関する自主ルールはない。

　なお、「生めん類の表示に関する公正競争規約」において「手打ち

麺」の定義が定められており、メニュー表示のガイドラインではこの規約を根拠にして機械打ちによる麺を手打ち麺と表示した場合は問題になるとしている。

　また、「ハム・ソーセージ類の公正競争規約」では、「手作り」「手作り風」等の表示は、「ア　良質の原料肉を使用し、食塩等を加えて長期間（発色剤を使用したものにあっては、ハム類については７日間以上、ベーコン類については５日間以上、ソーセージ類については３日間以上）低温で漬け込み熟成させたもの、イ　自動化された機械又は装置を用いないもの、ウ　結着材料を含まないもの、エ　調味料、結着補強剤、発色剤、酸化防止剤及び香辛料抽出物以外の食品添加物を含まないもの」の全ての条件を満たさなければならない。単に機械を用いていないだけでは「手作り」とは表示できないのである。

　また、「みその公正競争規約」の「手作り」等の表示は、「天然醸造の使用基準を満たすもので、かつ、製造に当たり全量伝統的な手作業によるこうじ蓋方式により製麹されたこうじを使用したものに限り、表示することができる」とされている。

　このように「手作り」等の製法に関する表示は、食品によって公正競争規約がある場合は、それに則っているかどうか照らし合わせたうえで、適切な表示をすることが求められる。最近は業務用の完成調理品を提供するケースも増えており、「手づくり」「自家製」の表記がそれにかからないよう留意が求められる。

## 11　「無菌」「無添加」等の表示

　「無添加」と表示されている食品は、一般的に一定の原材料や食品添加物等が使用されていない旨の訴求として記載されるものである。メニュー表示に「無添加」と表示をしている場合は、一切の食品添加物（調味料も含む）が添加されていない食材だけで、料理が構成されていると一般消費者は認識する。もし、一部の食材だけに一部の食品添加物が添加されていないとして表示されていた場合は消費者が誤認

第4章　メニュー表示のグレーゾーン

---

**無菌の表示**

㈱アールティーシーに対する措置命令について〈平成23年10月28日公表〉

http://www.caa.go.jp/representation/pdf/111028premiums_2.pdf

「無菌生かき」、「無菌生かき乱れ喰い祭！！」と表示。
⇒実際には、細菌が全く存在しない生食用かきの仕入れ、又は細菌の無い状態にするための特別な加工を行っておらず、対象商品は、細菌の全く無い状態では提供されなかった。

---

する場合がある。つまり保存料など一部の食品添加物が無添加であったりする場合には、保存料無添加と表示をしなければ一般消費者の誤解を生むことになる。

　従来とは異なる殺菌技術などを用いて食品添加物を使用せずに風味・内容等を良好にし、従来品と差別化したいケースもあるだろうし、合理的な根拠があれば「無添加」表示は可能である。しかし、むやみに食品添加物を「無添加」として、体にいいようなイメージを与えることは、食品添加物の安全性や役割の無理解のうえに立つ表現であり、安易に使われることは、間接的に消費者が誤認することになりかねないと私自身は懸念している。

　過去の違反事例をみると「無菌」表示が実際と異なる事例で措置命令が行われた事例がある。2011年10月、「がってん寿司」という店舗で一般消費者に提供する生食用かきを用いた料理で、新聞折り込みチラシに「無菌生かき乱れ喰い祭！！」「マイクロバブルとオゾンによる殺菌システムで無菌化」と表示していたが、対象商品は細菌の全く無い状態では提供されていなかった。このため「無菌」表示は消費者を誤認させるとされたものである。

## Column　新しく決まった「糖類無添加」「食塩無添加」のルール

　2013年6月、食品表示の義務表示に関する新しい法律「食品表示法」が公布され、2015年6月までに施行される。新法でもっとも大きく変わるのは栄養成分表示で、予め包装された全ての加工食品と食品添加物について、原則として栄養成分表示が義務化される。

　新制度ではいくつかの変更点があるが、その1つに、糖類と食塩について「無添加」の表示規制がある。現行の栄養表示基準は、「不使用」「無添加」に類する基準は設定されていないが、コーデックスにおいては糖類とナトリウム塩に無添加強調表示の規定がある。これを受けて、新基準案にも新たに「無添加強調表示」に係る規定を定めることとした。コーデックスにおける糖類無添加の規定は、

① その食品にいかなる糖類も添加されていないこと（例：ショ糖、ブドウ糖、ハチミツ、糖蜜、コーンシロップ等）
② その食品が糖類を使用した原材料を含んでいないこと（例：ジャム、ゼリー、甘味の付いたチョコレート、甘味の付いた果実片等）
③ その食品が添加糖類の代用として糖類を含む原材料を含んでいないこと（非還元濃縮果汁、乾燥果実ペースト等）
④ その他の何らかの方法により、その食品自体の糖類含有量が原材料に含まれる量を超えて増加していないこと（例：デンプンを加水分解して糖類を放出させる酵素の使用）

との条件を満たした場合に、「糖類無添加」と表示できるものとしている。

　メニュー表示には栄養表示は義務付けられていないが、糖類無添加、食塩無添加の表示をする場合には、新法の表示基準があることに留意が求められる。例えば、ノンアルコール飲料等に糖類無添加として、果汁が使われているものがあるが、今後は糖類無添加とは表示できなくなる。

　なお、栄養表示は事業者にとって負担となるため、経過措置期間（施行後新ルールに基づく表示への移行の猶予期間）を施行後、5年間（2020年まで）としている。

## 12 「無農薬」「無化学肥料」等の表示

　外食のメニュー表示において、食材として用いられている農産物に「無農薬」「無化学肥料」等の表示を時に見かける。㈱阪急阪神ホテルズの公表事例の中にも「オードブルバリエ　レトワール風　ホテル菜園の無農薬野菜を添えて」「レトワール風オードブル　ホテル菜園の無農薬サラダを添えて」というメニューがあった。調査報告書によれば、この無農薬野菜の定義が曖昧であったという。しかし、そもそも農産物に「無農薬」「無化学肥料」と表示して販売することは、農林水産省が定めている「特別栽培農産物の表示ガイドライン」により禁止されている。

　このガイドラインには「特別栽培農産物の表示ガイドラインＱ＆Ａ」が付されているが、そのＱ６には次のように示されている。

---

（Ｑ６）「無農薬」「減農薬」「無化学肥料」「減化学肥料」の語を表示してはならないのはなぜですか。また、どのような表示なら許されるのですか。
〔Ａ〕
１．平成４年に特別栽培農産物に係る表示ガイドラインを制定し、農薬や化学肥料を節減した特別な栽培方法よる農産物の生産と表示のルールを定め、これら農産物の表示の適正化を図ってきたところです。
２．しかしながら、平成15年５月改正前のガイドラインの表示に使われてきた「無農薬」の表示は、生産者にとっては、「当該農産物の生産過程等において農薬を使用しない栽培方法により生産された農産物」を指す表示でしたが、この表示から消費者が受け取るイメージは「土壌に残留した農薬や周辺は場から飛散した農薬を含め、一切の残留農薬を含まない農産物」と受け取られており、優良誤認を招いておりました（無化学肥料も同

様です。)。

3. さらに、「無農薬」の表示は、原則として収穫前3年間以上農薬や化学合成肥料を使用せず、第三者認証・表示規制もあるなど国際基準に準拠した厳しい基準をクリアした「有機」の表示よりも優良であると誤認している消費者が6割以上存在する(「食品表示に関するアンケート調査」平成14年総務省)など、消費者の正しい理解が得られにくい表示でした。

4. また、「減農薬」の表示は、
・削減の比較の対象となる基準が不明確
・削減割合が不明確
・何が削減されたのか不明確(農薬の使用回数なのか残留量なのか)
であり、消費者にとって曖昧で分かりにくい表示でした(減化学肥料も同様です。)。

5. このような、消費者の方々からの指摘を踏まえてガイドラインが改正されたところであり、このガイドラインにおいては「無農薬」「減農薬」「無化学肥料」「減化学肥料」の表示は表示禁止事項とされ、これらの語は使用できないこととなっております。

6. なお、農薬を使用していない農産物には「農薬:栽培期間中不使用」と、節減対象農薬を使用していない農産物には「節減対象農薬:栽培期間中不使用」と表示し、節減対象農薬を節減した農産物には「節減対象農薬:当地比○割減」又は「節減対象農薬:○○地域比○割減」と節減割合を表示しなければなりません。

7. 一括表示欄において上記6の内容が確実に表示されている場合には、一括表示欄の枠外において、これらガイドラインにおいて示されている表示を強調するほか、「農薬未使用」、「農薬無散布」「農薬を使ってません」「農薬節減」「農薬節約栽培」

> といった消費者に誤解を与えず、特別な栽培方法を正確に消費者に伝えることができる内容の表示を行うこともできます。

　特別栽培作物の表示ガイドラインは違反としての罰則はないが、一般に流通する農産物にこれらの表示があった場合はＪＡＳ法の禁止事項に抵触することになる。景品表示法上問題となるかどうかは、他法令を参考とされることから、メニュー表示にも「無農薬」「減農薬」「無化学肥料」「減化学肥料」の表示をするべきではないだろう。
　なお、農薬を使用していない旨等の表示をしたい場合は、特別栽培農産物として各都道府県の担当窓口に申請てし認証を受けることが必要になる。その場合には農薬や肥料の使用状況に応じて表示方法が定められており、例えば「栽培期間中農薬不使用」と言った表示になる。このガイドラインが適用されたのは2007年からで、数年たった頃にはスーパーや直売場などで「無農薬」「無化学肥料」といった表示を見かけることはほとんどなくなった。JAS法などでの監視指導の場で、指導が行なわれてきたと聞く。メニュー表示においては、これまで指導が行なわれてこなかったため時に見かけることがあったが、いくら本当に無農薬で栽培されていたとしても「無農薬」と表示をしてはならないのである。

## 13　特色のある原材料がごくわずかしか用いられていない場合

　特色のある原材料が使われていても、その量がごくわずかであり消費者を誤認させる表示も景品表示法で不当表示に問われる。
　違反事例としては、2010年に「純米クッキー」として販売されていたが、実際に表記されている品種の米粉の割合は大変少ないものであった事案がある。また2011年には「自然芋そば」として販売されているが実際には極めて少量であった事例で措置命令が出されている。
　さらに消費者庁ではないが、東京都が2011年「海洋深層水由来のミ

ネラルが豊富な麦茶と誤認させる表示の改善を指示」として公表した事例がある。これは伊藤園の「天然ミネラル麦茶」のウェブサイト上の表示で、商品のこだわりに「ミネラル補給に海洋深層水を使用」と表示して、相当量含まれているかのように思わせたが実は原材料全体のわずか0.33％しか海洋深層水は使用されていなかったものである。

　特色のある原材料を使用した時には、全体に占める割合はわずかで表記していないのに、部分的割合だけ表記すると誤解される可能性が高い。表記の仕方について、「使用割合」を表示する場合は全体重量に占める割合なのか、同一原材料中に占める割合であるのかがわかる

---

**特色のある原材料がわずかな場合**
㈱大藤に対する措置命令について〈平成22年10月13日公表〉

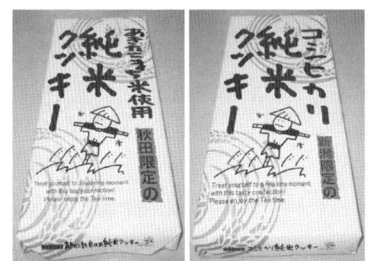

「純米クッキー」とクッキーの主原料としてあきたこまち米及びコシヒカリを使用しているかの表示。
⇒実際には、極めて少量（0.004％）の米粉しか使用されていないものであった。

http://www.caa.go.jp/representation/pdf/101013premiums_1.pdf

---

**特色のある原材料がごくわずかな場合**
㈱アイランド食品に対する措置命令について〈平成23年9月9日公表〉

「自然芋そば」、「深山に自生する山芋は粘り強くて器量良し」等と表示。
⇒実際には、使用されている自然薯の粉末は、極めて少量（配合割合約0.019％）であり、かつ、使用されている自然薯の粉末は、山野に自生する自然薯を原材料とするものではなかった。

http://www.caa.go.jp/representation/pdf/110909premiums_1.pdf

ようにしなければ、消費者は誤認する。

　なお、JAS法では「加工食品の品質表示基準第5条　特色のある原材料」の規定が設けられている。特色のある原材料は、以下に示すものとしている。

① 　特定の原産地のもの
　・<u>国産大豆絹豆腐</u>・<u>トルコ産ヘーゼルナッツ</u>使用・<u>十勝産小豆</u>使用・<u>国内産山ごぼう</u>使用・<u>三陸産わかめ</u>を使用等

② 　有機農産物、有機畜産物及び有機加工食品
　・<u>有機小麦粉</u>使用・<u>有機栽培こんにゃく芋</u>から自社生産等

③ 　非遺伝子組換えのもの

④ 　特定の製造地のもの
　・<u>群馬県で精製されたこんにゃく粉</u>入り・<u>北海道で製造されたバター</u>を使用等

⑤ 　特別な栽培方法により生産された農産物
　・特別栽培ねぎ入り・<u>栽培期間中農薬不使用のにんじん</u>使用等

⑥ 　品種名等
　・<u>とちおとめ</u>使用・<u>コシヒカリ</u>入り・<u>本まぐろ</u>入り等

⑦ 　銘柄名、ブランド名、商品名
　・<u>宇治茶</u>使用・<u>松阪牛</u>使用・<u>越前かに</u>入り・○○（市販されている商品の商品名）使用等

　JAS法は、特色のある原材料に該当するものに使用した旨を表示する場合には、100％使用である場合を除いて、当該原材料の使用割合を明示する必要があるとしている。メニュー表示には直接適用はされないが、どんなケースが特色として強調されるのか参考になる。

　メニュー表示も、特色のある原材料を強調して、その商品の特徴をアピールする事業者は多い。その場合に、同種の原材料に占める割合だけでなく、全体に占める割合はどうか。商品名、包材のイラスト、キャッチコピーなど全体を見て、消費者を誤認させることがないように十分に留意してもらいたい。

## 14　「自然」「天然」に関する表示

　阪急阪神ホテルズの誤表示公表事例の1つに、「ビーフオムライス　自然卵の半熟オムライスに黒毛和牛ロース肉が入ったデミグラスソースを」というメニュー名があった。この自然卵のように、「自然」「天然」という用語は消費者によいイメージを与えるようだが、消費者の誤認を招くケースも多い。

　市販されている卵は、「鶏卵の表示に関する公正競争規約」で「『天然』『自然』又はこれらに類する用語は、『天然卵』、『自然卵』等、卵を直接修飾する表現として使用することはできない」とされている。メニュー表示の「自然卵」は、公正競争規約で禁止されている表記を用いていることになる。

　同社の調査報告書を読むと、事情はさらに複雑である。阪急阪神ホテルズは食中毒の観点から卵料理には液卵を使用しており、茹で卵をつくる時には殻付き卵を使っていた。その納品書に「自然たまごビタミンE」との記載があったという。2010年、レストランシェフが、これまで液卵で作っていたオムライスを殻付き卵で提供することとし、差別化を意識してこのメニュー名を創作したそうである。しかし、最初は殻付き卵で提供していたものの、半年ほど経過した頃から、半分は液卵を用いてオムレツを作るようになった。液卵を用いると色が黄色く仕上がるからという理由からだ。

　つまり、レストランでは公正競争規約の存在を知らずに、納品書に付されていた表現を安易に使い、しかも途中から液卵を加えながらも表示を変更することなく、このメニュー名を使い続けていたことになる。

　なお、公正競争規約では、「自然」「天然」「ナチュラル」を不当表示として制限をしている業種がほとんどである。「飲用乳の表示に関する公正競争規約」「トマト加工品の表示に関する公正競争規約」などでは「天然」「自然」は不当表示として禁止している。また、「みその表示の公正競争規約」では、「天然醸造」という用語は「加温によ

り醸造を促進したものではなく、かつ、一定の食品添加物を使用しないものに限り、表示することができる」と使用基準を定めている。

　一方、水産物においては、事実として天然のものであれば、「天然」の表示は可能であり、魚の世界ではよく見かける表示である。JAS法の生鮮食品品質表示基準Q＆Aの「問41　養殖に該当しない水産物については『天然』の表示は可能ですか」という問いに対して、「（答）水産物品質表示基準で規定する養殖は『幼魚等を重量の増加又は品質の向上を図ることを目的として、出荷するまでの間、給餌することにより育成すること』としており、この定義に該当するものについて養殖の表示が義務付けられるということであり、この養殖の定義に該当しないものについて天然と表示できるということではありません。しかし、事実として天然のものであれば、表示は可能です。」としている。和食等のメニュー表示で、魚に「天然もの」との表示をよくみるが、事実であれば表示できる。

　このように食材によって、「天然」「自然」のルールは異なるが、いずれも表示する場合は合理的な根拠が必要である。

## 15　「フレッシュ」「生」「新鮮」「朝採れ」など鮮度に関する表示

　メニュー表示で消費者がもっとも心躍る慣用句は「朝採れ・朝引き」だという調査がある（2013年5月リクルートライフスタイル調査）。「産地直送」「漁港直送」「とれたて」「活」「生」「旬」「フレッシュ」「生しぼり」など、鮮度の良さ、旬を訴求する表示は、メニュー表示にごく一般的に用いられている用語でもある。

　メニュー表示で問題となったホテルの公表事例の中にも「フレッシュオレンジジュース」「フレッシュグレープフルーツジュース」などが散見される。阪急阪神ホテルズの第三者委員会調査では、「最初は生オレンジを搾って提供をしていたものの、米国産オレンジが不作になると既製品のストレートジュースに変更されたが、その際にメニュー表示を変更していなかった。フレッシュという表示を厳格に考

える意識が足りなかったということだろう」とまとめている。

　しかし、「フレッシュ」という用語は、13）で示した「天然」「自然」と同様、食品によっては公正競争規約や、JAS法の個別品質表示基準で制限されている。市販に流通している果汁飲料の場合は、果実飲料品質表示基準で「生、フレッシュ、その他新鮮であることを示す用語を表示してはならない」とされている。消費者庁のメニュー表示ガイドラインでは、飲食店が実際には既製品のオレンジジュースや紙パックのジュースを用いているのにもかかわらず、フレッシュジュースの表示をしていることは、景品表示法上問題となるとしている。

　「朝採れ」など鮮度を訴求する表示には公正競争規約による制限はないが、合理的な根拠が必要である。「朝採れ」野菜は、品温が下がっている朝に収穫することで、みずみずしさが保持されるとして重用されることが多い。これが当日の「朝採れ」であれば問題はないが、一昨日の「朝採れ」野菜の場合は、いくら朝に収穫したからといっても、一般消費者が期待しているような鮮度を得られるとは限らない。こうした鮮度に関する表示は、安易に用いられやすいが、今一度消費者をだますことにならないか、個別に判断が求められる。

## 16 「本物」「本格」「純」「ピュア」など品質に関する表示

　「純」「純正」「純粋」という用語は、13）14）で示した用語と同様、食品によっては公正競争規約や、JAS法の個別品質表示基準で制限されている。例えば炭酸飲料品質表示基準では、「純正、ピュア、その他純粋であることを示す用語は、これを表示してはならない」と全面禁止をしている。

　一方、果汁飲料品質表示基準の場合は「純正」「ピュア」等の表示を禁止しているものの、「ただし、果実ジュースであって、かつ、原材料に果実の搾汁及び天然香料以外のものを使用していないものに表示する場合はこの限りではない」と条件付きで認めている。つまり、

100％果実ジュースの条件を満たすのであれば「純」に類する表示を使ってもよいと認めている。

また、「みその表示に関する公正競争規約」は、食品添加物を使用したものについて、「純」「純正」やその他純粋であることを示す表示は禁止しているが、一定の条件をクリアすれば表示をすることは可能としている。こちらは原材料の純度ではなく、食品添加物の使用の有無で「純」を規定している。

はちみつは、はちみつ類の表示に関する公正競争規約によれば、「『純粋』又は『Pure』の文言は、精製はちみつを使用したもの又は添加物を含むものに表示してはならない。」としており、採取してそのままのはちみつは、純粋はちみつと表示できる。全国はちみつ公正取引協議会では、純粋であることを表示するマークもある。

このように食品によって、公正競争規約で「純」「純粋」「純正」「Pure」のルールが定められているものがあり、確認が求められる。また他法令のルールがなくても、表示する場合は合理的な根拠が必要である。

## 17 栄養、健康に関する表示

今回のメニュー表示では、健康や栄養に関する優良誤認表示は問題になっておらず、ガイドラインにもその表記は盛り込まれていない。しかし、メニュー表示においても「低カロリー」「塩分控えめ」といった栄養に関する表示を付したメニューは一定の消費者に人気であるが、その表示には根拠が必要である。

加工食品の栄養表示基準では、栄養強調表示（「含まない旨」「低い旨」「高い旨」「含む旨」）の基準が定められている。例えば「低カロリー」と表示する場合、絶対表示では食品100g当たり40kcal以下であることが条件になる。また「ゼロ」と表示する場合は、カロリーゼロは100g当たり熱量が5kcal未満、脂肪ゼロは100g当たり脂肪0.5mg未満のものに表示可能となっている。メニュー表示の場合は、こうし

たルールが義務付けられるわけではないが、加工食品の基準を参考にしながら、合理的な根拠で栄養に関する表示をすることが求められる。

なお、新しい食品表示法（第5章に詳細）が2015年6月までに施行され、施行後5年以内に加工食品に栄養表示が義務化されることになる。外食は除外されているが、コンビニ弁当等でも表示の義務化に向けて取り組むことになっており、外食のカロリー、食塩相当量の表示ニーズが高まることが予想される。食材のばらつきの大きい外食に栄養表示をすることは困難を伴うが、表示をする場合は計算値などの合理的な根拠が必要である。

また、「健康」に関する表示として、食材に「免疫力アップ」「血液サラサラ」等の用語が安易に使われていることがある。機能性の表示が認められているのは栄養機能食品、特定保健用食品など一部に限られており、メニューに根拠なく表示をすることは認められていない。消費者は健康、ダイエットに対する関心が高く、事業者がメニュー表示で著しく優良性を示す表示を行った場合、その表示どおりの効果があると認識し、その表現にはその効果や性能を裏付けるデータ等の根拠を有しているだろうと期待するものである。こうした表示を行う事業者は、消費者を誤認させることがないようにしなければならない。

## Column　健康食品の誇大広告禁止のガイドライン

消費者庁は2013年12月、健康食品の広告に関するガイドライン、「いわゆる健康食品に関する景品表示法及び健康増進法上の留意事項について」を公表している。この留意事項は、健康食品の虚偽・誇大広告を厳しく取り締まっていくための基本となるもので、私たちの身のまわりに氾濫する悪質な情報を取り締まる際の指針になる。

健康食品の広告に関するガイドラインは、2003年に厚生労働省が健康増進法の観点から示したものがあるが、健康増進法だけではなく景品表示法も加わって、2つの法律をフルに活用して虚偽誇大広告を禁止する

内容になっており、消費者庁が10年ぶりに見直した。
　規制の対象とする表示事例は、6類型に整理して類型ごとの具体例を示している。例えば1項目めの「疾病の治療又は予防を目的とする効果」は、「糖尿病、高血圧、動脈硬化の方に」「動脈硬化を改善」「糖尿病、高血圧が気になる方にもおススメ」など、実態に近い具体事例を示して禁止をしている。また、2項目め「身体の組織機能の一般的増強、増進を主たる目的とする効果」では、「自然治癒力を高める」「免疫力アップ」「解毒機能を高める」といった事例を禁止している。5項目め「成分に関する表示例」では、「肝機能に有効な〇〇成分を配合」「疲労回復に役立つ〇〇を配合」「二日酔いの原因アセトアルデヒドを分解する〇〇を配合」「〇〇を原料としているので美容に最適」などが挙げられている。
　一方、「野菜の足りない方に」といった表現は、栄養補給を目的とする趣旨の表現であり、医薬品的な効能効果とはみなされない。
　メニューの表示に、「風邪の予防に」「血圧の気になる方に」といった表現を安易にしているお店があるが、法令の知識不足といえる。こうした表現で、消費者を誤認させることがないよう対応が求められる。

参照：消費者庁「いわゆる健康食品に関する景品表示法及び健康増進法上の留意事項について」(2013年12月24日)
http://www.caa.go.jp/representation/pdf/131224premiums_1.pdf

## 18 「国連認定証」「〇〇賞受賞」など認証、賞に関する表示

　今回、問題となったホテルのレストランの中には、世界的な観光ガイドブック「ミシュランガイド」にも紹介されていたとして、ウェブサイト等でアピールしている店があった。
　レストランや料理の格付け・認証は、優良なレストランの選別を目的として、民間企業によって1つ星、2つ星、3つ星とランク付けが行われることがある。こうした認証や格付けで、一般消費者はその店

> **優良誤認表示の例**
>
> ＶａｎａＨ㈱に対する措置命令について〈平成24年12月20日公表〉
>
> http://www.caa.go.jp/representation/pdf/121220premiums_1.pdf
>
> ○「スイスのジュネーブにある国連本部にて10月26日（水）にＶａｎａＨ株式会社が世界で初めての『国連認定証』を取得いたしました！」
> ○「国連から富士山の天然水素を豊富に含んだ高品質な水を所有している、ＶａｎａＨ株式会社へ、飲料としてはじめて、国連のロゴマークを商品ラベルにオンリーワン（世界でＶａｎａＨ株式会社のみ）の証として使用許可を]頂きました。」
> ⇒国際連合が対象商品の品質について高く評価した事実はなく、国際連合がＶａｎａＨ㈱に対し、国際連合認定ロゴマークの使用許可を行った事実もなかった。

を選択したり、期待したりするものなので、この内容に虚偽があってはならない。

　上記のミシュランガイドに紹介されていたとアピールしていた旅館では、ミシュランガイドは本当だったらしいが、料理名に虚偽表示が数多くあった。

　その商品・サービスを第三者機関が推奨したり、認証したとしてそのことを表示するのであれば、虚偽があってはならず、また根拠を示す資料が必要となる。

　有名レストランでは「○○賞を受賞した有名シェフが料理をプロデュースしました」等の表記も見かける。この内容に虚偽があってはならないのはもちろんだが、どこまでの範囲のプロデュースなのか等、消費者を誤認させないような留意が必要である。

## 19 「まろやか」「コク深い」など食感、シズル感、嗜好性に関する表示

　メニュー表示に「まろやか」という情緒的なイメージの表現や、「ごくごく飲める」「コク深い」「すっきり」といったその商品が醸し出す雰囲気を訴える表現も、よく見かける。

　こうした表現で、著しく優良と誤認されて措置命令まで出された事例はほとんどない。ただし「すっきり」などの表現が一定の保健機能を想起させたり、全体の表示をみて「ものすごくいいもの」と誤認をさせたりするような場合は、留意が必要である。2）で示した「puffing」の範囲に収まるものも多く、大げさな表現にならなければ問題は生じない。

### Column　イメージ広告は、通常は不当表示の問題とはならない？

　清涼飲料のCMなどで、有名俳優さんがごくごくと美味しそうに飲み干していたりするシーンをよく見かける。この俳優さんが本当にその商品を美味しいと感じていなければ、不当表示に当たるとして問題になるだろうか。

　この場合、視聴者はその飲料を愛飲しているからとは思わず、単にイメージアップのためにモデルとして起用されているだけだと思うだろう。その俳優さんのせいで、その商品が優良であると思って商品を選択するわけではない。

　このように、商品の内容について具体的に表示するのではなく、知名度や好感度アップといった抽象的なイメージを向上させることのみを目的としたイメージ広告は、通常は不当表示の問題は生じない。

　しかし、この俳優がその品質が良いから愛飲しているとして、品質の説明をしたり、体験談として説明する場合は、不当表示の問題が生じ得ることになる。

　テレビやインターネットで様々なイメージ広告が繰り広げられている

が、一般消費者はどこまでをイメージ広告で、どこからを内容を説明する表示としてとらえているだろうか。特にいわゆる健康食品の分野では、その線引きが曖昧であり、消費者の健康志向と相まって、イメージ広告によって市場を急成長させてきた経緯がある。

　高級レストランや高級旅館は、まさに消費者のイメージによって支えられ、選ばれてきた分野である。そこで内容を説明する表示は、消費者を裏切るものであってはならないことは言うまでもない。

## 20 「たっぷり」「特大」などサイズや、お徳用、増量、サービスパックなど量に関する表示

　外食をする際に、「たっぷり」と表示してあるのに量が物足りなかったり、「大盛り」の基準がわからず注文して食べきれなかったりと、量について実際と異なる事例はよく経験するところだ。

　景品表示法では取引条件に関する不当な表示を禁止しており、価格表示のほか、「○人前」といった内容量に関する表示も有利誤認表示の対象になる。

　１人前の分量については、他法令でも、一般的にも基準は存在せず、個々の事業者が商品ごとに通常１人前の分量で適当な量を判断し、各事業者が自己の責任において表示をしているのが現状である。

　このように○人前と表示を行う場合や、増量、お徳用と、量に関して一般消費者の選択の基準とする場合は、「○人前　○グラム」等、一般消費者が正確に把握できるように表示をすることが望ましい。

　また、「具たっぷり釜飯」「松茸たっぷり松茸ご飯」など、特定の食材を強調する場合は、何をもってたっぷりとするのか比較データを準備しておくことが求められる。松茸ご飯にどのくらい松茸が入っていれば、「たっぷり」感があるのかは、個々の消費者によって違う。

　一般的な料理レシピや、通常のメニューでどのくらいの割合か、そこから何割を増すと「たっぷり」と言えるのか、実際に入っているよ

うに管理をしているのか、お客さんの立場に立ってそれぞれの事業者が自社のメニューの特徴やサービス内容から考えて、提供をすることが求められる。

## 21 部位を使った料理名

景品表示法は部位名を表示することを義務付けるものではないが、実際のものと異なる部位名を料理名に表示することは、景品表示法の規制対象となる。

特に牛肉の部位について、消費者庁は2010年10月、「焼肉業者における焼肉メニューの適正化について」という文書で次のとおり、周知を図っている。

---

消費者庁が、景品表示法に関する焼肉業者のメニューの実態の調査を行ったところ、焼肉業者で、メニュー上「○○ロース」等と表示している料理で、実際にはもも肉等ロース以外の部位の肉を使用しているものがあることが判明した。

〈メニュー表示と実際の内容の例〉

- メニューに「和牛ロース」と記載した料理では、国産和牛の「もも」、「そともも」又は「ランプ」（■部分の肉）を使用していた。
- メニューに「和牛上ロース」と記載した料理では、国産和牛の「かたロース」、「リブロース」又は「サーロイン」（■部分の肉）を使用していた。

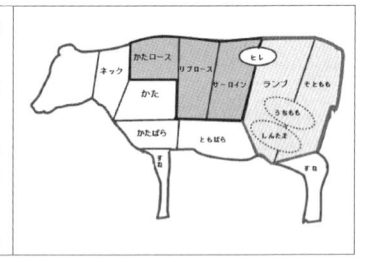

http://www.caa.go.jp/representation/pdf/101007premiums_1.pdf

---

また、他の多くの焼肉業者でも、同様の行為が行われていること、さらに、焼肉業者の間では、「○○ロース」等は料理名を意味し、ロース以外の部位の肉を使った焼肉料理について料理名として「○○ロース」等と表示しても構わないという認識があるこ

とが判明した。現在、肉の販売については、スーパー等の小売店においては、「ロース」と表示されているものは、適切にロースの部位の肉が販売されている。このような部位表示は、食肉小売品質基準で定められて定着しており、料理店でも、ステーキ、トンカツ等の料理名に「○○ロース」等と表示されていれば、その料理にはロースの部位の肉が使用されている。このため消費者は、「○○ロース」等といえばロースの部位であると認識しており、焼肉用の肉においても「○○ロース」等と表示されていればロースの部位の肉が使用されると認識する。したがって、もも肉等、ロース以外の部位の肉を使用しているにもかかわらず、メニューに「○○ロース」等と記載することは、焼肉料理の内容について、一般消費者に対して実際のものよりも著しく優良であると示す表示をするものであり、景品表示法第4条第1項第1号に違反する。

通知は焼肉の事業者に対して行われたものだが、外食全般で、部位表示は正確であることが求められる。また、牛肉以外にも魚の「トロ」「中トロ」「大トロ」など、部位によって価格差があるものが多く、部位が取引要件になっている場合は、異なる表示をすることで誤認表示になる可能性もある。希少価値の高い部位も多く、メニュー表示をするからには、実際と中身が異なることがないよう、十分な表示のチェックと食材の管理が求められる。

## 22 グレーゾーンをシロにする取り組みを

以上、一般消費者がその表示に期待をして、それが実際と異なっている場合に問題になるような用語について、説明をしてきた。繰り返しになるが、景品表示法は個別に判断が基本で、これらの用語を用いて実際と異なっていたからといって、すぐに問題になるわけではない。

しかし、今回問題を起こした事業者の調査報告書や、レストラン等

の聞き取りを通してわかったことは、「慣習として様々な表現が用いられており、その用語が消費者を誤認させるとは思わなかった」「他の法律で天然、純粋といった用語が規制されていることを知らなかった」など、食品表示の知識不足によるものが多いということだ。「知らずに表示をしただけであり、それによって不当な利益を得ていないので、偽装表示とまでは言えない」という意見も聞く。

　しかし、視点を変えて業界の慣習などを知らない消費者の立場に立ってみたらどうだろう。エビの品種が違ったり、自然卵と表示していて中身が違っていたりしたら、食材を偽装して消費者を誤認させていると思われても仕方がないのではないだろうか。

　この章では、消費者はここで示したような用語によって誤認するケースがあること、表示をする場合はその根拠をきちんと示して食材を管理することが求められることを、お伝えしたつもりである。それぞれの用語については、次頁の表にまとめている。こうしたグレーゾーンを、合理的かつ科学的なデータで示し、シロにして消費者にきちんと説明できる体制が、今後は外食事業者には求められる。なお、事業者に求められる具体的な対応については、第6章で触れたい。

**メニュー表示の表現・チェックリスト**

| 分類 | 根拠が必要な表現 | 根拠となる情報・データ |
|---|---|---|
| メニュー表示ガイドラインに記載 | 産地（駿河湾産、国産和牛など） | 原産地が記載された送り状、納品書（仕入れ伝票に添付）、規格書、通関証明書等 |
| | 有機 | 有機JASマークの表示、認証団体の記載 |
| | 銘柄名・ブランド名 | 和牛（種別を証明する子牛登記証明書など）、地鶏（地鶏JASマーク、出生証明書など）、地域ブランド商標制度のものは商標登録証等 |
| | 品種名（魚種名など） | 魚種名が記載された送り状、納品書、規格書等、魚介類の名称ガイドラインに合致しているか確認 |
| | 自家製、手うち | 自家製は生産工程は全て自社の厨房かレシピと原材料の納品書等、手うちは公正競争規約を確認 |
| | フカヒレなどの真正性 | フカヒレやカラスミなど納品書、規格書など |
| ランク・品質 | 特選、極上、スペシャル、プレミアム、最高級、厳選、高級、エクセレント、抜群、本格、贅沢、純、完熟 | ランクを裏付ける客観的な基準（品質区分の根拠とランク決め）とその証明書、第三者が定めた基準であればその証明書を添付した納品書。純や完熟は成分証明書や、熟度を証明する数値、成分表など |
| 鮮度・期間 | 新鮮、フレッシュ、しぼりたて、朝どれ、旬 | 朝どれは単に朝に収穫しただけでなく、その日のうちの使用が前提、収穫・漁獲等を証明する納品書等 |
| | 期間限定・○食限定 | 最初に設定した期間、献立数と売上伝票の一致 |
| | 新発売・初入荷・NEW | 入荷日、発売日などの根拠書類 |
| 製法 | 手造り、仕込み、昔ながら | 製法のレシピや工程管理などの根拠書類 |
| 量 | 高い、多い、豊富、低、ひかえめ、たっぷり、使用 | 成分と量が含まれる配合表、成分一覧表、規格書、分析証明書等 |
| | ゼロ、ノン、無 | 成分一覧表、規格書、分析証明書等、ノンカロリーや低カロリーなどは表示基準の規定 |

## 第4章　メニュー表示のグレーゾーン

| | | |
|---|---|---|
| 値ごろ感 | お徳、増量、通常価格の半額、サービスサイズ、特大、食べ放題 | 通常の価格と量などを証明するレシピ、売上表など比較する元のデータと実際の規格書、食べ放題は一部メニューなど限定されている場合、表記に留意 |
| 無○○ | 無農薬、無化学肥料、無菌、無添加、不使用、無調整 | 無農薬、減農薬、無化学肥料、減化学肥料は特別栽培農産物に係る表示ガイドラインで表示禁止、無添加、無菌は使用している原料の規格書、レシピ等の科学的根拠が必要 |
| 自然 | 自然、天然、ナチュラル | 魚は天然・養殖の定義に合っているか納品書等で確認 |
| 健康 | ヘルシー、美容に最適、血液サラサラ、疲労回復 | 薬事法、健康増進法でも禁止されている表現があるので個別に確認して根拠となる書類をそろえる |
| 賞 | ○○賞受賞など | 受賞した証明書等 |
| シズル感 食感 | ジューシー、まろやか、コク深い、ぴちぴち | 食材の特徴、製法によるものなのか具体的に表現の根拠が説明できること |
| 部位 | トロ、ロース、カルビ | 決められた部位を使用しているか、納品書や規格書等で確認 |

# 第5章
# 食品表示の他法令を知っておく

## 1 食品表示制度は複雑

2013年は、メニューの表示問題以外にも、食品表示に関する大きなニュースがいくつかあった。6月には、現行のJAS法、食品衛生法、健康増進法の食品表示の義務表示に関わる部分が1つになった新しい法律「食品表示法」が国会で成立、公布された。2015年6月までに食品表示法が施行され、食品表示制度は大きな転換期を迎えることになる。

また同年6月、政府の規制改革会議で機能性表示制度の新しい方向性が示され、健康食品の表示制度も変わる。こちらも2015年4月から新制度が導入される予定である。

食品表示制度は年々、複雑になっており、消費者にも事業者にもわかりにくいものになっている。

現在、一般に流通する生鮮食品や加工食品の食品表示は、食品衛生法、JAS法、健康増進法、景品表示法、計量法、米トレーサビリティ法、牛肉トレーサビリティ法などの法律、公正競争規約など多岐にわたる。食品事業者はこれら複雑な法律を理解することが求められ、遵守しなければならない。義務表示の場合は、間違えると自主回収に至る場合もある。現在、食品の自主回収は年間1,000件程度で推移しているが、その約半数が食品表示の法律違反によるものである。間違えた時の適切な対応も含めて、事業者には正しい食品表示の管理が求められる。

第5章 食品表示の他法令を知っておく

　外食や量り売りの中食などは、これらの食品表示制度が直接かかるものではないが、食材を取り扱う以上はこれらの関連法令は知っておく必要である。メニュー表示にかかるのは景品表示法だけだが、そこで優良誤認かどうかを判断する基準の1つに「社会的に定着していると認められるJAS法等を含めた他法令等における定義・基準・規格など」を考慮する、とあるからだ。

　第3章に示したメニュー表示のガイドラインでも、JAS法の品質表示基準や公正競争規約等に照らし合わせて、一般消費者がどのように捉えるかを解釈して、景品表示法上問題があるかどうかを示している。つまりメニュー表示の確認に当たっては他法令の法制度に抵触をしないか、その枠組みをまずは理解することが求められる。この章では、外食の一部にかかる表示制度や、他法令の現行制度、さらに新法「食品表示法」について、概要を紹介する。

---

**食品の表示関連諸制度**

①JAS法（農林物資の規格化及び品質表示の適正化に関する法律）消費者の選択のための表示基準
②食品衛生法
　公衆衛生の見地から販売する食品に定められている表示基準
③健康増進法による栄養成分表示
　栄養表示基準や保健機能食品（特定保健用食品など）

→ 消費者庁のもと、3つの法律が一つになって新しい食品表示法が2013年6月に成立、2015年6月までに施行

　一般に流通している生鮮食品、加工食品に義務付ける表示基準を決めたもの

④不当景品類及び不当表示防止法（景品表示法）
　不当な表示の禁止及び公正競争規約
⑤薬事法
　食品に対する医薬品的な効能効果の表示を禁止
⑥計量法
　内容量等の表示
⑦不正競争防止法
　事業間の公正な競争を目的とした法律。商品の原産地や品質、内容、製造方法などを偽ったり誤認させる行為などを禁止

＊他にもトレーサビリティ法、容器包装リサイクル法、PL（製造物責任）法や各種ガイドライン（水産物の名称のガイドライン、特別栽培農産物ガイドライン、外食における原産地表示など）

## 2 外食にかかる表示　①牛肉の生食の場合の表示基準

　2011年4月に発生した焼肉チェーン店の腸管出血性大腸菌食中毒事件を受けて、厚生労働省は牛肉の生食に厳しい基準を設けた。このため現在、ほとんどの焼肉店で、ユッケはメニューから消えている。

　また、2011年10月に消費者庁は牛の生食を提供する際に店頭、メニューなど店舗の見やすい場所に、次の2点を表示する必要があるとして表示基準を定めている。

① 一般的に食肉の生食は食中毒のリスクがあること
② 子供、高齢者、食中毒に対する抵抗力の弱い人は食肉の生食を控えること

肉の生食のリスクは高く、国や保健所などは、外食などのお店に、生で食べないよう、加熱不足が生じないよう、きちんと伝える指導を行っている。

　外食にはこれまで、義務表示は一切かからなかったが、消費者庁のこの基準は牛の生食を提供する際という限定つきではあるが、初めての義務表示という意味からも注目された。ただし、牛の生食の衛生基準はとても厳しく、実際に消費者の目に触れることはほとんどない表示でもある。

## 3 外食にかかる表示　②外食の原産地表示ガイドライン

　食の安全の関心の高まりを受けて、外食についても原材料の原産地表示を求める声が強くなり、外食事業者が自主的に原産地表示を行うための指針として2007年、農林水産省が「外食の原産地表示ガイドライン」を制定した。ガイドラインのポイントは、店舗で提供するメニューに使用する「主たる原材料」の原産地を、消費者に分かりやすい表現で見やすい位置に表示することだ。

　ガイドラインでは、以下のメニューに示すような原材料について、原産地を表示することを推奨している。

第5章　食品表示の他法令を知っておく

【通常のメニュー】……主な原材料の原産地を表示
　例：ステーキ（牛肉は国産を使用、ランチタイムは豪州産）

【定番・売れ筋メニュー】…主な原材料以外の原材料についても原産地を表示
　例：とんかつ（豚肉は○○県産、ランチタイムは米国産）
　　　キャベツは国産

【こだわり食材を使ったメニュー】…こだわった原材料についても原産地を表示
　例：旬のさんまの塩焼き（さんまは○○沖のものを使っています）

【原材料名を冠したメニュー】…メニュー名に冠した原材料についても原産地を表示
　例：鮭のムニエル（鮭は○○県産）

ガイドラインができたことで、原産地表示の表記が広まったが、原

図表5-1　外食の原産地表示の事例（農林水産省ウェブサイトより）

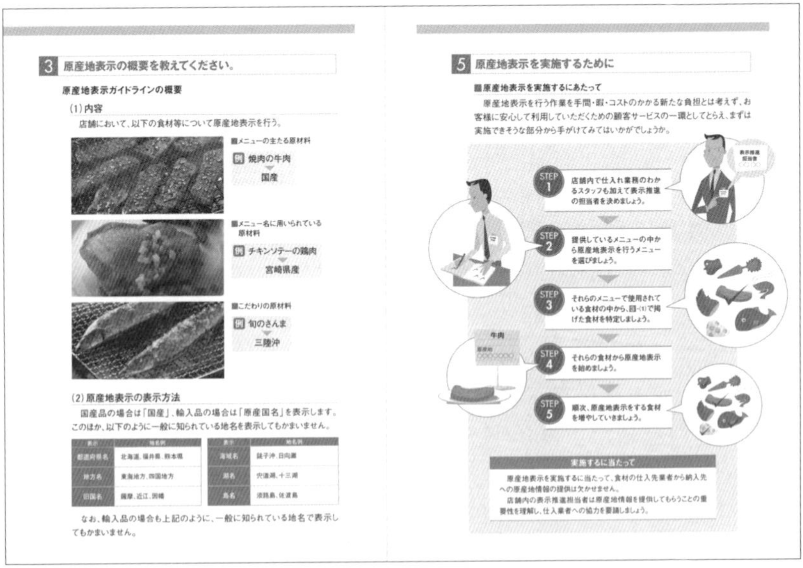

http://www.maff.go.jp/j/shokusan/gaisyoku/gensanti_guide/g_pamph/pdf/data2.pdf

産地表示で求められるのは表示の正しさである。表示の根拠となる納品書や規格書などで、表示の適正性を担保しなければ、不適切表示になる可能性があることは言うまでもない。

## 4 JAS法（農林物資の規格化及び品質表示の適正化に関する法律）

　JAS法は、消費者に食品の品質に関する情報を適切に伝え、商品選択に資するための目的でつくられた法律で農林水産省が所管する。JAS法は、JAS規格制度と、品質表示制度の2つの制度から成り立っている。

　JAS規格制度は、日本農林規格（JAS規格）による格付け検査に

---

**JAS規格制度**

　農林水産省が特定の食品の品質・製法を保証する制度で、一般JASマーク、有機JASマーク、生産情報公表JASマーク、特定JASマークがあり、消費者の選択の目安としての役割を果たしてきた。

　このうち一般JASマークには等級を区分するものもあり、例えばしょうゆであれば「特級」「上級」「標準」がある。特定JASマークは地鶏、熟成ハムなどの食肉加工品などがあり、ソーセージなどの食肉製品ではおなじみ。有機JASマークは、太陽と葉っぱのデザインで、このマークを付したものでなければ有機と表示できない。マークごとに原材料の品質、製法、添加物の使用などが詳細に定められている。

**品質や作り方を保証するJASマーク**

| 一般JASマーク | 有機JASマーク | 生産情報公表JASマーク | 特定JASマーク |
|---|---|---|---|
| JAS 認定機関名 | JAS 認定機関名 | JAS 認定機関名 | JAS 認定機関名 |

http://www.maff.go.jp/j/jas/jas_kikaku/pdf/panfjas_zenpan_1.pdf

第5章 食品表示の他法令を知っておく

合格した製品にJASマークの貼付を認めるもので、60ちかい食品の規格がある。JAS規格制度は任意表示だが、例えば有機等の表示（有機栽培やオーガニックなど）は、有機JAS規格制度の格付けを受けたものでなくては表示できないという規制がかかる。

また、品質表示制度は、一般消費者向けの全ての飲食料品において、生鮮食品、加工食品ごとに具体的な表示対象や表示事項、表示方法について品質表示基準を定めるもので、事業者に基準に従った表示をすることを義務付ける制度である。現在は52基準があるが、2015年6月までに食品表示法に統合されて一本になる。なお、JAS規格制度はJAS法として残る。

現在のJAS法の品質表示基準における主な義務表示項目は次のとおり。

---

生鮮食品の場合
＊共通表示事項は、名称、原産地（包装されている場合は、内容量、販売業者氏名住所を記入）

原産地の表示方法は次のとおり
＊農産物：国産品は都道府県名、輸入品は、原産国名
＊畜産物：原産地は、国産品は「国産」、輸入品は、原産国名
＊水産物：原産地は、国産品は水域名又は地域名（養殖場の属る都道府県名）、水域名困難の場合は、水揚げ港名又は都道府県名、輸入品は、原産国名（水域名の併記可）。解凍物、養殖物にあっては、その旨の表示が必要
＊玄米及び精米の表示事項：産地（輸入品にあっては原産国名）、品種、産年、精米年月日、内容量

---

加工食品の場合
＊名称：一般的な名称を記載
＊原材料名：食品添加物以外の原材料は、重量順に一般的な名称で記載。食品添加物は、重量順に食品衛生法に従い記載
＊原料原産地名：一部の品目に原料原産地を記載

＊内容量：固形物に充填液を加える場合は固形量等と記載
＊賞味期限：品質が急速に変化しやすい場合は消費期限を記載
＊保存方法：常温保存の場合は省略可
＊製造業者等：氏名及び住所を記載　加工者・販売者氏名住所でも可（輸入品にあっては、輸入業者名とする）

<様式>
　　枠で囲い、順番に一括表示するが、表示できない場合は分割して表示してよい。

## 5 食品衛生法

　食品衛生法は厚生労働省が所管しており、食品の安全性の確保のために公衆衛生の見地から必要な規制その他の措置を講ずることにより、飲食に起因する衛生上の危害の発生を防止し、もって国民の健康の保護を図ることを目的としている。

　食品表示については第19条において、必要な表示基準を定めることができるとしており、具体的な表示対象や表示事項、表示方法については食品衛生法施行規則、乳及び乳製品の成分規格等に関する省令により定められている。2009年9月より、消費者庁に表示の部分が移管され、2015年6月までに食品表示法に統合される。アレルギー表示や消費期限など、人の命にも関わる表示で重要性が高い。これらに欠落や間違いがあれば、自主回収など適切な対応が求められる。

＊名称
＊消費期限又は賞味期限
＊製造所又は加工所の所在地及び製造者又は加工者の氏名又は名称（輸入品の場合は、輸入業者の営業所所在地及び氏名又は名称）
＊食品添加物
＊特定原材料（アレルギー原因物質）

＊保存方法
＊遺伝子組換え食品及び遺伝子組換え食品を原材料とする加工食品にあってはその旨
＊その他品目ごとの表示事項

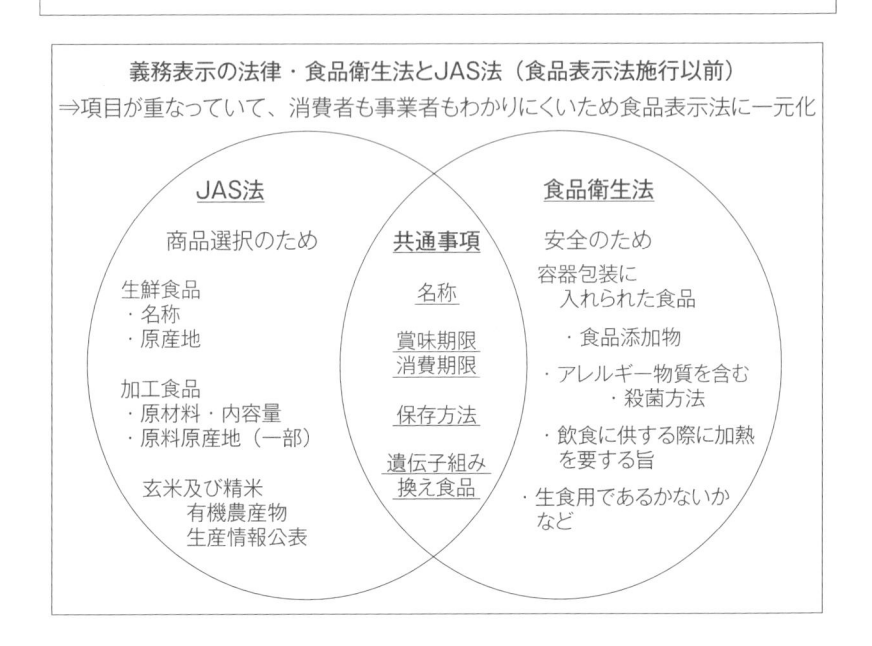

義務表示の法律・食品衛生法とJAS法（食品表示法施行以前）
⇒項目が重なっていて、消費者も事業者もわかりにくいため食品表示法に一元化

**JAS法**
商品選択のため

生鮮食品
・名称
・原産地

加工食品
・原材料・内容量
・原料原産地（一部）

玄米及び精米
　有機農産物
　生産情報公表

**共通事項**

名称

賞味期限
消費期限

保存方法

遺伝子組み
換え食品

**食品衛生法**
安全のため

容器包装に
　入れられた食品

・食品添加物

・アレルギー物質を含む
　殺菌方法

・飲食に供する際に加熱
　を要する旨

・生食用であるかないか
　など

## 6 健康増進法

　健康増進法は、国民の栄養の改善その他の健康の増進を図るための措置を講じ、もって国民保健の向上を図ることを目的としており、厚生労働省が所管している。表示の対象は、特別用途食品（病者用食品及び特定保健用食品など）、栄養表示基準（容器包装に付される熱量、たんぱく質などの栄養表示の方法）があり、健康の保持増進効果等についての虚偽・誇大な表示等の禁止を定めている。

　このうち、栄養表示基準は、2015年6月までに施行される食品表示法に統合される。今後、栄養表示は原則として全ての加工食品に義務付けられる（経過措置期間の5年を経て2020年まで）。外食は適用外

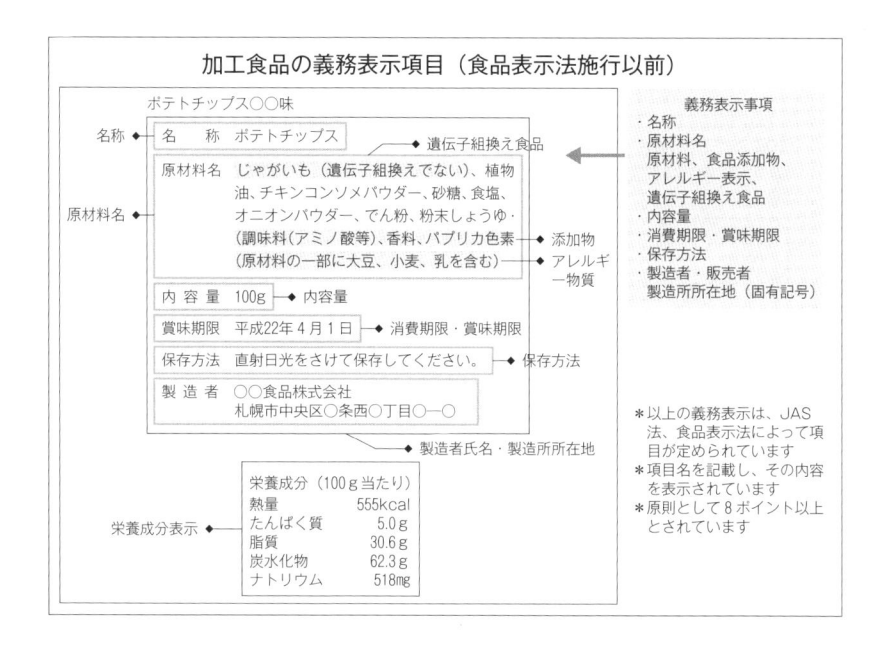

## 加工食品の義務表示項目（食品表示法施行以前）

```
ポテトチップス○○味
名称    ← 名　　称　ポテトチップス          → 遺伝子組換え食品
原材料名 ← 原材料名　じゃがいも（遺伝子組換えでない）、植物
              油、チキンコンソメパウダー、砂糖、食塩、
              オニオンパウダー、でん粉、粉末しょうゆ・
              （調味料（アミノ酸等）、香料、パプリカ色素  → 添加物
              （原材料の一部に大豆、小麦、乳を含む）    → アレルギー物質
         内容量　100g          → 内容量
         賞味期限　平成22年4月1日   → 消費期限・賞味期限
         保存方法　直射日光をさけて保存してください。 → 保存方法
         製造者　○○食品株式会社
              札幌市中央区○条西○丁目○－○
                              → 製造者氏名・製造所所在地

栄養成分表示 ← 栄養成分（100g当たり）
              熱量       555kcal
              たんぱく質   5.0g
              脂質       30.6g
              炭水化物    62.3g
              ナトリウム   518mg
```

義務表示事項
・名称
・原材料名
　原材料、食品添加物、
　アレルギー表示、
　遺伝子組換え食品
・内容量
・消費期限・賞味期限
・保存方法
・製造者・販売者
　製造所所在地（固有記号）

＊以上の義務表示は、JAS法、食品表示法によって項目が定められています
＊項目名を記載し、その内容を表示されています
＊原則として8ポイント以上とされています

だが、健康志向の高まりの中で栄養表示のニーズが高まることが予想される。

## 7 牛トレーサビリティ法（牛の個体識別のための情報の管理及び伝達による特別措置法）

トレーサビリティとは「追跡可能性」と訳され、「食品の生産、処理、加工、流通・販売等のフードチェーンの各段階で食品とその情報を追跡し、遡及できること」と定義される。

「食卓から農場まで」の各工程において原材料の出所や製造方法を記録、保管し、その情報を追跡できるようにすることで、何か問題が起こったときにすぐに原因が究明できるようにして、適切な対応をとれることが可能となる。食品の安全性や品質に対する消費者の信頼確保のための取り組みが様々な分野で進められている。

牛肉トレーサビリティ法は、BSEが問題となったときにそのまん延を防止することを目的としたもので、牛の出生、譲受け、譲渡し等

```
食品のトレーサビリティについて（農林水産省資料より）
○国際的には、食品のトレーサビリティは、「生産、加工及び流通の特定の一つ又は複数の段階を通じて、食品の移動を把握すること」と定義されています（コーデックス2004）。
○具体的には、食品の移動ルートを把握できるよう、生産、加工、流通等の各段階で商品の入荷と出荷に関する記録等を作成・保存しておくことです。
○食品事故等の問題があったときに、食品の移動ルートを書類等で特定し、遡及・追跡して、原因究明や商品回収等を円滑に行えるようにする仕組みです。
```

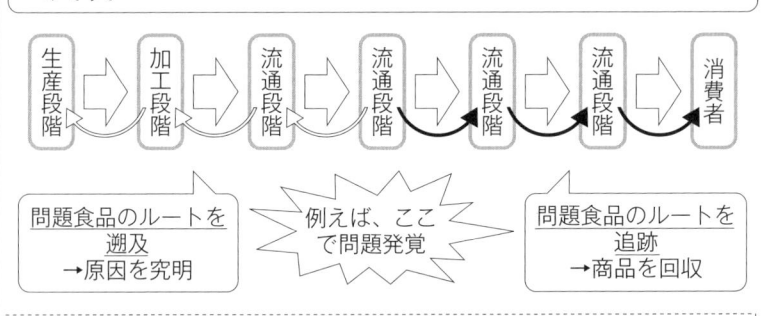

生産段階 ⇒ 加工段階 ⇒ 流通段階 ⇒ 流通段階 ⇒ 流通段階 ⇒ 流通段階 ⇒ 消費者

問題食品のルートを遡及→原因を究明　　例えば、ここで問題発覚　　問題食品のルートを追跡→商品を回収

（注）食品のトレーサビリティの取組は、消費者の食品選択に役立つよう、食品をどのように生産・製造したか（例：農薬・肥料・飼料等の使用状況、原材料の原産地名などの情報）を表示等で情報提供する取組とは異なります。

に係る情報について、牛一頭ごとに個体識別番号を付与し、個体識別台帳にこれを記録することにより管理をする。牛肉の販売の際に個体識別番号の表示を事業者に義務付けるもので、販売業者の表示事項は10ケタの固体識別番号である。対象となる牛肉は国産牛肉から得られた牛肉の特定牛肉とされ、商品ラベルに直接表示されたり、店舗の表示ボードなどに記載される。

## 8 米トレーサビリティ法（米穀等の取引等に係る情報の記録及び産地情報の伝達に関する法律）

2008年に発覚した事故米穀の不正規流通問題によって、消費者が国産米を使用していると思っていたものに、輸入米の事故品が幅広く使用されていることが明らかになった。外食、弁当などにおいてもコメ

の原産地がわからないことから、不信感が広がった。このため、米を原材料とした商品について、その製造者や提供者に、消費者への原料米の産地情報伝達を義務付けることにより、消費者が適切な情報を得られることを目的として「米トレーサビリティ制度」が2009年に創設された。同制度は、米・米加工品について取引等の記録の作成・保存とともに、産地情報の伝達を義務付けるものである。

対象品目は「米穀（玄米・精米等）」「米粉や米こうじ等の中間原材料」「米飯類」「もち、だんご、米菓、清酒、単式蒸留しょうちゅう、みりん」で、対象事業者は米穀等を取扱う、生産者、製造業者、流通業者、小売業者、外食業者など。記録する事項は、品名、産地、数量、年月日、取引先名、搬出入した場所などと定められている。

一般消費者に対しては産地情報について、国産米は「米（産地名）」又は「米（国産）」等、輸入米の場合には「米（原産国名）」等と表示が求められる。外食で米飯類を提供する場合は、メニューに記載、店内掲示、チラシなどの方法で表示を行う。また、スーパーなどの小売り販売業で米穀や米加工品等を販売する場合は、店内掲示やチラシなどのほか、商品への直接記載、産地情報が照会できるウェブアドレスや電話番号を商品に記載すること等の伝達も認められる。

## 9 公正競争規約（景品表示法第11条に基づく協定又は規約）

景品表示法第11条の規定により、消費者庁長官及び公正取引委員会の認定を受けて、事業者又は事業者団体が表示又は景品類に関する事項について自主的に設定する業界のルール。食品では、次の業種で認定されている。

◆乳製品等（6）
　マーガリン類、飲用乳、チーズ、アイスクリーム類及び氷菓、はっ酵乳・乳酸菌飲料、殺菌乳酸菌飲料

第5章　食品表示の他法令を知っておく

◆飲料（7）
　合成レモン、果実飲料等、トマト加工品、コーヒー飲料等、豆乳類、レギュラーコーヒー等、もろみ酢
◆食卓食品（12）
　食品のり、食品缶詰、粉わさび、削りぶし、凍豆腐、生めん類、辛子めんたいこ食品、ハム・ソーセージ類、食肉、即席めん、包装食パン、鶏卵
◆調味料（5）
　食酢、みそ、ドレッシング類、しょうゆ、食用塩
◆菓子類等（7）
　観光土産品、はちみつ類、ビスケット類、チョコレート類、チョコレート利用食品、ローヤルゼリー、チューインガム
◆酒類（7）
　ビール、輸入ビール、ウイスキー、輸入ウイスキー、泡盛、単式蒸留しょうちゅう

　公正競争規約は、上記の定められた食品の表示に関するルールで、不当な表示を効果的に規制するために、業界自らが積極的に守るべきルールを定め、事業者間で不当な広告表示がエスカレートし、広がっていくことのないようにするための制度である。
　公正競争規約は自主ルールで、直接的にはその公正競争規約に参加する事業者を拘束するもので、参加事業者はルールを遵守する義務を負い、違反した場合は公正競争規約の運用団体から措置をとられることになる。一方、公正競争規約に参加していない事業者が規約に従わない表示を行っていた場合は、公正競争規約違反の措置ではなく、景品表示法の不当表示に該当する場合に景品表示法違反としての措置がとられることになる。アウトサイダーだからといって、免除されるわけではない。
　いったん規約を定めたら、表示規約で定められたルールが広がるこ

とになり、そのルールと異なる表示は優良誤認・有利誤認が生じることになる。公正競争規約のルールが一般化することによって、公正競争規約に参加しない事業者も、その規約の内容を守ることになる。

今回、メニュー表示ガイドラインでも、「岩海苔」「手打ち麺」等で公正競争規約のルールに反した表示をメニューにした場合は、景品表示法上問題になるとしている。

公正競争規約のルールは、食品ごとに不当表示を定めており、「天然」「自然」「純粋」「手造り」「手打ち」「特選」「スペシャル」等といった特定用の不当表示を禁止している。

公正競争規約で不当表示の禁止として規定されているものは、①その食品の定義、必要表示事項、特定表示事項に反する表示、②一般消費者に優良誤認、有利誤認させる恐れのある表示、③不当な原産国表示、おとり広告表示等、景品表示法第4条第1項第3号による告示に該当する不当表示、④他の事業者の商品や役務を中傷・誹謗する表示等である。

また公正マークは公正競争規約に則って適切な表示がなされている商品に表示されるマークである。食品ごとに、「消費者が安心して商品を選択するための指標」として機能することを目指す。例えば牛乳などに付けられる公正マークは、公正という字をまるで囲んだもので、消費者にとってはおなじみである。

食品ごとに定められている公正競争規約の表示禁止事項を参考にしながら、メニュー表示に安易に優良誤認・有利誤認表示が使われることがないよう留意することが求められる。

## 10 国税庁による酒の表示

酒に記されている表示は加工食品の表示とは異なり、一括表示(名称、原材料名、内容量、賞味期限などの詳細)はなく、バラバラに表示されている。酒類の表示は、国税庁が管轄する「酒税の保全および酒類業組合等に関する法律」で、種類に応じて義務表示項目が定めら

## 第5章　食品表示の他法令を知っておく

れている。

　酒は種類やアルコール分に応じて税金（酒税）がかかり、国税庁がその原材料や製法で分類して税率を定めていることから、その分類によって税率の区分にかかわる表示もある。ここで酒の種類は、発泡性酒類（ビール、発泡酒など）、醸造酒類（清酒、果実酒など）、蒸留酒類（焼酎、ウィスキーなど）、混成酒類（合成清酒、みりんなど）がある。これらの製品に共通して表示されているのは①製造者の氏名又は名称、②製造所の所在地、③容量、④品目（ビール、発泡酒、清酒、果実酒など）、⑤アルコール分の5項目で、その他種類に応じて義務表示が加わる。また国税庁の法律に加えて、食品衛生法や景品表示法の「公正競争規約」などの法律でも、お酒の種類ごとに表示のルールを定めている。メニュー表示では、発泡酒なのにビールと表示するなど、品目を偽って表示をすることは優良誤認につながる。

　日本酒は、お酒の中でも最も表示項目が細かく定められていて、清酒ならではの規格「特定名称」があり、原材料や精米歩合によって吟醸酒、大吟醸酒、純米酒、純米吟醸酒、純米大吟醸酒、特別純米酒、本醸造、特別本醸造の8種類に分類され表示されている。分類によって価格も大きく異なり、消費者が受ける印象も異なるので、こちらも優良誤認とならないように留意が必要である。

　また、酒は産地の情報も重要である。ワインのボルドー、シャンパンのようにその地方で作られたものが品質、価格に大きく影響するものがあり、国際的基準が決められているものもある。国税庁でも「地理的表示に関する表示基準」を定め、例えば国内産の蒸留酒やワインに「ボルドー」「ボルドー風」「コニャック」「コニャック風」などの表示を禁止している。また焼酎も「薩摩」「壱岐」等の産地を表示する地理的表示の基準を定めており、産地の情報はメニュー表示において間違って表示すると、消費者を誤認させることになる。

　2015年6月までに消費者庁の新しい法律［食品表示法］が施行されるが、酒類の表示は現状のまま引き継がれることになっている。［食品表示法］では、すべての加工食品で原則、栄養表示が義務化される

が、酒類は免除されている。また、アレルギー表示に関する表示も義務付けられていないことにも留意が必要である。

## 11 食品表示の法律が一元化されるまで

　2015年6月までに新しい法律「食品表示法」が施行され、縦割りだった食品表示の法律が一元化されることになる。

　食品表示法ができるまでには、長い時間がかかった。現在の食品表示の法律は、戦後間もなくできた食品衛生法やJAS法などで規定され、1962年には、にせ牛缶事件をきっかけに景品表示法も制定された。それぞれの目的、時代に応じて各省庁で表示制度が定められてきた。1996年に公開された「スーパーの女」という邦画では、輸入牛肉を「和牛」と偽って販売するシーンがあるがこの頃から消費者の食に対する意識は大きく変わってきた。2000年前後から消費者の食の安全に関する関心が高まり、それにつれて、遺伝子組み換え食品、アレルギー、原産地表示など、義務表示項目が増えることになった。こうして食品表示は、時代に応じて世論、技術の進展、国際化などから、継ぎ足しされて複雑になっている。

　法律が変わって義務表示項目が増えると、事業者によってはすぐに対応ができず、遅れるところもでてくる。表示の間違いが指摘されて、自主回収などが増えて社会の注目も浴びるようになった。特に生鮮食品の原産地表示、加工食品の原料原産地表示が義務付けられるようになると、違反が目立つようになった。故意に表示をごまかす「偽装表示」という言葉がクローズアップされたのも、2000年に入ってからである。JAS法の監視執行を担う食品表示Gメンが取り締まりを強化し、次々と偽装表示が明らかになったのもこの頃からである。2013年は米の原産地を偽る大規模な偽装表示事件が起こり、未だに後を絶たない状況だ。

　このように時代とともに、食品表示を取り巻く環境は変わったが、消費者団体は分かりづらい食品表示の法律を1つにしてほしいと要望

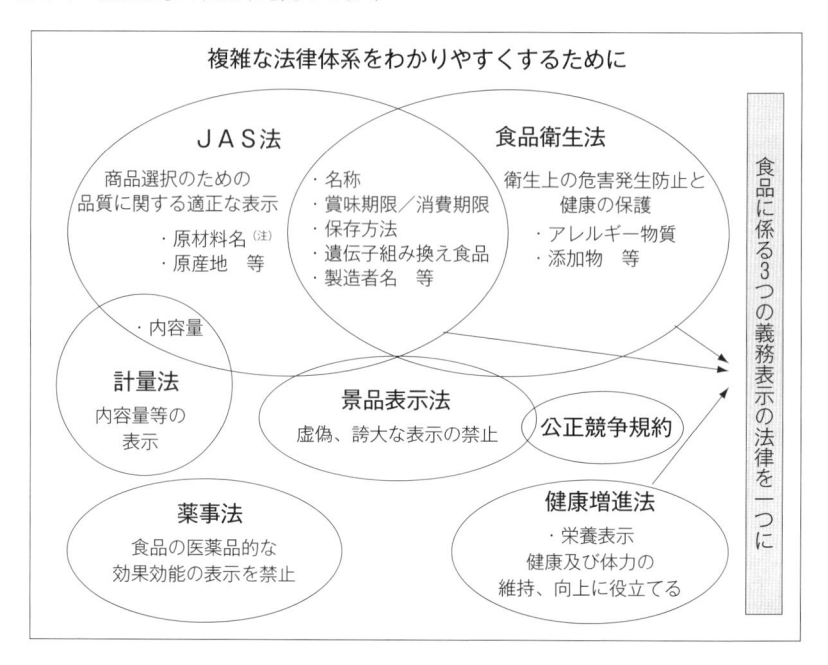

## 複雑な法律体系をわかりやすくするために

**JAS法**
商品選択のための品質に関する適正な表示
・原材料名（注）
・原産地　等

・名称
・賞味期限／消費期限
・保存方法
・遺伝子組み換え食品
・製造者名　等

**食品衛生法**
衛生上の危害発生防止と健康の保護
・アレルギー物質
・添加物　等

・内容量

**計量法**
内容量等の表示

**景品表示法**
虚偽、誇大な表示の禁止

**公正競争規約**

**薬事法**
食品の医薬品的な効果効能の表示を禁止

**健康増進法**
・栄養表示
健康及び体力の維持、向上に役立てる

食品に係る3つの義務表示の法律を一つに

してきた。またバラバラの法律を1つにしてほしいという声は、事業者からも寄せられるようになった。

2001年には「食品表示に関する共同会議」がスタートし、農林水産省と厚生労働省の共管で検討が行われた。消費者庁ができるまで8年間で50回近く続けられたが、それでも一元化は困難であった。その後、消費者庁ができたのが2009年、それまで足踏みをしていた一元化が一気に現実のものとなったのである。

## 12 消費者庁のもとでできた「食品表示法」

消費者庁ができる2年前の2007年、牛ひき肉に豚肉や内臓を混ぜたミートホープ事件や、「赤福」「白い恋人」の期限表示の改ざん事件など、消費者の信頼を大きく損なう事件が頻発した。また翌年、中国餃子事件や事故米事件が発生、食品分野だけでなく消費者事故なども問題となり2009年、消費者の視点から国の政策全般を監視する組織とし

**食品表示法ができるまで**

|  |  |
|---|---|
| 1947年 | 食品衛生法制定（厚生省） |
| 1948年 | 食品衛生法で一部食品につき表示すべき事項を規定 |
| 1950年 | JAS法（農林物資の規格化及び品質表示の適正化に関する法律）制定（農水省） |
| 1970年 | JAS法による品質表示基準制度を創設 |
| 1989年 | 食品衛生法により全ての食品添加物に表示義務付け |
| 1991年 | 健康増進法により特定保健用食品表示制度創設（厚労省） |
| 1995年 | 製造年月日表示から期限表示へ移行、栄養表示基準制度創設 |
| 1999年 | JAS法改正により全て飲食料品に品質表示を義務付け |
| 2001年 | 遺伝子組換え食品表示、アレルギー物質を含む食品の表示制度制定 |
| 2002年 | 健康増進法制定、「食品の表示制度に関する懇談会」取りまとめ |
| | 「食品の表示に関する共同会議」スタート（2009年9月まで45回開催） |
| 2003年 | 品質保持期限を賞味期限に統一 |
| 2005年 | 加工食品の原料原産地表示義務付け拡大（20品目） |
| 2009年 | 「食品の表示に関する共同会議」終了 |
| | 消費者庁発足、食品表示に関する法律を一元的に所掌 |
| 2010年 | 消費者基本計画閣議決定「2012年度国会提出を目指して法の一元化を」 |
| 2011年 | 消費者庁「栄養成分表示検討会」とりまとめ |
| | 消費者委員会食品表示部会「原料原産地表示拡大の進め方に関する調査会」 |
| 2012年 | 消費者庁「食品表示一元化検討会」とりまとめ |
| 2013年 | 食品表示法案が国会に提出、成立 |

←　59年にはにせ牛缶事件を受けて景品表示法が成立

←　99年前後から義務表示項目が増え偽装表示が問題に

2015年6月までに食品表示法が施行

て、消費者庁が発足した。

　消費者庁が発足した当初は、食品表示に関する法律が移管されただけであったが、2011年9月から2012年8月にかけて、消費者庁において食品表示一元化検討会が開催され、一元化に向けて検討が行われた。検討会では、現在の表示制度において、消費者が表示している事項の全てを見ている消費者は必ずしも多くはない事実も指摘している。そのうえで、より重要な表示が消費者に伝わることが大事とした。この「重要な表示」とは、食品の安全性確保に関する情報で、「アレルギー表示」「消費期限」「保存方法」が位置付けられる。ここで具体的に決まったことは、食品表示の3つの法律を1つにわかりやすくすることと、栄養表示を義務付けることだった。

　日本の食品表示制度において、栄養表示制度は先進国よりも遅れて

いる。新法が施行された5年以内、2020年頃までには原則として全ての加工食品（容器包装に入れられたもの）に、表示されることになった。

新法の施行によって、原則として義務表示の範囲は変わらない。前述したJAS法、食品衛生法の表示基準において、一元化に当たって用語が統一され、各基準が整理されて統合されることになる。

## 13 食品表示法の基本理念—消費者と事業者の両方に配慮

2013年に公布された食品表示法は、全部で23条からなる。第1条は目的、第2条は定義、第3条は基本理念、第4条は表示基準をつくること、第5条はそれを守ること、そして第6条から指示、取締り、それに従わなかったら命令できるということが盛り込まれている。また11条が適格消費者団体の差止請求権、第12条が申出制度、雑則と続く。第17条以降は罰則となる。

この中で消費者、事業者双方にとって重要なのは、第3条の基本理念である。これは、現行の食品表示に関する法律のどれにも書かれていない条文である。消費者庁は、消費者基本法を踏まえることを原則として、消費者基本法の基本理念第2条をそのまま持ってきて、ここに消費者の「権利の尊重」と「自立の支援」を盛り込んでいる。

一方で、食品表示事業者に義務付けさせる表示内容を定めるものであり、ここに「権利」という言葉を入れると、「情報の開示の徹底を求める」のが消費者の権利となり、これが行き過ぎると事業者の権利や公正な競争の確保が阻害されることにもなりかねない。

そこで基本理念には事業者にも配慮するという条文が盛り込まれることになった。これが第3条2の「小規模の食品関連事業者の事業活動に及ぼす影響に配慮」や「食品関連事業者間の公正な競争の確保に配慮」である。

このような経緯から、基本理念に「消費者のため」と「事業者への配慮」という観点が盛り込まれることになったのが、食品表示法の特

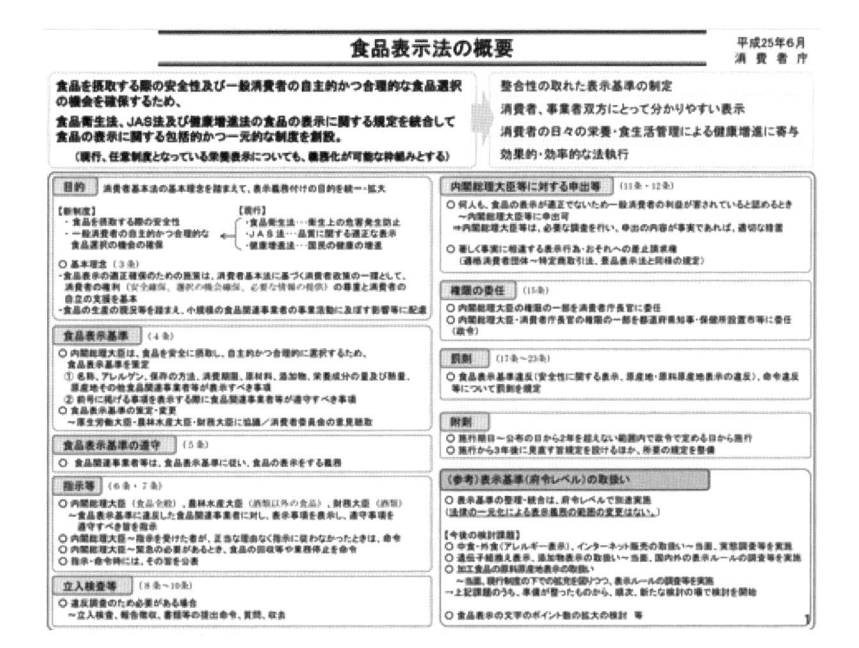

> 食品表示法の基本理念
> 第3条　販売の用に供する食品に関する表示の適正を確保するための施策は、消費者基本法（昭和43年法律第78号）第2条第1項に規定する消費者政策の一環として、消費者の安全及び自主的かつ合理的な選択の機会が確保され、並びに消費者に対し必要な情報が提供されることが消費者の権利であることを尊重するとともに、消費者が自らの利益の擁護及び増進のため自主的かつ合理的に行動することができるよう消費者の自立を支援することを基本として講ぜられなければならない。
> 2　販売の用に供する食品に関する表示の適正を確保するための施策は、食品の生産、取引又は消費の現況及び将来の見通しを踏まえ、かつ、小規模の食品関連事業者の事業活動に及ぼす影響及び食品関連事業者間の公正な競争の確保に配慮して講ぜられなければならない。

徴といえる。一般に消費者と事業者は対立するものと思われがちだが、具体的な食品表示の検討が行われる中では、わかりやすい表示を目指して双方が理解しあうことが求められる。

　食品表示法案は2013年4月5日に閣議決定された後、5月に衆議院、6月に参議院の消費者問題に関する特別委員会で審議が行われた。本会議もあわせると、国会で食品表示法案に費やされた時間は20時間弱となる。法案が可決され、食品表示法が成立した直後の記者会見で、

森雅子大臣は「長い間の課題だったがようやく、一歩進むことができる。今後は、消費者団体など関係者の意見をしっかりと取り入れ、できるだけ早く、取り組みを進めたい」と答えている。

衆参を通して様々な質問が出され、食物アレルギーについて関心が高まっていることから、この問題について多数の議員から質疑が出された。食品表示法案では、第4条の表示基準の中に食物アレルギーに関する記述が入っていなかったことから、衆議院では議員による修正案が出され、第4条の食品表示基準の中に「アレルゲン（食物アレルギーの原因となる物質をいう）」という言葉が入ることになった。

他にも食品表示法には様々な注文がつけられた。これらが附帯決議として衆議院では11個、参議院では12個が出されている。附帯決議には、法的な拘束力はないものの、今後の努力目標のような位置付けとなる。衆参の附帯決議の内容は重なっているが、意見として強く出されたのが、先送りされている加工食品の原料原産地表示のあり方、中食・外食のアレルギー表示、遺伝子組換え食品表示について検討を求めるものだった。

さらに、消費者教育の拡充や製造所固有記号についての検討、TPP交渉に当たって遺伝子組換え食品の表示について万全を期すこと、執行体制を充実強化させて問い合わせ等のワンストップ体制を早急に実現すること等が附帯決議に盛り込まれた。また、トクホ（特定保健用食品）や栄養機能食品、いわゆる健康食品について今後の表示のあり方や広告の適正化について検討を求める内容が加わっている。

食品表示法が成立した後もよりよい表示制度を目指して、消費者庁、消費者委員会の検討は続くことになる。

## 14 新しい食品表示法で変わること

2015年に施行される食品表示法。その中身の部分に当たる食品表示基準は、現行のJAS法関係52基準、食品衛生法関係6基準、健康増進法・栄養表示基準1基準をまとめて1本に統合したもので、消費者

庁が、2014年7月に基準案を公表した。その内容は、340ページに及ぶ。このうち本体は52ページ（41の条文）で、残りは別表等で構成されている。食品表示に義務付けられる規定がここに集約されたことになる。

　本体は、第1章総則、第2章加工食品、第3章生鮮食品、第4章添加物、第5章雑則となっており、第2～4章では食品区分ごとに、「一般用」「業務用」の分類に従って表示規則が整理されている。なお食品表示法の適用範囲は、第1章総則に「加工食品、生鮮食品、または添加物を販売する場合に適用する」とあり、外食など「設備を設けて飲食させる場合」には適用外で、生食用食肉の注意喚起表示のみが例外とされている。

　食品表示基準案の読み方だが、例えば一般に販売されている加工食品の場合、第2章第1節第1款「一般加工用食品」をみると、そこに表示をしなければならない項目が並んでいる。まずは（横断的義務表示）としては、「名称」「保存の方法」「消費期限」「原材料名」「添加物名」「内容量または固形量及び内容総量」「栄養成分」「食品関連事業者の氏名または名称及び住所」「製造所または加工所の所在地（輸入品にあっては、輸入業者の営業所所在地）及び製造者または加工者の氏名または名称（輸入品にあっては輸入業者の指名または名称）」がある。続いて、「アレルゲン」「遺伝子組み換え食品」「原料原産地表示」「輸入品」など、必要に応じて義務表示が定められている表示ルールがあり、その後に（個別的義務表示）（推奨表示）（任意表示）（表示の方式）（表示禁止事項）の規定が続く。

　このように横断的義務表示、個別的義務表示ごとに細則が決められおり、これまでのJAS法、食品衛生法など、あちこちでバラバラに定められていた基準が整理されたことになる。なお、新法になって、表示義務の対象範囲には大きな変更はないが、細かい点では、現行制度から変更された点がいくつもある。

第5章　食品表示の他法令を知っておく

## ●現行制度からの主な変更点

食品表示法の施行に伴い、消費者庁は現行制度を見直し、現行制度をいくつか変更して新基準案としている。以下に主な変更点と、その概要を示す。

---
現行制度からの主な変更点
1．加工食品と生鮮食品の区分の統一
2．製造所固有記号の使用に係るルールの改善
3．アレルギー表示に係るルールの改善
4．栄養成分表示の義務化
5．栄養強調表示に係るルールの改善
6．原材料名表示等に係るルールの変更
7．販売の用に供する添加物の表示に係るルールの改善
8．通知等に規定されている表示ルールのうち、基準に規定するもの
9．表示レイアウトの改善

---

1つ目「加工食品と生鮮食品の区分の統一」は、これまでJAS法と食品衛生法において異なる食品の区分を、JAS法の考え方に基づく区分に統一・整理するもの。これによって、「新たに加工食品に区分されるもの」は、軽度の撤塩、生干し、湯通し 調味料等により簡単な加工等を施したもの（例：ドライマンゴー）など。これらが「加工食品」として整理されると、新たに、アレルゲン、製造所等の所在地等の表示義務が課されることになる。

2つ目「製造所固有記号の使用に係るルールの改善」は、2013年末に起きた冷凍食品の農薬混入事件で一部のPB商品において製造所固有記号が記されていたため、製造者がアクリフーズの製品かどうかがすぐにわからなかったことから、見直しが検討されたものである。消費者庁が示した基準案では、2以上の工場で製造する商品のみに利用を可能としたもので、現行制度よりも製造所固有記号を使用できる

154

ケースがかなり限定される案が示されている。2以上、つまり複数の工場では共通の包装を用いて固有記号のみを別途記載することでコスト上のメリットが認められる。この利点のある場合のみを残して、単一の工場で製造している場合は製造所固有記号を使用不可とするのが消費者庁案である。また、製造所固有記号を使用する場合には、次のいずれかの事項を表示することがあわせて求められる。

①製造所所在地等の情報提供を求められたとき回答する者の連絡先
②製造所所在地等を表示したＨＰアドレス等
③当該製品の製造を行っている全ての製造所所在地等

なお、消費者庁の監視機能を有する消費者委員会の中の食品表示部会においては、消費者庁案で反対意見も出ており、現段階（2014年夏）では確定ではないことをおことわりしておく。消費者庁案が採用されれば、事業者が加工食品の製造委託しているケースや、単一の工場で製造している場合等、製造所固有記号が使えなくなるケースがかなり出てくることが予想される。

3つ目「アレルギー表示に係るルールの改善」は、「特定加工食品等の廃止」「表示方法（個別・一括）の見直し」が大きな変更点になる。アレルギー表示制度は、表示義務化の特定原材料は7品目、特定原材料に準ずるもの（推奨）は20品目としており、従来はこれらの替わりの表記として、「代替表記」と「特定加工食品等」を定めていた。このうち「特定加工食品」とは、アレルギー物質が含まれることが明白なときに、アレルギー物質名を表示しなくてもよいとして認められていたもので、例えばマヨネーズがその1つである。

マヨネーズは卵からできておりアレルギー物質を含むことは明確であるため、現行制度では表示に（卵を含む）とわざわざ書かなくてもよいとされてきた。しかし、最近はマヨネーズに卵が入っていることを知らず、子どもが知らないで食べてしまった事故も報告されている。このため、新法では安全性の観点から特定加工食品という考え方そのものを廃止することになった。同様に、パンやうどんも「小麦を含む」と表示することになる。また、からしマヨネーズのように、特定

加工食品の名称を含んでいる拡大表記についてもあわせて廃止され、「卵を含む」の表記が必要となる。より安全な表示へと変更されることになる。

　また、消費者の商品選択の幅を広げるため、個別表示（一つひとつの原材料にアレルゲンを表記）を原則とし、例外的に一括表示（原材料の後にまとめてアレルゲンを表記）を可能とすることになった。例えばアレルギー患者さんがお弁当などを利用する場合、個別のおかず等について、何がアレルゲンを含み、何が含まないかを確認したいとする要望があり、個別表示であればそうした要望に対応できる。

　一方で、食品によっては、一つひとつの個別表示を確認するよりも、一括表示を見る事でその食品に含まれる全てのアレルゲンを把握できるためわかりやすいという場合もあり、また表示スペースが小さい場合もある。このため、例外的に一括表示を採用することも可能である。

　また、新法では一括表示の場合に、一括表示欄に含まれる全てのアレルゲンを表示することになった。例えば、これまでは「卵」や「小麦」が原材料として表示されている場合や、「たまご」や「コムギ」が代替表記（仮名など表現方法が違うが同一とわかる場合）で表示されている場合は、重複して改めて一括表示欄に表示しなくともよかったが、新基準では、一括表示欄にも重複して「卵、小麦」と表示が必要となる。これによってアレルギー患者は見落としがなくなりわかりやすくなる。

　4つ目、5つ目の栄養表示については大きな変更であり、次項にまとめて紹介する。

　6つ目「原材料名表示等に係るルールの変更」は、これまでのJAS法の個別品質表示基準の見直しが主な内容。例えば、これまでパン類、食用植物油脂などの個別品質表示基準において、原材料の順番などの表示方法が決まっていたが、今後は他の加工食品と同様、原材料又は食品添加物を区分して、それぞれに占める重量の割合の多いものから順に表示することになる。

　7つ目、添加物を販売するような場合の表示に係るルールは、一般

消費者向けの添加物に新たなに「内容量」「表示責任者の氏名又は名称及び変更」の表示が加わり、業務用添加物でも「表示責任者の氏名又は名称及び変更」の表示が加わる。

　8つ目、通知等に規定されている表示ルールのうち、これまで食品衛生法で安全性の観点から通知とされてきた表示ルール（フグ食中毒対策の表示など）が、基準に格上げされる。

　9つ目「表示レイアウト」の改善では、「表示可能面積が30㎠以下の場合」のような小さい面積においても、安全性に関する表示事項（「名称」、「保存方法」、「消費期限又は賞味期限」、「表示責任者」及び「アレルゲン」）については、省略不可となる。これまでは省略可能とされてきた小さい包み菓子のような製品にも、これらの表示は義務化される。また、現在の原材料表示欄のあり方について見直され、最初に原材料が多いもの順、続いて食品添加物が多いもの順に表示されるが、その境目に例えば「・」「／」等を入れて、「添加物以外の原材料と添加物」の区分を明確に表示することも提案された。これまで、どこからが原材料で、どこからが食品添加物かがわからないという消費者の声が一部であり、新法で対応することになったものだ。

　以上が主な変更点となる。ほとんどの加工食品の表示は変更点に沿っての見直しが必要となり、改版が必要となる。事業者は食品表示制度の最新情報を入手し、「制度の変更を知らなかった」ということがないよう、対応が求められる。

　食品表示法が施行された後も、消費者庁のもとで検討や見直しが続けられることになる。今後は原料原産地表示の拡大や、遺伝子組換え食品表示の検討も進められる予定だ。今後の検討に当たっては、消費者ニーズはどこにあるのか、事業者側の実行可能性はどうか、コストはどうか、科学的な検証が可能か、様々な観点で議論が進めることが求められる。

第 5 章　食品表示の他法令を知っておく

●**食品表示法に違反したら**

　食品表示法は2015年に施行されるが、経過措置期間（施行後新ルールに基づく表示への移行の猶予期間）として、加工食品と添加物は現時点で未定、生鮮食品は経過措置期間はなし、栄養表示は 5 年の期間が設けられている。表示の変更に当たっては、事業者は印刷物などの準備もありすぐに準備ができるわけではない。この移行期間に新基準に対応をして改版を進めないと、移行期間後は義務表示違反となる可能性があるので事業者は留意が求められる。外食事業者でも物販などを行う場合は対応が求められる。

　食品表示法に違反したら、どうなるのか。

　一口に表示違反といっても、その内容は様々である。単純なミスで、例えば原材料欄では多い順に並べなければならないのに、順番を間違えてしまったような場合もあれば、悪質な偽装表示のように社会的な制裁が必要な場合もある。また、アレルギー表示の欠落など人の生命に関わる表示違反は、すぐに自主回収をするなどの行政措置が求められる。新法では、これまでバラバラだった行政対応を 1 つにまとめて、違反の内容に応じて、取締りのルールを定めている。罰金などの規定も違反に対してより厳しくなり、危険なものが販売される場合は回収などの規定も新たに盛り込んでいる。その流れは、図表 5 - 2 に示すように 3 本の流れがある。

　1 つ目の通常の表示基準違反の場合、例えば名称、原材料、賞味期限、保存方法、製造者などの項目で表示ルールを守らなかった場合は、行政機関から「指示」される。この場合の行政機関は、地方農政局、都道府県、保健所といった地方の行政組織や、消費者庁、農林水産省となる。この「指示」のルールは、これまでは食品衛生法に関する表示違反にはなかったが、新法施行後には、「指示」という明確なルールで統一的に取り締まられることになる。指示の場合は、その内容も公表される。

　もし、事業者が「指示」に従わない場合は、次のステップとして「命令」があり、指示に従うよう消費者庁から命令される。それでも

従わなければ、懲役または罰金刑となる。ほとんどの事業者は「指示」のステップで対応するので、懲役や罰金を伴うことはないが、名前は公表される。また、内容に応じて自主回収などの対応を行うため、企業にとっては大きなダメージとなる。

　2つ目、悪質な表示違反の場合は、直罰規定となる。例えば生鮮食品や加工食品の一部に原産地表示が義務付けられているが、この原産地をごまかすような虚偽表示は、前述した「指示」「命令」というプロセスは一切なく、いきなり罰則となるもので、これを「直罰規定」という。偽装表示が相次いだことから2008年にできたもので、個人は2年以下の懲役又は200万円以下の罰金、法人は1億円以下の罰金が適用される。例えば、韓国産のシジミを国産と偽って販売した事例では、すぐに直罰規定が適用され、社会的な制裁を受けた。

　3つ目、生命や身体に危害が及ぶような表示違反の場合。消費者庁は被害の拡大の防止のために、新法では緊急に回収命令や営業停止を

図表5-2

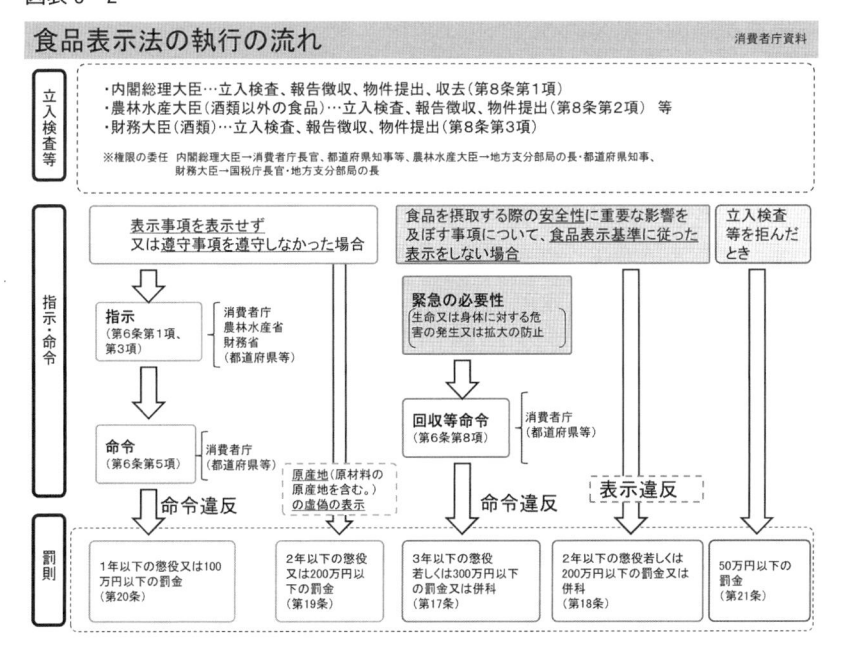

### 食品表示法の執行の流れ　　　　　　　　　　　　　消費者庁資料

**立入検査等**
- 内閣総理大臣…立入検査、報告徴収、物件提出、収去（第8条第1項）
- 農林水産大臣(酒類以外の食品)…立入検査、報告徴収、物件提出（第8条第2項）等
- 財務大臣(酒類)…立入検査、報告徴収、物件提出（第8条第3項）

※権限の委任　内閣総理大臣→消費者庁長官、都道府県知事等、農林水産大臣→地方支分部局の長・都道府県知事、財務大臣→国税庁長官・地方支分部局の長

**指示・命令**

表示事項を表示せず又は遵守事項を遵守しなかった場合
→ 指示（第6条第1項、第3項）消費者庁　農林水産省　財務省（都道府県等）
→ 命令（第6条第5項）消費者庁（都道府県等）
→ 命令違反

原産地(原材料の原産地を含む。)の虚偽の表示

食品を摂取する際の安全性に重要な影響を及ぼす事項について、食品表示基準に従った表示をしない場合
→ 緊急の必要性　生命又は身体に対する危害の発生又は拡大の防止
→ 回収等命令（第6条第8項）消費者庁（都道府県等）
→ 命令違反

表示違反

立入検査等を拒んだとき

**罰則**
- 1年以下の懲役又は100万円以下の罰金（第20条）
- 2年以下の懲役又は200万円以下の罰金（第19条）
- 3年以下の懲役若しくは300万円以下の罰金又は併科（第17条）
- 2年以下の懲役若しくは200万円以下の罰金又は併科（第18条）
- 50万円以下の罰金（第21条）

かけられるようになった。例えば、消費期限を間違えて重い食中毒が広がるような場合や、アレルギー表示違反の食品が広く出回り命に関わるような場合がこれに当たる。

　さらに法律に違反した場合の罰則も、それぞれの違反の程度に応じてルールが異なる。この中で、法人に対する最も厳しい罰金の上限額が、これまでは1億円以下から3億円以下と大きく引き上げられた。ここにも「不正な表示は許さない」という新法の姿勢がよく表れている。

　なお、食品表示に違反した場合に、これまでは法律ごとに取り締まる機関が異なっていた。食品衛生法（アレルギー表示、食品添加物、消費期限など）違反の場合は、地域の保健所の食品衛生監視員、JAS法（原材料、原産地など）違反の場合は農政局の食品Gメン、健康増進法（栄養表示基準）違反の場合は保健所の行政栄養士が、問い合わせ窓口にもなり、取締りも行っていた。消費者庁も執行を行うが、地方における出先機関を持たないため取り締まりの件数は多くはない。

　新法では取締りも一元化され、消費者庁だけでなく、これまでどおり保健所や農政局、地方自治体の窓口が、食品表示法違反の対応をすることになる。都道府県によっては、これまでバラバラだった窓口の人材交流や相談情報の一元化など、既に取組が始まっている。また、食品表示法だけでなく景品表示法もあわせて窓口を一元化しているところもあり、これからはワンストップ体制でその場で答える体制が整えられることになる。事業者は、自社の製品で表示違反の恐れのある場合は、行政窓口に届出をして内容に応じて適切な対応が求められる。

## Column 食品表示Gメンとは？

　2000年代になって偽装表示が後を絶たない中で、特に原産地を偽装する産地偽装が目立つ。そこで国は農林水産省が中心となって監視体制を強化し、現在は全国1300名の「食品表示Gメン」とよばれる食品表示特別調査官が日常的に小売店を巡回して監視している。

　ベテランの食品表示Gメンに取材をしたことがあるが、外国産を国産と偽っているかどうかは、商品の見た目だけでなく、店の裏の段ボール箱の表記や、業者に質問した時の言葉使いなどで何となくわかるという。その後、立入調査で伝票や書類をチェックし、不正の証拠を集めて摘発までもっていくのがGメンの腕の見せ所、その仕事ぶりはテレビなどでもよくとりあげられている。

　また、国民から寄せられる「食品表示110番」の通報で不正が明らかになる場合もある。このホットラインは、不審な食品表示の情報を国民から広く受け付けるもので、都道府県の全国地域センターなど全国に100か所近く窓口が設けられており、日常的に相談を受け付けている。年間で2万件以上の情報が寄せられ、中には同業者によるものや、内部告発もあり、この情報をもとに食品表示Gメンが動く。

　また、不正を判別するための科学的な検査・分析が、全国6か所の農林水産消費技術センターで行われている。例えば牛ひき肉100％と表示をしていて、豚肉を少量混ぜたような場合は、DNA分析による種の判別検査ですぐに不正がわかる。お米の品種も同様で、コシヒカリと偽って他の品種を混ぜたような場合もDNA分析でわかる。

　また、最近の中国産野菜は日本の品種と同じものが栽培されていたりして見た目では区別はつかないが、野菜に含まれる元素を分析することで原産地判別ができる技術が開発されている。センターでは定期的に市場にある商品の買い取り調査を行って、表示をチェックしている。

　こののように、食品Gメン、ホットライン、検査分析など様々なアプローチから不正表示を監視する体制が整えられており、新法ができたことで監視の守備範囲がさらに広がり、強化される。また、メニュー表示問題では、食品表示Gメンの力を借りて外食事業者のモニタリングも行われることになった。偽装を許さない取り組みはますます強化されることになる。

## 15 今後の栄養表示

　食品表示法ができて、一番大きな変更点は栄養表示の義務化である。予め包装された全ての加工食品と食品添加物について、原則として栄養成分表示が義務化される。栄養表示の義務化は中小事業者にとっては大きな負担となるため、2015年の施行後、5年間の移行期間が設けられている。

　栄養表示はこれまで健康増進法に基づく栄養表示基準で、栄養成分の含有量表示や栄養強調表示等をする場合に一定のルールが定められてきた。しかし近年、健康の保持増進を図る観点から、消費者の商品選択に資する栄養表示の重要性は増している。国際的にも、2004年に世界保健機関（WHO）が「食事、運動と健康に関する世界戦略」を提示し、2012年にはコーデックス委員会総会において、栄養表示の義務化に向けた見直しが合意され、各国でも栄養表示の義務化が進められているところである。

　日本でも消費者庁のもと、栄養成分表示検討会（2011年報告書まとめ）や食品表示一元化検討会（2012年報告書まとめ）において、栄養表示の義務化を目指して検討が行われてきた。

　また、栄養表示の義務化に向けた取組として2013年9月には、①合理的な方法に基づく表示値の設定、②低含有量の場合の誤差の許容範囲の拡大について栄養表示基準の改正を行っている。特に①は栄養成分のばらつきが大きい場合に「推定値」と表示して計算値などの根拠を示せば、表示値の±20％以内に実際の数値が収まらなくてもよいことになった。こうして栄養表示の義務化が可能な環境整備が徐々に進められている。

　新しい食品表示法では、対象成分、対象食品、対象事業者なども次のとおり定めている。

【対象成分は5成分】

　義務表示の対象成分は、現行の栄養表示基準と同じく熱量、たんぱ

く質、脂質、炭水化物、ナトリウムの5成分である。また飽和脂肪酸と食物繊維については推奨表示に位置付けられた。ビタミン類、ミネラル類（ナトリウムを除く）、トランス脂肪酸、コレステロールなどは任意表示となる。

【ナトリウムは食塩相当量に】

これまでは基本5成分の1つナトリウムで表示されてきたが、「ナトリウム量（mg）/1000×2.54=食塩相当量（g）」を知らなければ、1日にどのくらいの食塩を摂取しているのかがわからず、食生活において栄養表示を利用しづらい状況にあった。日本では、食塩相当量を用いた栄養指導が一般的に行われており、消費者にはナトリウムよりも食塩相当量の方がなじみ深い、ということもあり、今後はナトリウムの表示は、「食塩相当量」に代えることになった。

【義務表示の対象食品　生鮮食品、外食、酒類は対象外】

栄養表示の対象は、原則として予め包装された全ての加工食品と添加物で、生鮮食品や、外食などは義務ではない。また、水やスパイスのように栄養上あまり意味のない食品や、日替わり弁当のように表示が困難な食品群は下記の通り免除とされている。

・栄養の供給源としての寄与が小さいと考えられる食品
・加工食品の原材料として使用される食品（業務用加工食品）
・酒類
・小包装食品
・極短期間でレシピが変更される食品
・製造場所で直接販売される食品
・学校給食や病院給食等への販売に供する食品

【対象事業者　零細事業者は免除】

栄養表示の対象事業者は、原則として、全ての食品関連事業者を表示義務の適用対象とする一方で、食品関連事業者以外の販売者は義務

化の対象外とすること、また業務用加工食品については、表示義務を課さないこととする。さらに、零細な事業者には、表示義務を免除とする。

【栄養強調表示　相対表示の見直し】

　栄養表示基準では、栄養強調表示（「含まない旨」、「低い旨」、「高い旨」、「含む旨」）の基準値の設定方法が定められている。各成分において、数値の基準が定められており、この考え方は新基準でも維持されることになる。一方、他の食品と比べて栄養成分等の量や割合が多い（少ない）ことを表示する「相対表示」の場合、コーデックスの規定と同様に、25％以上の相対差がなければ相対表示を認めないこととした。なお、しょうゆみそなどの一部については製法上の理由から認められる。その他にも無添加強調表示の見直し（糖類無添加、食塩無添加）も規定している。

【様式】

　これまでの栄養表示基準では、①熱量、②たんぱく質、③脂質、④炭水化物、⑤ナトリウム、⑥表示しようとする栄養成分の順に記載することとしているが、新基準案でもこの順番となる。義務表示だけの場合を様式1に示す（図表5-3）。さらに詳細な項目で表示を行う場合は、内訳表示の方式（様式2）が採用された。推奨表示となる飽和脂肪酸や食物繊維を表示する場合は、内訳表示となる。例えば飽和脂肪酸は脂質に包含され、炭水化物には糖質と食物繊維が包含される。内訳表示によって、栄養成分表示の知識も消費者にも伝わることになる。

　全ての包装食品に栄養表示が行われるようになると、栄養の情報を選択の目安とする消費者が増え、法律が義務付けられていない外食にも栄養表示のニーズが高まることになる。現在でもファミリーレストランの定番メニューには、熱量と食塩相当量の表示を行っているお店も増えてきた。原材料のばらつきが大きく栄養表示の数値が±20％以

図表5-3　栄養成分表示の様式1
　　　　（義務表示事項のみ表示する場合）

| 栄養成分表示 |
|---|
| 食品単位〈100g若しくは1ml又は1食分（1食分の量を併記）、1包装その他の1単位〉 |
| 熱量　　　　　　　　　　　　kcal |
| たんぱく質　　　　　　　　　g |
| 脂質　　　　　　　　　　　　g |
| 炭水化物　　　　　　　　　　g |
| 食塩相当量　　　　　　　　　g |

※1　この様式の枠を記載することが困難な場合には、枠を省略することができる。

図表5-4　栄養成分表示の様式2
　　　　（義務表示事項に加え、任意の表示事項を記載する場合）

| 栄養成分表示 |
|---|
| 食品単位〈100g若しくは100ml又は1食分（1食分の量を併記）、1包装その他の1単位〉 |

| | |
|---|---|
| 熱量 | kcal |
| たんぱく質 | g |
| 脂質 | g |
| 　―飽和脂肪酸 | g |
| コレステロール | mg |
| 炭水化物 | g |
| 　―糖質 | g |
| 　　―糖類 | g |
| 　―食物繊維 | g |
| 食塩相当量 | g |
| （ナトリウム | g, mg） |
| その他の栄養成分（ミネラル、ビタミン） | mg, μg |

※1　表示しない栄養成分については、この様式中、当該成分を省略すること。
※2　この様式の枠を記載することが困難な場合には、枠を省略することができる。
※3　飽和脂肪酸、糖質等の前に付された「―」は内訳表示の方式の一例である

内に収まらない場合でも、計算値や分析値の根拠があれば「目安値」「推定値」としての表示も既に可能となっている。外食で栄養表示を行う場合でも、食品表示法の栄養表示のルールを参考にしながら適切な情報提供が求められる。

## 16 外食に求められるアレルゲン情報

　中食・外食のアレルゲン情報の提供については、その情報提供の重要性から2013年6月に食品表示法が国会で成立した際の附帯決議において、今後検討することが求められていた。また、2013年10月のメニュー表示問題において、消費者に十分な情報提供がされないままアレルゲンを含む成型肉を使用していた料理が提供されていたことが問題となり、今後の情報提供の在り方について早急に着手されることになった。消費者庁は2014年4月に「外食等におけるアレルゲン情報の提供の在り方検討会」を発足させ、アレルギー患者団体の要望や事業者の実行可能性についてヒアリングを行い、12月に報告書がまとまる。

　中食では、一般社団法人日本惣菜協会が「惣菜・弁当（持ち帰り）の情報提供ガイドライン」を2011年に作成しており、その中では、加工食品のアレルギー表示制度と同様、特定原材料（7品目）に特定原材料に準ずるもの（20品目）を加えた品目を情報提供することとしている（図表5-5）。また、同一施設内におけるアレルギー物質の混入する可能性が排除できない場合は、「アレルギー物質についてご不明な点がございましたら、売場販売員までおたずねください」として、店頭で対応できる旨を情報提供することとして自主的な取組が進められている。

　しかし、外食等におけるアレルゲン管理と情報提供は、以下の理由によって容易ではない。

① 　アレルゲン管理の基本は、原材料に関する規格書等によるアレルゲン情報が不可欠だが、製造現場では、日替わり弁当などに急きょ用いる原材料など、アレルゲン情報収集が間に合わない場合

図表5-5　アレルギー表示制度で対象となっている食品

| | 食品名 | 理由 | 表示の義務／推奨 |
|---|---|---|---|
| 7品目 | 卵、乳、コムギ、エビ、カニ | 発症件数が多い | 表示義務あり |
| | ソバ、ラッカセイ | 症状が重くなることが多く、生命にかかわる | |
| 20品目 | アワビ、イカ、イクラ、オレンジ、キウイフルーツ、牛肉、クルミ、サケ、サバ、ダイズ、鶏肉、バナナ、豚肉、マツタケ、モモ、ヤマイモ、リンゴ、ゼラチン※、ゴマ、カシューナッツ | 過去に一定の頻度で発症件数が報告されたもの（※ゼラチンについては、牛肉・豚肉由来であることが多く、豚肉、牛肉としての表示が必要だが、パブリックコメントで「ゼラチン」としての単独の表示を行うことへの要望が多く、専門家からの指摘も多いため） | 表示を推奨 |

消費者庁資料より作成

がある。

② 調理工程で、定められたレシピ（配合）が遵守されない場合がある。料理人によってその時の原材料に応じて目分量や感覚で調理されることも多く、その場合はアレルゲンの定量化はできない。

③ コンタミネーション（汚染）防止の観点から、チェーン店のセントラルキッチンなどで計画生産の場合は、作業工程を確立することが可能だが、その都度の注文で調理する場合は、作業工程を限定することが難しい場合もある。また、洗浄マニュアル等で対応をしても、検証不可能であり対応が難しい場合が多い。

④ 狭い厨房では調理器具や食材が接触する機会も多く、コンタミネーションの管理が困難な施設も多い。施設上問題があっても、施設の改善等の費用が必要となり対応が難しい。

⑤ 提供時の管理として従業員教育が重要となるが、その日の提供する料理ごとに変わるような場合に正確な情報を提供できるか、食の基本知識を学ぶ教育の場も必要となる。

以上のように困難な点はあるが、①②の原材料情報の規格書と配合（レシピ）が、アレルゲンの情報伝達の基本となり、そこから逸脱しないように管理することで正確な情報伝達が可能となる。規格書からアレルゲン情報を抜き出し、情報集約をしてメニューブックに反映している事例もある。こうしてまとめたアレルゲン情報は、現在でも外食事業者によってウェブサイトやレシート、掲示板の利用など様々な手法で伝達されている。

　一方で、コンタミネーションの観点からは③④のように管理が難しい点が課題として残るが、対応を進めている事業者も増えてきている。また、最終的な課題としては、⑤のように従業員教育が十分ではないと間違った情報が伝わる等、人的なエラーの要素の部分もある。これには、従業員への継続的な教育とともに、アレルギー情報の正確な伝達がいかに重要か、一人ひとりが認識してもらうしかない。間違いがあった場合は人の命に関わることにもなる。

　事業者にとって正確なアレルゲン情報を提供することの重みは、今回のメニュー表示で問題になった食材偽装とは性格が異なる。しかし、いずれも事業者が原材料情報をいかに正確に把握し管理するか重要であり、そのことが安全、安心を確保することにつながる。

　今後、検討会では、アレルゲン情報について、必要な情報提供の内容と方法、情報提供のための方策が講じられる。消費者庁のウェブサイト等をよく確認して、事業者は正確な情報を伝達できるよう対応が求められる。

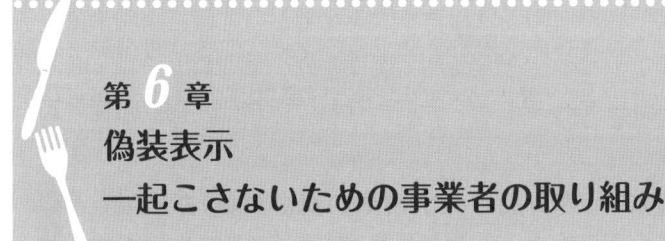

# 第6章 偽装表示
## —起こさないための事業者の取り組み

### 1 改正景品表示法の指針
—事業者が講ずべき7つの必要な措置

　改正景品表示法では事業者が講ずべき措置として第7条第2項に必要な指針を定めるとしている。これを受けて2014年8月に消費者庁は指針案「事業者が講ずべき景品類の提供及び表示の管理上の措置についての指針（案）」を公表しており、この後パブリックコメントを経て成案となり、2014年12月1日より施行される予定である。

　この指針案は、不当表示等を未然に防止するために、一般消費者向けの表示を行う事業者に必要な措置を講じることを求めるものである。なお、必要な措置と一口でいっても、事業者の規模、業態、取り扱う商品又は役務の内容等に応じて異なるため、内容に応じて必要な措置も異なる。また、事業者がそれぞれの業務内容や社内体制に応じて、必要と考える独自の措置を講じることも重要であるとしている。

　指針本文（案）の「事業者が講ずべき必要な措置の項目」は、次の7つの事項となる。

> 1　景品表示法の周知・啓発
> 　事業者は、不当表示等の防止のため、表示等に関係している役員及び従業員（*）（以下「関係従業員等」という。）に景品表示法を周知・啓発すること。
> 　なお、周知・啓発をするに当たっては、例えば、一般消費者に

とって、表示等が商品又は役務を購入するかどうかを判断する重要な要素となること、その商品又は役務について最も情報・知識を有している事業者が正しい表示を行わなければ、一般消費者の利益が損なわれるばかりか、正しい表示を行っている他の事業者の不利益にもつながることを十分理解する必要がある。

（＊）表示内容の決定に関与する者のほか、決定された表示内容に基づき一般消費者に対する表示（商品説明、セールストーク等）を行うことが想定される者を含む。

2　法令遵守の方針等の明確化

　事業者は、不当表示等の防止のため、景品表示法を含む法令遵守の方針や法令遵守のためにとるべき手順等を明確化すること。

　例えば、個人事業主のような小規模事業者においては、社内規程等を明文化しなくても法令遵守の方針等を従業員間で共有することで足りることもある。

3　表示等に関する情報の確認

　事業者は、

（1）景品類を提供しようとする場合、違法とならない景品類の価額の最高額・総額・種類・提供の方法等を、

（2）とりわけ、商品又は役務のセールスポイントを一般消費者に訴求するために、その内容等について積極的に表示を行う場合には、当該表示の根拠となる情報を確認すること。

　この「確認」がなされたといえるかどうかは、提供しようとする景品類及び表示の内容、その検証の容易性、当該事業者が払った注意の内容・方法等によって個別具体的に判断されることとなる。例えば、小売業者が商品の内容等について積極的に表示を行う場合には、直接の仕入れ先に対する確認や、商品自体の表示の確認など、事業者が当然把握し得る範囲の情報を表示の内容等に

応じて適切に確認することは通常求められるが、全ての場合について商品の流通過程を遡って調査を行うことや、商品の鑑定・検査等を行うことまでを求められるものではない。

なお、事業者の業態等に応じて、例えば、小売業のように商品を提供する段階における情報の確認のみで足りる場合や、飲食業のように、提供する料理を企画する段階、その材料を調達する段階、加工（製造）する段階及び実際に提供する段階に至るまでの複数の段階における情報の確認を組み合わせて実施することが必要となる場合があることに留意する必要がある。

4　表示等に関する情報の共有

事業者は、その規模に応じ、前記3で確認した情報を各組織部門において共有する仕組みを構築すること。

不当表示等は、企画・調達・生産・製造・加工を行う部門と実際に表示等を行う営業・広報部門等との間における情報共有が希薄であることや、複数の者による確認が行われていないこと等により発生する場合がある。このため、情報の共有を行うに当たっては、このような原因や背景を十分に踏まえた対応を行うことが重要である。

なお、個人事業主のような小規模事業者で、代表者が表示等を管理している場合には、代表者が表示等に関する情報を把握していることで足りる。

5　表示等を管理するための担当者等を定めること

事業者は、表示等に関する事項を適正に管理するため、表示等を管理する担当者又は担当部門（以下「表示等管理担当者」という。）をあらかじめ定めること。

表示等管理担当者を定めるに際しては、以下の事項を満たすこと。

（1）表示等管理担当者が自社の表示等に関して監視・監督権限を有していること（\*\*）。
（2）表示等管理担当者が複数存在する場合、それぞれの権限又は所掌が明確であること。
（3）表示等管理担当者となる者が景品表示法の研修会に参加するなど、景品表示法に関する一定の知識の習得に努めていること。
（4）表示等管理担当者を社内において周知する方法が確立していること。

　なお、仮に、景品表示法に違反する事実が認められた場合、同法に基づく勧告等の対象となるのは、あくまで事業者であり、表示等管理担当者がその対象となるものではない。

（\*\*）例えば、個人事業主のような小規模事業者で、代表者が表示等を管理している場合には、代表者をその担当者と定めることも可能である。

6　表示等の根拠となる情報を事後的に確認するために必要な措置を採ること
　事業者は、前記3で確認された表示等に関する情報を、表示等の対象となる商品又は役務が一般消費者に供給され得ると合理的に考えられる期間、事後的に確認するために資料の保管等必要な措置を採ること。

7　不当な表示等が明らかになった場合における迅速かつ適切な対応
　事業者は、景品表示法違反又はそのおそれがある事案が発生した場合、その事案に対処するため、次の措置を講じること。
（1）当該事案に係る事実関係を迅速かつ正確に確認すること。
（2）前記（1）における事実確認に即して、不当表示等による一般消費者の誤認排除を迅速かつ適正に行うこと。

> （3）再発防止に向けた措置を講じること。
> 
> 　なお、事後の対処に当たり、不当表示等を単に是正するだけでは、既に不当に誘引された一般消費者の誤認がなくなったことにはならず、景品表示法違反があった事実を一般消費者に認知させるなどの措置が求められる場合があることを理解する必要がある。

　以上の7つをつなげて読むと「景品表示法をちゃんと学び、法令遵守の手順を明確にして、表示の根拠を確認し、部門で仕組みを共有して『表示等管理担当者』を決め、根拠書類を整えて、間違えた場合はちゃんと対応する」ということになるだろう。

　また、指針（案）は、指針本文（案）と具体的事例（案）の2部構成となっている。別添に示されている具体的事例（案）については「事業者の理解を助けることを目的として示したものであり、当該事例と同じ措置ではなくても、適切な措置を講じていればよい」とされ、参考事例の位置づけである。

　具体的事例（案）の一部を紹介すると、例えば5）で事業者に「表示等管理担当者」を置いて、内容を確認することを求めているが、「商品カテゴリごとに異なる部門が表示等を策定している場合、各部門の長を表示等管理担当者と定め、部門長が表示等内容を確認すること」「チラシ等の販売促進に関する表示等については営業部門の長を表示等管理担当者と定め、商品ラベルに関する表示等については品質管理部門の長を表示等管理担当者と定め、それぞれが担当する表示等内容を確認すること」「社内資格制度を設け、表示等管理担当者となるためには、景品表示法等の表示等関連法令についての試験に合格することを要件とすること」などとかなり具体的である。

　これらは、あくまで指針であり、拘束力はない。ただし事業者がどれだけ注意をして表示を管理しているか、目安にはなるだろう。

　指針案は、正式なものとなるまで、その都度消費者庁のウェブサイト、表示対策課の食品表示等問題対策専用ページを確認して頂きたい。

http://www.caa.go.jp/representation/syokuhyou/

## 2 消費者視点に立ってコンプライアンスの確立を

　メニュー名と実際が異なる問題が明らかになり、外食のメニューは変わりつつある。メニューの上にシールを貼って「トラウトサーモン」と正確な魚種を表記したり、ステーキの表記に「インジェクション加工」等の情報開示が進められている。消費者視点に立った正確な表示が行われるようになったお店が増えていることを実感する場面が増えてきた。

　消費者は店頭やウェブサイト等で、特別なブランドの食材や有名な原産地表示の食材が表示されていれば、それは心魅かれるものである。お店に入ってもどれにしようかと迷いながら料理を選び、期待しながら料理を待ち、食材の風味を味わう。それが、メニュー名と実際が異なっていることがわかった時、その失望や裏切られた気持ちがどんなものか想像してほしい。料理のおいしさは、料理人の腕や店の雰囲気によるところが大きく、食材の差に多くの消費者は気づかないかもしれない。しかし、いったん問題が明らかになれば、消費者は信じられなくなる。

　法律が強化されたり、取り締まりが厳しくなっても、大事なことは、事業者自らが消費者の視点に立って考えること、コンプライアンスを重視する考え方を社内すみずみまで取り入れることだろう。そのうえで、表示する内容を常にチェックし、正しい情報を消費者に提供することを徹底してほしい。

　コンプライアンスとは「法令遵守」と訳されることもあるが、現在は、法律を守るだけでなく、社内基準や企業倫理、健全な慣行などを踏まえた活動を通して社会の要請に応えることと捉えられている。メニュー表示の場合は、直接の法令にあたるのは景品表示法だけだが、たとえ法律違反にならなくても、そのメニューの「正直さ」「正しさ」が今の社会の要請とも言える。

もっとシンプルに考えると、「その行為は家族に見せられるか」「その仕事は子供に説明できるか」ということだろう。例えば、お店に自分の家族が来店して料理を出すときに「国産特選和牛カレー」と表示しながら、「実は、オーストラリア産で、和牛でもないけどいいだろう」と思えるだろうか。この考え方はメニューに限らず、業務全般に通じることだろう。家族に説明できないようなことはしない、という視点をもって常に業務を振り返り行動を見直す、社内のルールを守りルールに不適合があれば指摘できる、そんな企業風土が今、外食産業には求められている。

　メニュー表示で求められるコンプライアンスは、消費者視点に立ってウソつき表示をしないということに尽きる。この視点で、「前からやってきたことだから」という習慣も見直せば、過去には見逃されてきたことも、現在では許されない行為となる。加えてIT化の進展によりSNS等で悪い噂は瞬く間に伝わる。内部告発の増加もあって、

図表6-1　偽装表示事件が与える影響について

○　問題が重大であったり、対応を誤った場合は、企業の存続に関わる。

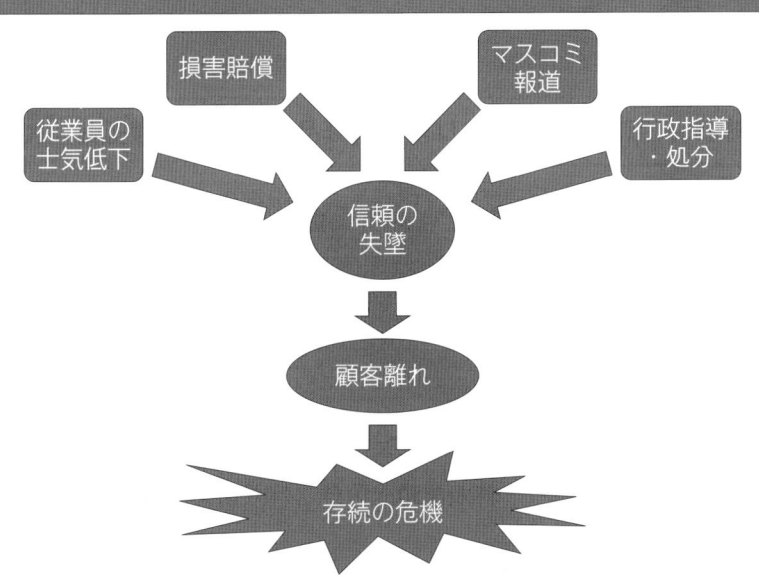

（従業員の士気低下／損害賠償／マスコミ報道／行政指導・処分　→　信頼の失墜　→　顧客離れ　→　存続の危機）

社内でのごまかしはきかない世の中になっている。こうした社会の変化に対応して、コンプライアンスは社会の要請としてますます重要視されるようになっている。

また、コンプライアンスの欠如によって、いったん問題を起こして対応を誤ると、事業者は存続の危機になるほど多大な影響を被り、従業員を路頭に迷わせることになりかねない。たかが表示一つと思われがちだが偽装表示事件の影響は、多大である（図表6-1）。

## 3 コンプライアンスを支える内部統制の重要性

いくら「コンプライアンスの徹底を」と標語を掲げても、それができるような社内の風土や社内体制が整っていなければ、問題はなかなか解決しない。

業務運営を適正に行えるようにする仕組みとして、内部統制が重要となる。内部統制とは、組織の業務を適正に確保するために体制を確保し、組織内全てのものによって遂行されるプロセスのことである。目的を達成するために、大きな権限を持つ経営者や取締役が、業務全般に監視・助言する機能をもち、責任体制を明確にしたうえで、社内ルールが守られているかを確認するため、内部監査や外部監査を実施する。

メニュー表示といった細かい業務運営にまでコンプライアンスを機能させるためには、内部統制が機能して、表示責任者（表示等管理担当者）が権限をもたされる社内体制が確立されていなくてはならない。しかし、経営者自らにコンプライアンスの意識が欠如していると、内部統制がいくら機能していても現場での正しい行動ができなくなる。コンプライアンスと内部統制が両輪となることが重要である。

従業員が「こんなメニュー表示は消費者を騙しているからできない」というケースに気付いた場合に「おかしい」と声を出して上司に伝え、それが部門を超えて共有できて、改善できるか。大きな組織では末端まで内部統制が行きわたらず、不正行為が行われることがある

かもしれない。その場合は、社内の内部告発制度（社内ホットラインなど、外部の弁護士やしかるべき部署に伝えられる仕組み）を確立しておくことも求められる。

　しかし、社内で利益優先等のもうけ主義が先行すると末端で食材偽装が起こり、それを隠そうとすると隠ぺいが起こる。業界や過去の慣習を重視して恒常的に不正が行われ、法令の知識不足も重なり不当表示が起こってきたのが今回の問題であった。

　これまで問題を起こした企業をみると、偽装を助長する企業にはいくつかのパターンがある。ワンマン企業であったり、利益追求のために手段を選ばずといったブラック体質であったりする場合もある。また、食品企業の場合は、品質管理の部署に権限を与えず、食品安全上の問題があってもそれが握りつぶされるような事例もある。この場合は、消費者に健康上の影響を与えてしまうおそれがあるため、問題はさらに深刻になる。

　農林水産省の資料によれば、食品偽装を起こすような企業の類型は6つあり、内部統制の1つでも欠けた場合は、食品偽装を助長する社内環境が形成されるとしている（図表6-2）。

　今回のメニュー表示問題で、景品表示法の措置命令を受けた㈱阪急阪神ホテルズと近畿日本鉄道㈱は中正公立な専門家による第三者委員会を設けて調査報告書を公表している。その内容をみると、やはりコンプライアンス体制の不備や形骸化、内部統制システムの構築の不備が指摘されている。そのうえで、第三者委員会として「内部統制システムの構築を通して、適切に監視できることが必要である」と会社に提言がなされている。

　ホテルは長年の顧客の信頼の積み重ねにより「看板」を掲げてサービスを提供してきた業種である。看板を汚さないように、顧客を大切にするおもてなしの心と、高い職業意識、職業倫理の構築が求められており、特に内部統制の徹底が求められてきた業種でもある。今後、従業員一人一人が正しい行動をするために、関連法令、コンプライアンス教育の充実、内部監査等の実施、内部通報制度の整備、行動規範

第6章　偽装表示―起こさないための事業者の取り組み

**図表6-2　食品偽装を起こす企業の6つの類型**

---
- ●経営者・社員の意識が改革されない
  - 社長がワンマンである
  - 内部通報の仕組みがない
  - 仕入れを考慮せずビジネスチャンスを優先する
- ●品質管理の責任部署に権限がない
  - 品質管理部門は、取引の解約、工場ラインの停止、販売の中止の権限がない
- ●記録がない
  - 内部監査や社内調査を行う気風がない
  - 文書化に消極的である
  - 社内トレサビリティのための仕組みが欠如
- ●社長直属の品質管理部署がない
  - 品質管理の専門家を育てていない
  - 表示事項のチェック機能がない
  - 社内に外部監査機能がない
- ●社内の人事配置が硬直的
  - 人事が停滞している
  - 他部門に口出しができない
- ●実態把握がおざなり、計画がうわすべり
  - 仕入れルートや調達可能数量を確認しない
  - 計画と実態のかい離を実態サイドに求める
  - 商品コンセプトを見直す社風がない

（「最近の食品偽装案件の概要と対策について・平成26年1月農林水産省表示・規格課食品表示・規格監視室資料より抜粋」）

---

の作成等が求められる。

　農林水産省では、食品業界で偽装表示等の問題が多発した2007年以降、産地や消費期限の偽装など消費者の信頼を揺るがす事案が後を絶たず社会問題になっていることを受けて、2008年に食品事業者団体向け「信頼性向上自主行動計画」を公表して周知を図っている。この中の「食品事業者の5つの基本原則の周知」が参考になるので、図表6-3で抜粋し紹介する。

　この内容は食品製造者向けだが、ホテルやレストランにおいても考え方の基本は同じであり、参考になる。

図表6-3　食品業界信頼性向上自主行動計画

> 農林水産省は食品事業者に以下の5つの基本原則と、基本原則ごとの具体的な取組方針及び具体的な行動を示し、それを参考としながら実際の取組を進めることを働きかけている。
> ●基本原則1　消費者基点の明確化
> 　消費者を基点として、消費者に対して安全で信頼される食品を提供することを基本方針とします。
> ●基本原則2　コンプライアンス意識の確立
> 　取り巻く社会環境の変化に適切に対応し、法令や社会規範を遵守し、社会倫理に沿った企業活動を進めていきます。
> ●基本原則3　適切な衛生管理・品質管理の基本
> 　安全で信頼される食品を消費者に提供するために、適切な衛生・品質管理をしていきます。
> ●基本原則4　適切な衛生管理・品質管理のための体制整備
> 　適切な衛生・品質管理を行う体制を整備し、それが形骸化しないよう改善を行っていきます。
> ●基本原則5　情報の収集・伝達・開示等の取組
> 　消費者などの信頼や満足感を確保するため、常に誠実で透明性の高い双方向のコミュニケーションを行います。
> 参考：「食品業界の信頼性向上自主行動計画」
> http://www.maff.go.jp/j/shokusan/sansin/sinrai/5gensoku.html

## 4　表示等管理担当者によるチェック体制の確立を

　2014年12月1日から施行される改正景品表示法では、事業者側にメニューなどの「表示等管理担当者」を設置するよう指針を示している。

　これは、表示の責任者を定め、文字通り適正な表示を行うために、組織における確認体制を構築し、関連法令を理解して、適正な表示を実施することが求められるものである。組織の大きさによって求められる対応は異なるが、小さな会社でも表示の担当者はおり、その場合はわざわざ設置するまでもなく、これまでの表示担当者の権限を高めることになる。

　表示の責任者は、営業サイドや調理現場の都合が優先されないよう、「信頼の要」として機能しなくてはならない。ホテルのように子会社

がいくつもあり、事業が多岐に及ぶ場合は、統制機能を向上させるために各社の表示等管理担当者を横断した表示管理委員会などを設置して高い意識を共有し、知識の収集や研修などを行うことも考えられる。表示等管理担当者のもとには顧客からのクレームや意見を集め、メニュー確認や開発にフィードバックしていく仕組みづくりも必要である。これらの情報について、一元的に表示等管理担当者が把握できるようにしておく。

　表示の確認体制については、事業規模や事業形態によって異なるが、例えば、メニュー作成時や原価率決定時、メニュー印刷発注時、食材発注時、食材検品時、メニュー変更時、食材の品切れ時等の各場面において、提供する食材とメニュー表示が適合しているか、複数の部署の担当者が多重チェックを実施する体制を整備することも重要となる。多重チェック体制にしておけば、どこかの部門で確認が不十分であっても、他の部門でチェックが可能になる。

　調理部門の独断的行為が行われた場合や、いずれかの部門でメニュー表示の適切性に関する確認が不十分であった場合でも、間違いを避けることができる。また、メニュー表示に至った検討過程を一定の範囲で文書化し、管理をすることも必要だ。ヒューマンエラーは常に起こり得るものであり、表示責任者を明確にしておけば、エラーが生じた時に短時間に発見し、回復することができる。さらに表示等管理担当者は説明責任があり、判断が一元化される。何か問題が起きたときに、しかるべき行政の窓口に相談をしたり、公表資料を作成したり、問い合わせに適切に対応することも求められる。このため、法令だけでなく品質管理体制なども熟知しておく必要もあり、専門知識が要求される。

　外食事業者自らのメニュー表示の適正化も進められており、次に概要を示す。

## 適正なメニュー表示のための自主行動計画

　外食事業者の業界団体である日本フードサービス協会では、2007年に多発した偽装表示問題を受けて、2008年6月に「外食産業の信頼性向上のための自主行動計画」を定めている。その中で、メニューの適正化のための取り組みに関連するものについて、抜粋しまとめた。基本的な考え方が網羅されており、その当時から取り組みが進められていたことがわかる。

◇納入事業者、原材料の取引先は事前調査を行い、信用のできるところを選ぶ。原材料を受け入れて使用する際には、安全性をチェックし、適切な記録や保管を行う。原材料の取引先からは規格書、検査書、証明書等を受け取り、食品衛生法等の関係法令並びに自社の規格に沿っているかどうかを、検査や書類で確認する。

◇メニュー表示が適切かどうかのチェック、また、調理方法が衛生上問題ない状態であるかの検査を行い、問題が明らかになった場合にはメニューを提供しない。

◇メニューを開発する際には、科学的・合理的な根拠に基づいて原材料の賞味期限を設定するなど、安全性を確認する手法を整備する。

◇飲食の提供の際にもメニュー等の表示が適切かチェックし、検査する体制を確立する。

◇加工品を含めた原材料の生産・加工・調達等の情報管理の体制を整備する。すなわち原材料の由来や履歴、製造工程における管理データ、食品の検査データ、仕入れ・売上伝票、商品に添付する表示ラベル等を管理するシステム及びクロスチェック（照合確認）する仕組みを整備する。

◇お客様や取引先などの声に誠実に耳を傾け、その意見や不満を把握して、的確なコミュニケーションを行っていく。また、食

> 材・メニュー情報やサービス、企業活動などお客様が必要とする情報を正確で分かりやすく提供する。なお、食材の原産地については、外食における原産地表示ガイドラインに基づき表示するように努める。
> ◇表示及び広報・宣伝活動は、関連法令や社会通念を遵守し、誤認や誤解の恐れが無い表現を用い、幅広いお客様がその情報を知ることができるように、様々な媒体を活用し、組織的な情報公開を行う。
> ◇お客様対応窓口を設け、お客様の声をプラス、マイナスの内容にかかわらず、経営者等の社内関係者にタイムリーに伝え、食品の事故防止やメニューの企画、調理プロセス等の改善に反映させる。

## 5 表示等管理担当者に求められる関連法令の理解

　表示等管理担当者がメニュー表示の法令を遵守するためには、景品表示法（第2章）を理解し、メニュー表示ガイドライン（第3章）を読み込んで、景品表示法上問題のある表記について理解を深める必要がある。また、景品表示法に限らず新しい食品表示法や、業種ごとの公正競争規約、ガイドライン等を十分に確認することが重要となる。

　今回の問題を受けて、消費者庁や地方自治体では景品表示法の勉強会や食品表示の勉強会を開催しており、無料で受講できる。例えば東京都で開催された講習会はすぐに定員オーバーになり、数回にわたって都内で実施されることになった。東京都では事業者向けのパンフレット「景品表示法の正しい知識　気を付けたいメニュー・料理等の食品表示」を作成して周知を図っている。

　景品表示法を理解するには、過去の違反事例も参考になる。第1章でも述べているが、メニュー表示に関して景品表示法が問題となったのは今回が初めてではない。例えば牛ステーキについて成型肉は何度

も問題となっている。消費者庁は2011年8月に同庁のホームページで公表している「景品表示法の表示に関するQ&A」Q53～Q56において、成型肉を用いた場合は成型肉使用等の表示が必要となる旨を示していたのにもかかわらず、ホテルや百貨店ではその内容がほとんど周知されていなかった。

　こうした細かい情報の収集、把握は、全ての従業員に求めることは現実的ではなく、各事業者におかれた表示等管理担当者が責任を担うもので、常にアンテナを高く持ち、関係法令に習熟していることが求められる。また、景品表示法は2014年12月1日に法改正が施行されることから、改正動向等についても把握しておく必要がある。

　また、ホテルグループや大規模な外食のチェーン店では、各事業所の表示等管理担当者が連携して、業界団体等から発信される情報収集を行い共有することも有効である。また、ここで得られた表示の知識や体制整備の施策を店舗のメニューに反映させることも重要である。表示を行う場合はメニュー表示ガイドラインだけでなく、原産地、規格、銘柄、品質だけでなく、第4章で照会したように特選、手づくりなど様々な用語についても予めどのような表示をするべきか、その表示の合理的根拠が必要となる。例えば原産地であれば、規格書や納品書等で納入事業者からたどれるものである必要があるし、特選等であれば原材料の品質を示す保証書などの根拠データが必要となることもある。

　表示等管理担当者が根拠データを確認する中で、優良性を示す特徴的な表示内容に根拠がないものは、メニュー表示を適切なものに修正するか、当該調理の取扱いを中止する等の是正を求める。また、一部だけにその食材を用いているが、他のものが混ざることがある場合には、併記するなどのルールを定めておくことも役割となる。

　こだわりの食材に関しても、食材ごとに国で規格を定めたもの、業界団体で自主ルールを定めたものまで様々である。巻末の資料で食材ごとの規格やルールについて参照されたい。

## 6 正しい表示のために規格書の活用

　事業者が食材の偽装のような問題を引き起こさないためには、食材に関わる合理的な根拠データの確保が重要になる。根拠データには、品質証明書、納品書など様々あるが、最近は「商品規格書」の活用が広がっている。

　商品規格書は、仕入れ食材の原材料ごとに項目を定めて、情報をデータベース化するなどして食材の管理を行うツールである。項目は各社によって異なり、製品仕様（規格、サイズ等）、保存方法、消費期限または賞味期限、栄養成分、原材料名、混合割合、原産地、アレルゲン、添加物、遺伝子組換え、微生物検査、管理工程、レシピ、強調表示関連情報など多岐にわたる。商品規格書があれば、食の安全上何か問題が起きた時でも、すぐに川上から川下にたどって原材料の情報や衛生管理についても確認できる。また、アレルゲンの情報や、メニュー表示で問題となった原産地、品種、銘柄、品質、製法などの情報を開示する際の根拠データになっている。

　商品規格書の呼称は、仕様書、原材料規格書、製品カルテ、品質規格書などが用いられることもある。様式ごとに盛り込まれた情報や書式も異なり、取引実態にあわせて購入先の要望で決定される。商品規格書は汎用システムとして、eBASE、Infomartなど民間のシステム会社によって提供されている。

　事業者によっては、こうしたシステムを活用しているところもあるが、小規模事業者では対応していないところも多い。ただし根拠データは必要となるので、仕入れ先の情報を紙でファイルして管理を行う。また大手では、自社で独自の書式でデータベースを作成するケースもある。また、同じ会社の中で商品規格書、自社書式が混在し、データベースとエクセルデータ、紙のファイルが混在しているケースもある。

　外食事業者に食材を提供する食品製造業者は、外食事業者から異なる様式で原材料等の情報が要求され、個々に対応しなければならない。現状では、データベースの処理作業の負担や更新作業の煩雑さ、必要

な情報の確認体制の構築などの問題点も指摘されている。

現在用いられている食品製造事業者の商品規格書の項目は各社によって異なるが、例えば一般的な大項目に分けて次のように整理される。内容に応じて小項目は分岐しており、小項目の設定はシステムによって異なる。

| 番号 | 大項目 | 内容 |
| --- | --- | --- |
| 1 | 属性：商品属性 | 商品名、製品コード、JANコード |
| 2 | 属性：事業者属性 | 企業名、住所、FAX |
| 3 | 製品仕様 | 規格、サイズ、包装、入数、 |
| 4 | 保存方法・使用方法 | 保存方法、消費期限、賞味期限 |
| 5 | 栄養成分表 | 100g当たり量、エネルギー、蛋白質、脂質、炭水化物、… |
| 6 | 原材料関係 | 原材料名、混合割合、産地、アレルギー、添加物、GMO（遺伝子組換え） |
| 7 | 衛生関係など検査 | 微生物検査、金属探知検査、異物混入検査 |
| 8 | 製造工程 | 管理工程など |
| 9 | 表示関係 | 一括表示、強調表示など |
| 10 | 加工保管輸送条件 | |
| 11 | その他 | |

このうち、原材料関係の項目は重要項目の1つであり、原材料名ごとに配合比、原産国・原産地、アレルゲン（特定原材料、特定原材料に準ずるもの）、遺伝子組換え、添加物名、添加物配合比などで設定されている。また栄養成分表については、エネルギーと一般成分（水分、タンパク質、脂質、炭水化物、灰分）とナトリウム（食塩相当量）で設定されていることが多く、基本的には日本食品標準成分表等の項目をそのまま使用しており、ほぼ標準化されている。

規格書に反映させる情報はおおむね200～300といわれているが、管理項目の定義が異なるなど今後は標準化が求められる。この中から事業者の規模や必要度に応じてシステムが構築されるが、外食の場合、必要項目はこのうち50～100項目程度が用いられることが多い。

## 7 メニュー作りの留意点—食材供給の変更にどう対応するか

　誤表示の原因で多く報告されたのが、食材の納入の変更に気付かず旧メニューのままで表示をしていたという事例である。メニュー開発をした際には十分な供給量を確認して、場合によっては契約栽培で量を確保するなど十分に対策を講じていたとしても、変更が生じる可能性は十分ある。今回問題となったメニューの誤表示例の中には、規格書等のITシステムを導入していたのにもかかわらず、データが更新されていない事例もみられた。特に、生鮮品については天候による影響が大きく、短い段階で変更が生じることが多いため、予め変更を想定した準備が重要である。外食チェーンでは毎日の食材の産地を掲示して対応しているところもある

　また、食材に変更が生じる際には、規格や製法が異なるために保存状態等、様々な条件も変化する。特にアレルゲン等の情報を消費者に提供する場合は変更の必要性が生じるため、事業者は納入業者に対して正確な対応を求めなくてはならない。

　そのような変更が生じることを前提として、事業者側は広報・企画部門、購買部門、品質管理部門、調理・接客部門が対応できるよう組織内の管理体制の構築が求められる。あわせて、メニュー表記、掲示物、ウェブサイト、接客対応など、消費者とのコミュニケーションのしくみを予め検討しておく必要がある。組織の規模によって異なるが大規模な外食レストランのチェーン店においては、セントラルキッチンを持っていたり、食品工場を併設しているところもある。こうしたレストランのメニュー開発では、購買、製造、納品、店舗管理、提供までプロセスが複雑であり、それぞれが距離的にも組織的にも離れている。こうした関連組織で、食材の情報を共有するためには、それなりのシステム構築が求められる。

　いずれにしても大切なことは、食材の変更が行われたときに、いかにその情報に反映してそれを社内で共有・管理できるかだろう。表示責任者は、メニューに使用する食材に関する情報（生鮮食品の場合は、

品種や原産地、栽培方法、保管・輸送方法、加工品の場合は使用原材料など)、価格、調達量、レシピ、メニュー名、顧客に提供する情報、メニューの提供食数などを管理し、その妥当性を確認する。ここでメニューに関する課題や変更する可能性、アレルゲン情報など潜在するリスクを適切に抽出し、変更が影響する各段階で解決し、対応方法を決める。

この段階において、食材の変更の要因や対応方法(手順など)を明確にしておかなければ、異なる食材が店舗に納入された場合に、現場で適切に対応ができずに誤表示の原因となる。

今回、問題となったメニュー表示に関する問題のうち、産地や飼育・栽培方法、メニュー名と加工・調理方法が実態と異なっていた事例は、この仕組みが不十分であった。変更が生じてもそれもフィードバックするしくみがなかったのである。

つまり、メニュー開発段階情報のデータベースをいくら構築していても、変更が生じることを前提として、その予測と対応方法を検討しておかなければ、変更に関する情報を必要な部門に伝達できない。調理部門も接客も知らないまま誤表示メニューの料理を提供し続けることになり、ウェブサイトも変更されず、法令違反となってしまう。変更にも柔軟に対応できるようなしくみを事前に構築しておくことで正しい表示が持続できる。

## 8 適正な表示のための内部コミュニケーション－職場、部門の壁を超えて

内部統制を重んじるホテル等で、なぜ今回のような問題が起こったのか。前述した報告書でも内部告発制度は社内的にも設けられていたが、メニュー表示についてはあまり機能していなかったとされている。

その理由の一つに挙げられるのが、厨房の閉鎖性である。料理人の世界では、シェフや板前のプライドが尊重され、外部の人間は口出しをしにくい。細かい食材やお酒の選定も含めて、おまかせされる。ま

た料理人世界は徒弟制度でもあり、その結束を乱すことは職場の規律を乱すことにもなり、他の部署は口出しをしにくいという。

　そういう閉鎖性社会のもとでは、問題提起をしたり、内部告発をしたりという発想そのものが出にくい。また、ホテルのレストランを管轄する事業部や執行部、上部機関でも、そのことは確認されることはなく放置されてきた。それよりも上部機関が関与してくるのは利益率だったという。

　長引く不況の影響で、高級レストランの客は減少し、激安メニューの外食店に人が集まる中で、料理の価格を維持するためには、いかに付加価値をつけるかしかない。もっとも簡単な方法が、メニューに高級感や希少価値を印象付けるキャッチコピーであったといえる。

　こうした不正が今後行われないためには、メニュー開発段階から組織内部の情報共有を図っておく必要があり、そのためには内部コミュニケーションが重要なポイントとなる。内部コミュニケーションが充実していれば、メニューに変更が生じた際のフィードバックがスムーズになる。組織内部の業務の役割と責任を明確にしておくことで、間違いが起こりにくい体制がとれ、多重チェック体制も確立できる。

　例えば、今回のメニュー表示問題で措置命令を受けた奈良県の旅館・三笠では、元料理長が長期にわたって料理長を務めており、支配人からのメニュー変更に関する要望を十分聞かない頑固な気質の調理担当者であり、支配人も調理部門任せの風土があったと第三者検証委員会の報告書には記されている。献立会議においてもメニュー内容に支配人らが関与することは無く、コミュニケーションが十分とられていなかったそうだ。報告書では「料理長の立場や支持は絶対的であり、料理担当者らが料理長に意見を述べたり、料理長の行為に関する問題を支配人ら他部門に通報することが許されず、料理長の誤った行為を指摘、是正することができない環境や雰囲気が残存していた」とされている。

　こうした厨房の閉鎖性を見直し、内部コミュニケーションを構築する仕組みはそれぞれだ。例えばあるホテルグループでは、各ホテルの

総支配人を長とし、総料理長（メニュー作成責任者）、運営管理部長（購買担当）、料飲部門（サービス）責任者、マーケティング部門責任者（媒体印刷、ウェブ表記）で構成する食品表示管理委員会を各ホテルに設置し、メニュー表示の管理、確認体制を整備するものとしている。

　この食品表示管理委員会の表示責任者を決め、毎月そのもとで会議を開催して、それぞれの責任者から開示されるメニューに関する情報を共有し、それらの情報に基づき表示の適法性を協議、確認するとともに、日々の食材に関するモニタリングを行う。日々のモニタリングでは、食材入荷量等のチェックも行う。その委員会の会議の内容については、グループの上部機関に報告することになる。

　食材の変更が生じた場合に、組織内の部門のどの範囲まで、どのような影響が及ぶのかを明確にしておき、必要な部門に必要な情報が伝達され、適切な対応がとられるようにしておく。

　具体的には、食材の変動が組織内の関連部門にどう影響するのか。例えば、メニューに「限定〇食　〇〇県産黒豚のステーキ」に記載された内容に対して、メインの食材である豚肉について起こり得る変更内容とメニュー表示や店舗において、顧客に適切な情報を提供するために確認する必要がある事項は多岐に及ぶ。

　まず食材の購買、直接の受入れは、購買部門が管理する。産地や豚種が変わったり、納入量や荷姿も変更され〇食分が出せない場合があるとしよう。調理現場（店舗）はその変更内容を共有し、調理方法や保管方法を変更する。また接客現場ではメニューブックやポスターのメニュー名や表示内容、調理場における作業、料理の外観、店舗におけるお客様への説明内容などの業務を確認する。このように食材の変更による影響を予め予測し、対応マニュアルを示しておくことが必要である。

　また、日頃より食材の変更に伴って影響する業務内容や顧客とのコミュニケーションへの影響について分析しておくことも重要である。急な変化に対応して、店頭従業員にも情報を共有して「本日の食材は

第6章 偽装表示―起こさないための事業者の取り組み

入荷の関係で、このメニューとは異なり〇〇を用いています」と顧客に伝えなくてはならない。メニューに大きくはさんだり、シールを張るといった店の対応も予め決めておく。

食材の変更による影響、つまり、価格とのバランスや顧客の料理の外観やイメージに対する期待とのギャップ、アレルゲンへの配慮の必要性、加熱条件など食中毒発生リスクなどを考慮し、優先順位、対応責任部門を予め検討し、手順と基準を決めておく必要がある。

実際には食材発注時、食材検品時などそれぞれの場面で、使用する食材すべてについてメニューとあっているかどうか、確認することは膨大な作業量になる。毎日、作業ができるわけではなく、このため、各部門で予め手順を明確にしておくことが現実的である。

---

〔参考事例〕〔ホテル・百貨店の取り組み〕

　ホテルの偽装表示問題を受けて、多くの関係事業者が次々とメニューの表示名が実際と異なることを公表した。今回の問題を受けて2014年11月、日本ホテル協会が調査を行ったところ、加盟する274ホテルの34%にあたる84ホテルが、不適正な表示があったと公表している。また日本百貨店協会が会員85社に対して、顧客に誤認を与える表示がないかどうか調べて報告するよう求めたところ、このうち56%の133店舗のレストランにおいて不適正な表示が確認された旨の報告があった。

　これは見方を変えれば、「何か不正の事実や法令上問題のある行為が明らかになれば、直ちに公表をする」というコンプライアンス経営の方針にのっとった一つのあらわれともいえる。

　実は百貨店業界では、これまで景品表示法の遵守を最重点項目として取り組んできた経緯がある。日本百貨店協会では「景品表示法マニュアル」という独自基準を作成し、定期的に改訂するとともに会員の担当者を対象にした研修を実施するなど、コンプライアンス意識の向上と再発防止に努めてきた。

しかし、テナントのレストランに関しては、店子との関係になり、メニュー表示の指導については専門性が高いとの理由でレストラン側に任せてきたという。今回、百貨店内のレストランで不適正な表示が多数確認されたことから、同協会では「食品等の表示適正化に関する特別委員会」を設置し、表示適正化に向けた対応策について検討して、下記のとおり、再発防止策の取り組みを行っている。

① 表示の根拠となる裏付け資料の確認
　(1) 消費者の選択に影響を与えるメニュー等の特徴的な食材や部位、著名な産地や調理人名等の付加価値や優位性を表示しているものは、その限定について客観的な根拠があるか確認するため、根拠資料の提出を求める。
　(2) 以上の確認により優良性を示す特徴的な表示内容に根拠がないものは、メニュー表示の適切なものに修正するか、当該料理の取扱いを中止する等の是正を求める。
　(3) 食材の変更などメニュー表示に関係があるものは、事前に情報を得て修正を行う。様々な理由で一時的にメニューに記載した食材を使用できなくなるときは、メニューに記載した食材を使用できないことがある旨の表示をするか、注文を取る際に口頭でその旨を伝える体制を整える。

② 管理体制の強化
　(1) 百貨店レストラン部門に食材やレシピに関する専門知識を持つ人材を増員、養成することにより食品管理体制を強化する。
　(2) メニューに関する定期的な情報交換をするとともに、食品表示に係る法規制に関する正しい知識とコンプライアンス意識を共有する。
　(3) 特徴的食材や部位等をメニューに表示しているものを中心に、年1回以上の定期的な検査を行い、表示内容に問題が無

いかを確認する。
(4) 緊張感、問題意識を持続させるため、定期的な商品検査とは別に不適正なメニュー表示の有無を抜き打ちで確認する。

　以上の取り組みは、百貨店とレストラン事業者等の双方が、消費者からの信用・信頼を取り戻すための対応であるが、コンプライアンスの視点から、個々の百貨店とレストラン事業者等が、十分な協議の上、納得・合意するなど適正な手続きが踏まれることを前提としたものである。

## ❾ 表示違反に気づいたら―初動対応を迅速かつ適切に

　上記の様々な策を講じても、表示が間違えていたらどのように対応したらいいだろうか。そのレベルによって対応は異なるが、あらかじめ表示等管理担当者が自主マニュアルを作成しておくべきだろう。

　第3章で示した景品表示法のメニュー表示ガイドラインや過去の違反事例をもとに、何が問題であり何が問題でないのか、クリアにしておく。そのうえで、どの程度の期間で何食程度を実際とは異なる内容で提供したのか、どのような手法でそれを顧客に伝えるのか確認する。次に内容に応じて消費者庁や都道府県の景品表示法の担当窓口に相談をする。その結果、指導等を受けて、公表や記者発表が必要になるケースもあるだろう。平常時より予め想定される緊急時対応を定めておくことで、無用な混乱が避けられる。

　明らかに法律違反であり、公表をすることが必要だと考えられるケースの中には、記者会見が求められる可能性もある。メニュー表示問題は社会的に大きな問題になっており、説明には特に注意が必要である。法令など専門知識の正確な説明が求められる場合は、行政の窓口や業界団体の相談窓口など、第三者機関に説明の方法を予め相談することもあり得るだろう。

　外食は一般に流通する食品の表示とは異なり、義務表示がかからず

**図表6-4　日本フードサービス協会の広報対応マニュアル**

広報対応マニュアルは、次の点に留意して作成することが望まれます。
◆誰がスポークスマンをやるかなど役割や人物を決め、必ず記録に残す。
◆社会への影響度などを判断して、迅速さと正しい情報の開示をおこなう。
◆真摯な姿勢や説明を行う。企業の利害よりもお客様の立場・視点に立った説明や措置を優先して行う。

| チェック項目 | 未着手 | 作成中 | 完了 |
|---|---|---|---|
| 危害の重要度に関わらず、日本フードサービス協会（JF）及び行政（農水省外食産業室等）への情報の共有を心がける。 | | | |
| 厚生労働省、各地域の保健所等への連絡を行う。 | | | |
| 社内で記者会見を行う前に関係者（担当者）と発表者の間で十分に打ち合わせを行い、準備を徹底させる。 | | | |
| 事前に不確かな情報が漏れないように注意する。 | | | |
| 会見の終了の目安となる時間があるならば、予め連絡の上、会見を開始する。 | | | |
| 声明は平明簡潔な言葉で発表する。間違った解釈をされないように声明文として、原則として印刷したものを渡す。 | | | |
| コメントは、お客様（消費者）に立った内容を心がける。 | | | |
| リリース記事配信後は、担当者の所在をできるだけ明らかにする。 | | | |
| 発表は迅速に行わねばならないが、事実関係がはっきりするまで、憶測で危機の原因や責任を語らないようにする。 | | | |
| 答えられない時は「ノーコメント」と言わず、「事実関係がはっきりした時に答えたい」と言う。 | | | |
| マスコミに対しては、全面的に協力する。 | | | |
| 会見時は把握した事実に基づき、できるだけ冷静に、落ち着いた対応を心掛ける。 | | | |
| 状況、因果関係、処理・処置などについて事実を率直に話す。 | | | |
| 再発防止策、今後の対策について説明する。 | | | |
| 質問記者等の会社名、所属、名前を確認する。 | | | |
| 必要に応じてスポークスマン以外の同席を検討する（弁護士など）。 | | | |

http://www.jfnet.or.jp/files/shinrai-koudo-keikaku.pdf

表示規制の外にある。マスコミや一般消費者はそのことを理解しておらず、様々な質問を寄せるはずであり、それを想定して外部への説明には十分に配慮をして説明責任を果たすことが求められる。

マスコミは企業が記者会見を行う前に、紙面の締切に間に合わせるためにもいち早く情報を得ようと企業に電話をかけてくるだろう。その時の広報担当者が記者会見の日時をはっきりと答えられないと、記者は不信感を募らせ、記者会見では厳しい展開になりがちである。

記者会見の資料を作成する場合は、専門知識がない外部から見てどうかという点からも考える必要がある。また、事実関係を示すときは根拠データが必要となるが、それも科学的または合理的なものである必要がある。また、法令等の専門知識を分かりやすい形で示さないと誤解されて報道される恐れもある。例えば問題のきっかけとなった㈱阪急阪神ホテルズの記者会見では、「鮮魚のムニエル」と表示していたが、実は冷凍魚を使っていたと謝罪した。しかし、「鮮魚」を規定する食品衛生法やJAS法のルールはなく、ただちに法令違反にはならないのに、記者会見では説明することができず、記者は誤解して報道してしまったケースがある。

このように、危機管理対応がまずくて実態以上に問題が大きく報道されることもある。日本フードサービス協会では「外食産業の信頼性向上のための自主行動計画」の中で、広報対応マニュアルを示しているので、図表6-4に示す。

## Column　ホテルが講じた再発防止策事例

今回の問題の発端となった㈱阪急阪神ホテルズは、第三者委員会に調査報告を依頼し、その報告書を受けて対応策を発表している。報告書では、問題が発生した原因・背景として、食材や食品に関わる法令等に関する知識不足や認識不足、部門間や仕入れ先の連携・品質管理等に係る社内体制の問題の他、正しい情報提供を行うことに関する意識不足や顧

客目線の低下を指摘したものである。
　報告書の中で再発防止策として、①組織体制の見直し（取締役会の監督機能の充実、内部監査・内部通報の活性化、人員の適正配置等）、②コンプライアンス教育の徹底（社内研修、規程、マニュアルの改定等）、③メニュー表示ルールに関する施策（ガイドラインの充実、適切なメニュー表示の徹底、確認体制の充実等）といった提言を行っている。
　問題を受けて同社では、新たに社長直轄の品質管理委員会を立ち上げるとともに、品質管理に関する専門部署を設けている。さらに2014年1月1日付で、品質管理に関する事項を含め、「食」や「施設」の安心・安全を統括する「食品・施設統括部」を新設し、再発防止に向けた体制を整えた。これらの組織が中心となって、再発防止に係る社内体制の構築・運用を進めており、特に、自社のメニュー表示に関するガイドラインについては、今回の問題の発覚に伴い速やかに策定し、運用を開始している。
　あわせて、メニューの作成・変更時には、部門間の連携を図り責任を明確にするため、各ホテルの総支配人と、調理部門・サービス部門・管理部門の各責任者が承認し、品質管理の専門部署が確認する体制を取っている。
　なお、これらのガイドラインやメニュー承認ルールについては、品質管理委員会の主導の下、内容を精査しさらなる充実を目指している。
　また、メニュー表示問題に関する従業員等からの通報窓口として、社内のほかに外部の弁護士の通報窓口をこの2月より開設し、仮にメニュー表示に関する問題が発生した場合でも早期に対応できる体制を整えている。また、従業員の知識向上をはかるために、メニュー表示に関する社内講習会をはじめ、社内研修等の従業員教育に取り組んでいる。
　同社は問題を真摯に受け止めて猛省するとともに、再発防止策を講じ、お客様目線に立って信頼回復に全社を挙げて取り組んでいくとしている。
　同社の報告書によれば、今回公表されたメニュー表示の間違いによって得られた利益はほとんどなく、むしろ社会的な信頼を失うという大きなダメージを被ったことになる。再発防止策に沿った信頼回復を期待したい。

## 第7章 消費者の信頼を取り戻すために

### 1 食材偽装は許さない―課徴金制度の導入が検討されている

　消費者の食の信頼を損う事件が起こる度に、様々な対策が講じられてきた。メニュー表示問題を受けて国は対策として、景品表示法の法律改正とともに、現在、課徴金制度導入の検討を進めている。

　課徴金制度の導入検討の背景には、不当な表示を事業者が行わないよう事前に抑止する具体策が求められていることがある。また、今回の問題を受けてホテルや外食店によって、対応がバラバラだったことが挙げられる。あるところは利用した消費者に全額を返金し、あるところは返金には一切応じなかった。また、消費者には返金しないが慈善活動団体に寄付をした事業者もいた。

　違反をして得た利益をどのように吐き出させるのか、―いずれにしても制度がなければ問題は繰り返される。食品表示の義務表示では、自主回収や公表などで事業者はダメージを受けるが、景品表示法でより厳しく取り締まるためには、課徴金制度を設けるべきだという議論が高まったのである。

　課徴金制度の導入を検討している内閣府の消費者委員会は、2014年2月から議論を開始し6月10日、「課徴金制度は消費者被害の防止に有効で、課徴金は必要」とする答申をまとめた。(図表7‐1)

　答申の内容は、不当表示で違反となった商品の提供などで得た売上額に一定の算定率を掛けて算出した課徴金を科すというものだ。違反を繰り返す事業者には課徴金が加算され、その一方で不当表示を自主

197

図表 7-1 不当景品類及び不当表示防止法上の不当表示規制の実効性を確保するための課徴金制度の導入等の違反行為に対する措置の在り方について（答申）【概要】

平成26年6月　消費者委員会

| 論点等 | | 答申 |
|---|---|---|
| ①制度導入の必要性 | ⇒ | ○違反行為者に経済的不利益を賦課し、違反行為に対するインセンティブを削ぐ課徴金制度を導入する必要性は高い |
| ②制度の趣旨・目的 | ⇒ | ○消費者の利益擁護のため、不当表示を事前に抑止することにある |
| ③対象事案 (1)対象行為 | ⇒ | ○優良誤認表示・有利誤認表示は、対象とすべき<br>○指定告示に係る表示は、現状において対象とする必要はない<br>○不実証広告規制に係る表示は、合理的根拠資料の提出がなければ課徴金を賦課することとした上で、被処分者がその後の訴訟において合理的根拠資料を提出して不当表示でないことを立証することにより、賦課処分について争うことができるとする手続規定を設けるべき |
| ③対象事案 (2)主観的要素 | ⇒ | ○不当表示がなされた場合には、原則として課徴金を賦課することとし、違反行為者から、不当表示を意図的に行ったものでなく、かつ、一定の注意義務を尽くしたことについて合理的な反証がなされた場合を、例外的に対象外とする |
| ③対象事案 (3)規模基準 | ⇒ | ○一定の裾切りは必要である |
| ③対象事案 (4)除斥期間 | ⇒ | ○一定の合理的期間を設けるべき |
| ④賦課金額の算定 (1)基本的な考え方 | ⇒ | ○事業者の得た不当な利得相当額を基準とし、一定の算定式により一律に算定すべき |
| ④賦課金額の算定 (2)加算措置、減算・減免措置 | ⇒ | ○加算措置については、今後の制度設計において、その必要性を検証しつつ、検討が行われるべき<br>○減算・減免措置についても、検討する価値を有する |
| ④賦課金額の算定 (3)対象期間 | ⇒ | ○一定の合理的期間に限定すべき |
| ⑤裁量性の採否 | ⇒ | ○裁量を認めるような制度設計とすべきではない |
| ⑥課徴金の賦課手続 | ⇒ | ○措置命令に係る手続と同様の手続保障を検討すべき<br>○徴収手続については、既存の課徴金制度に倣って定められるべき |
| ⑦被害回復の在り方 | ⇒ | ○消費者の被害回復を促進する仕組みを導入すべき<br>○違反行為者がとった消費者への返金等の自主的対応を勘案して、課徴金額から一定額を控除する制度を採用すべき<br>○「自主的対応」は、対象商品・役務の購入等をした消費者への返金を原則とすべき<br>○返金を補完するものとして寄附の仕組みを認めるべきであるが、寄附先や寄附金の使途については、控除制度が被害回復促進のための仕組みであること等を踏まえ、限定的に定められるべき |

http://www.cao.go.jp/consumer/iinkaikouhyou/2014/20140610_toshingaiyoukaku.pdf

申告した業者は課徴金を減免する制度の導入も検討すべきとしており、被害の再発防止や早期発見につなげるものとなっている。

また、不当表示をした事業者が加害者に代金を返せば、課徴金を減額するなどして被害回復も促すべきだとしている。これまでの課徴金制度は国庫に納入されてきたことから、より消費者被害救済の側面が強いものといえる。また、一般的な外食のように被害者が判明しない場合でも、消費者庁が認めた特定の団体に寄付をすれば、寄付金と同額を課徴金から控除される。

この答申をもとに、消費者庁は法案の骨子をつくり、関係団体に説明を行い、与党の審議を経て、2014年秋の臨時国会で景品表示法の一部を改正する法律案の提出を目指している。

現在、調整が行なわれている法律案の概要は次のとおりである（法律案は今後変更される可能性があるので、その都度消費者庁のウェブサイトで確認をして頂きたい）。

【対象行為】
　優良誤認、有利誤認、不実証広告規制が対象
【賦課金額の算定】
　対象商品又は役務の売上額に一定の率（3％）乗じて算定
　違反行為を自主申告した事業者は、課徴金額の2分の1を減額
　対象期間は違反行為がなくなった日から遡って3年間を上限
【主観的要素】
　違反行為者が自ら注意義務を尽くしていたことの証明があったときは、例外的に対象外とする
【規模基準】
　課徴金額が150万円未満は賦課しない（著者注・算定3％とすると売り上げが3年間で5千万円未満の場合となる）
【賦課手続】
　違反事業者に対する手続き保証として弁明の機会を付与

> 【排斥期間】
>   違反行為がなくなった日から5年経過したときは、課徴金納付を命じることはできない
> 【被害回復】
> ・景品表示法が消費者の利益の擁護及び増進を目的とする消費者法体系に位置づけられたことを踏まえ、消費者被害の回復を促進する観点から、事業者の自主的対応を考慮する仕組みを導入する
> ・事業者が違反行為に係る商品及び役務の購入者を特定できる場合において、適正な返金手続きを適切に履行したときは、課徴金を免除する
> ・上記の自主返金合計額が課徴金額未満の時は、その差額以上について、(独)国民生活センター又は指定助成法人に寄付したときは、課徴金を免除する

　以上が法案の骨子だが、課題も多い。

　現在は景品表示法以外でも課徴金制度はあるが、対象が限定されている。公正取引委員会がカルテルや入札談合等の独占禁止法違反行為が行われている場合に、事業者または事業者団体に国庫を納付することを命令する。不当なカルテル等を禁止するためにつくられたこの制度が、今回のメニュー表示問題のように不当表示にも導入が検討されることになったのだが、課徴金に消費者の被害回復といった民事的な視点を持ち込むべきではないといった意見も根強い。

　現在の景品表示法でも罰則が無いわけではない。措置命令が出されたら、違反行為の差し止め、再発防止措置、これらの公表などが事業者に求められる。この措置命令に従わない場合は2年以下の懲役または300万円以下の罰金が科せられるが、実際には措置を講じるため、そこまでいくケースはめったにない。

　つまり、景品表示法に違反すると社会的なダメージはあるものの、罰金まで取られることはない。事業者にとっては「ばれたらすみませ

んと謝ればいい」といった「やり得」になる制度であるとして、これまでも罰則を強化する声が消費者団体から出されてきた。消費者委員会はもっと罰則を厳しくすべきとして、課徴金制度の導入を求めるように踏み切ったのだ。

　もっとも、景品表示法の課徴金制度導入の議論は今回が初めてではない。景品表示法は2009年の消費者庁の設立に伴い、公正取引委員会から消費者庁に移管されている。この移管の前年、2008年3月に、一定の不当表示に対する課徴金制度を盛り込んだ景品表示法の改正を含む独占禁止法改正案が、国会に提出されていた。しかし、この時は消費者庁の移管が決まっていたこともあり、移管後に被害者救済制度などの総合的な検討を実施するにあたって再検討されるとして、見送られた経緯がある。

　消費者問題の専門家や消費者団体は、これまでも偽装表示などの不当表示を許さないよう、その抑止力を向上させるための制裁制度や被害者救済制度を導入するべきという要望が強かった。そして消費者庁に移管してからも、課題になっていた。そのような背景のもと、メニュー表示問題は起こったのである。

　なお、産業界は課徴金導入制度に対しては、慎重かつ十分な検討を求めている。日本経済団体連合会（経団連）では、基本的な考え方として「メニュー表示問題では各事業者はコンプライアンスを徹底して適正な表示を確実なものとし、消費者に信頼を得る事を最優先させなければならず、政府はガイドラインの周知徹底をはかるべきである。あわせて公正競争規約等の自主的なルールに従って表示を行っている限りは、景品表示法上問題とならないということを明確に確認すべきである。そのうえで課徴金制度の導入は、悪質な行為に対する最終手段として慎重に検討すべきである」としている。

　しかし、悪質な事業者が多い業界もあるのも事実である。例えば、景品表示法上の不当表示としてよく問題になるのが、いわゆる健康食品の広告である。通信販売や新聞のチラシ等でも、明らかに景品表示法上問題があるものが散見され、ガイドラインが出されても抵触する

ようなスレスレの内容の表示も目立つ。取り締まりはなかなか追いついていない。また、近年は高額な健康食品の送りつけ商法など、悪質で深刻な消費者問題となっている。

　2013年はこうした健康食品や健康機器に関して、措置命令がいくつか出されており、特に「飲むだけで痩せる」といったダイエット食品については、厳しく取り締まられるようになっている。また、他の業種でもインターネット販売や通信販売などが急増して、不当な表示は後を絶たない。課徴金制度が導入されることで、こうした悪質な事業者の抑止効果になることを期待したい。

　通常、景品表示法で措置命令が出される事業者は、調査によって不当表示が明らかになったものである。調査の端緒（きっかけ）は、関連事業者や一般消費者の情報提供、都道府県からの請求、職権探知などによる。実際に消費者庁や都道府県らの職員が試買、実地調査などにより表示物を収集し、相手方事業者から必要な報告や物件の提出を求め、事情を聴取することによって進められる。効能効果に係る不当表示事案など、違反の内容が専門的である場合は、その分野の専門家の意見を聴取したり、専門機関に依頼して分析・鑑定を行うことがある。また、有名人のコメントなどは、直接ヒアリングをすることもあるという。

　通常は、こうした調査によって措置命令を行うのだが、今回のメニュー表示の場合は全て自主申告である。また、問題を起こしたホテル事業者の報告書を読む限り、偽装表示が企業の大きな利益になっていた事例も少ない。

　それでも、社会に与えた影響はとても大きいものだった。景品表示法の50年に近い歴史の中でも、1カ月間という短い期間で数百件の自主申告は異例である。業界をあげて食材偽装を行っていたというイメージを拭うことはできず、国が景品表示法を改正し、課徴金制度の導入を検討することになったのである。

## 2 食材偽装を取り巻く社会環境

　消費者を取り巻く食の環境は、大きく変化している。グローバル化が進む中で世界各国から多種多様な食品が輸入され、日本の食糧自給率は4割を切るまでに低下している。世界中から様々な魚種が輸入され、加工技術の進展から本物とそっくりの食品も増えて、食卓には産地も作り方も多様な食品があふれている。

　例えば今回問題となった牛脂注入肉や成型肉。その加工技術は数十年前に開発され、固い赤身の肉に和牛の油を注入したり、肉以外の部位を貼り合わせたりするもので、貴重な資源をおいしく、無駄なく食べるという意味では、注目すべき技術ともいえる。

　しかし、その技術を消費者が知らなければ、ステーキと表示することは優良誤認になってしまい、説明が無ければ「騙された」ということになる。技術が複雑になるにつれて、消費者と事業者の情報量の差が大きくなり、不均衡な状態になる。一般消費者がその表示をどのように捉えるか、表示が無い場合にどう考えるか、時代に応じて変化する。

　ライフスタイルも多様化している。家族で食卓を囲む機会が減り、中食やファミリーレストラン、ファストフードなど外食が浸透し、食の外部化が急速に進んでいる。いつでも多様な食を簡単に選ぶことができる環境の中で、食に関するキャッチコピーもあふれている。多くの消費者はそのキャッチコピーの意味がわからないまま、また知識不足のまま、イメージだけで食品を選んでいるのではないだろうか。

　食の高度化、複雑化が進むにつれて、食の生産の現場と消費の現場は乖離しつつある。食品の生産から消費までの過程は複雑化し、消費者からみるとブラックボックス化して不透明になってきている。特にこの十数年、食に関わる事件や事故が相次いだこともあり、食の安全に対する信頼は損なわれてきた。

　食材偽装は直接、食の安全に関連するケースは少ないが、消費期限改ざん、アレルギー表示の欠落などは食の安全に関わり、産地偽装な

どは食の安全で問題となった産地を隠すものが多いことから、いったん問題がおこると安全上の問題と誤解されがちである。

　一方、内閣府が行った食の安全に関する様々な意識調査では、「食の安全に対して何らかの不安を感じている」者が全体の8〜9割になる。国産も輸入食品も、農場から食卓まで様々な安全確保対策が講じられているが、残念ながらその内容は消費者にはなかなか伝わらない。消費者は少しでも安心を得ようと、産地や作り方にこだわった食材を選択しようとするのである。

　こうした消費者のニーズに応えようとして、事業者は食材に様々な情報をつけて、他との差別化を図る。その競争が激化して、提供の現場で齟齬が起き、今回のような問題を引き起こしたといえる。消費者は、食材の知識も少なく、製造工程や生産現場に立ち会う機会もほとんどない。事業者と消費者の情報の質と量のギャップは大きい。あわせて法律の取り締まりが行われなかった分野でもあったことから、不正事案が簡単に起こりやすい状況にあった。

　消費者問題は、2000年代に入っては食の安全に関わる事件だけでなく、製品事故が顕在化し、インターネット取引に係るトラブルや詐欺商法など悪質な消費者問題が多発している。2004年にはかつての消費者保護基本法から消費者基本法に改正され、同法の第1条には「消費者と事業者との間の情報の質及び量ならびに交渉力の格差に鑑み…」と始まるように消費者保護の観点が重視されるようになった。国は消費者重視の観点で施策を講じるようになり、2009年に消費者庁ができてからは、特にその傾向は強まり消費者視点を取り入れることが求められるようになってきたのである。

## 3　消費者が食材偽装から身を守るために

　こうして行政による取り締まりが強化され、事業者のコンプライアンスが叫ばれながらも巧妙な食材偽装は繰り返される。食材偽装を少しでもなくすためには、行政の監視、事業者の取組とともに、「食材

偽装を許さない」という消費者の関心がカギになる。

　とはいっても、残念ながら消費者は中食や外食のメニュー表示と実際のものが異なることを見抜くのは、なかなか難しい。食材そのものを、触って、味を確かめてというステップを踏めばおかしな点に気づくかもしれない。しかし、完成した料理として出てくる場合、その良し悪しは料理人の腕や店の雰囲気によるところが大きく、消費者が食べただけで表示の不正には気付くことは困難である。

　それでも、消費者が食材の知識を身につけ、表示のルールを理解すれば不適正な表示に気付くこともあるかもしれない。食材偽装から身を守る6つのポイントを次に示す。

　1つ目は、表示の意味するところをまずは正しく知ることだ。例えば、和牛とはどんな牛を指すのか、イセエビとブラックタイガーの違いは何か、九条ねぎは品種か産地名か等々、まずは調べて知識を得る。その上でお店の人に聞いてみてはどうだろうか。もしバイトで即答できなくても、メニューやウェブサイトをみれば、産地情報や衛生管理手法などを細かく紹介しているお店もある。表示の意味するところを知り、情報を開示しているお店を選ぶことだ。

　2つ目は、食材によって、原産地や銘柄、品種を特定して入手することは難しいということを知っておくことだろう。野菜や魚などを一年中同じ産地から供給することは難しい。特に有機栽培の野菜などは契約栽培をしていても安定供給ができないこともあり、それなりに値段も高くなる。希少産地の食材であれば、よほど原価率を高くしない限りは、メニューに書きこむことすら難しい。そうしたことを知っていれば、ボードやメニューの手書きで毎日産地名が変わる取組をしているお店についても理解が進む。管理が大変だけれども、がんばっているなあと応援したい気持ちも出てくる。

　3つ目は、やたらにキャッチコピーの多いお店に注意をすること。メニュー表示に「特選」「朝採れ」「無添加」「自然」「本格」「秘伝」等々、見た目の良さそうな言葉が乱発されているケースがある。こんなお店は本当にそうなのか疑ってかかることも大事だろう。その根拠

第7章　消費者の信頼を取り戻すために

は何なのか、直接聞いてみて説明を聞けば、そのお店の姿勢が見えてくる。

　例えば、「自然」という表示。事業者がこうした表示をしてしまうのは、消費者の間で「自然」志向が強いという側面もあるが、あまりに安易に表示してあれば疑問に思う。「自然」だからといって安全かどうかは、科学的な根拠はない。こうした用語を安易に使用しているお店は、食品安全や食品表示の知識が乏しく、コンプライアンスの意識が低いのでないかと疑ってみてもいいだろう。キャッチコピーに振り回されない消費者力を身に着けることも重要だ。

　4つ目は、常識力を身に着けること。景品表示法の違反事例をみていくと「飲むだけで痩せる」等々、そんな情報を信じるほど消費者は常識がないのかと思うことがある。何でも鵜呑みにして信じないこと。それが自分の身を守ることにもつながる。

　5つ目は、適正価格を知ること。外食産業の競争が厳しくなる中で、相場よりも安い価格で料理が提供されていることがある。もちろん、大量に仕入れるから値段が安いという場合もあるが、コストをかけないことで食の衛生管理などが徹底できず、ひずみが出てくる場合もあるかもしれない。あまりに安ければ、その理由をお店に尋ねてみてはどうだろうか。例えば、高級食材である魚の「クエ」と表示して、実際は輸入深海魚の「アブラボウズ」が使われていた食材偽装の事件があったが、「クエ」の適正価格を知っていれば騙されることはないかもしれない。

　6つ目は、以上の食材の知識を得た上で、五感で味わうこと。成型肉や牛脂注入肉は、知識があれば見た目（繊維の入り方や質感）や食感で見分けることも可能だ。またエビの品種は、細かい肉片になれば区別はつきにくいが、姿形を活かした料理であれば品種の違いに気付く。フカヒレはフカヒレ風食材が存在することを知っていれば、不自然な形のものがスープに入っていれば疑ってかかるだろう。トンカツも鶏の唐揚げも、噛み切って断片をみれば、加工肉を用いている場合は容易に気付く。

以上のように、消費者が知識を得ておかしい点を見抜くスキルを身に付けることで、うそつき表示から身を守ることができる。お店に直接問うてもいいし、納得がいかなければ消費者庁や地方自治体の相談窓口に知らせていくこともできる。消費者が関心を持っていることを示すこと、こうしたアクションが不適正な表示を排除することにつながる。消費者の関心が、食材偽装を防ぐ1つの手立てになるのである。

　私自身はメニュー表示問題以前から、外食の際にはできるだけお店の人に食材や製法について聞くことにしている。嫌な顔をされることもあるが、丁寧に納得のいく答えを得られることも多い。嬉しそうに答えて頂けると、また行こうという気持ちにもなる。消費者とお店の人との対話による信頼構築も、食材偽装を防ぐ早道になるのではないだろうか。

## Column　消費者の力を借りて監視を「食品表示モニター制度」

　国はメニュー表示問題を受けて2013年末、食品表示等の適正化について発表をしており、「監視指導体制の強化」の1つの策として「食品表示モニター（仮称）」の導入を行うとしている。つまり、消費者によって、お店の不正表示を消費者庁などに報告してもらおうという制度である。

　かねてより農林水産省ではJAS法の違反を取り締まるための方策として、日常の買い物の中で消費者の視点から監視を行う「食品表示ウォッチャー制度」を実施してきた。国や都道府県に委嘱された全国のモニターが、近隣の食品小売店において数か月間モニタリングを行うもので、きちんとモニタリングができるように事前に表示制度についての研修なども受ける。

　私自身も10年以上前に食品表示ウォッチャーに応募し、近所の八百屋やスーパーを巡回して回った経験がある。当時は生鮮食品の原産地がなかったり、加工食品の原料原産地表示がなかったりと、様々な不適正表示があり地域農政局に報告書を提出した。しばらくしてその店にいくと

きちんと表示がされており、年を追うごとに表示の適正化が進んだ実感があった。
　また、農林水産省では食品表示の適正化を進めるべく、偽装表示が社会問題となった2002年からホットライン「食品表示110番」を設置し、広く国民から情報などを受けてきた。内部通報や同業者による通報の割合も多いと聞く。寄せられる情報は年間2万件程度で、2002年の開設以来、2014年までの問い合わせの累計は23万件を超す。
　消費者の報告から不正がわかる事例は多くみられ、例えば「国産もち米使用と表示しているお餅なのに、パサパサしているから調べてほしい」という問い合わせから、外国産米の使用が明らかになったこともあった。
　このように食品表示の義務表示においては、食品表示ウォッチャー制度や、食品表示110番に問い合わせるといった取組を10年以上かけて構築し、消費者の行動が表示違反を排除する仕組みにつながってきた。メニュー表示は任意表示であり、義務表示の監視に比べるとモニターは難しく、事前の研修や調査手法の工夫が必要となるだろう。結果が出るまでには時間がかかることも予想される。

## 4　事業者と消費者、もっとコミュニケーションを

　消費者は多様であり、メニュー表示から感じ取る感性もそれぞれである。それを一番知っているのは、実はそのお店で働く人たちではないだろうか。日頃からお客様に接している従業員や、フリーダイヤルなどをもつ外食店のお客様相談室では、そのお店を利用するお客様の声が一番寄せられるところである。その情報を正しく理解して分析することが重要で、そのお店のニーズは、お店の人が一番よくわかっているはずだ。
　メニュー表示ガイドラインの中で、「第3　不当な表示の禁止に関する基本的な考え方」の中に、印象に残る一文がある。
　「不当な表示にならないようにするためには、自己の供給する商品・役務の需要者と考えられる者（消費者）の立場に立って、自己の

行う広告・表示の全体から一般消費者がどのような印象・認識を持つかを考えた上で、その商品・役務の実際の内容などと比べて、顧客に誤解されないようにするということが基本となる。」

　自分のお店にきたお客様がどんなニーズがあり、それに正しく答えるために何をすればいいのか、その根底にあるのはコミュニケーションである。

　コミュニケーションの手法は様々で、口頭や電話相談はもちろん、メニュー表示の記載、テーブル上の掲示物、トレーに敷く紙ナプキン、パンフレット、ウェブサイトなどの伝達手段が考えられる。そこで食材や料理、作り方の情報を適切に伝え、お客様の期待を裏切らないように食材を管理して、きちんと提供する。そのために法令を理解して根拠データを準備し、適切なメニュー表示の取り組みを進めてほしい。

　メニュー表示は本来は楽しく、自由な表現であってよい。私自身が子どもの頃は、外食に出かけて聞いたことのないようなメニューを見るたびに、海外へのあこがれや日本の食文化、地域の特産の食材などに期待を膨らませ、世界が広がったような気持ちがしたものである。現在でも、グルメ番組やウェブサイトに膨大な情報があり、外食で特別なものを食べたいという消費者の欲求は変わることはない。

　料理を提供する側は、消費者の期待を裏切ることのないようにコンプライアンスを重視したメニュー表示と管理を行い、その取り組みを私たちに伝えてもらいたい。

# 資 料 編

(1) 食品表示に関する問い合わせ先一覧

| 法律・ガイドライン | 目　的 | 表示項目 | 窓　口 |
|---|---|---|---|
| 不当景品類及び不当表示防止法（景品表示法） | 公正な競争を確保し一般消費者の利益を保護 | 表示項目はなし。不当な表示による顧客の誘引の防止（優良誤認表示、有利誤認表示、原産国の不当表示等の禁止） | 【消費者庁・表示対策課】<br>＊事業者の方からの相談窓口<br>　03-3507-8800（内線：2364）<br>＊一般の方からの相談窓口<br>　0570-064-370（消費者ホットライン）<br>【都道府県担当窓口】<br>（例えば東京都の場合は生活文化局消費生活部取引指導課表示指導係　03-5388-3068）<br>【公正取引委員会】<br>北海道事務所取引課<br>　011-231-6300<br>東北事務所　取引課<br>　022-225-7096<br>中部事務所　取引課<br>　052-961-9423<br>近畿中国四国事務所取引課<br>　06-6941-2175<br>近畿中国四国事務所中国支所取引課<br>　082-228-1501<br>近畿中国四国事務所四国支所取引課<br>　087-834-1441<br>九州事務所取引課<br>　092-431-6031<br>内閣府沖縄総合事務局公正取引室<br>　098-866-0049 |

| | | | |
|---|---|---|---|
| 食品表示法（2013年6月成立、2015年6月までに施行） | 食品を摂取する際の安全性及び一般消費者の自主的かつ合理的な食品選択機会を確保するため、食品衛生法、JAS法及び健康増進法の食品の表示に関する規定を統合して食品の表示に関する包括的かつ一元的な制度を創設 | 名称、原材料名、添加物、原料原産地名、内容量又は固形量、内容総量、消費期限又は賞味期限、保存方法、輸入品の場合は原産国名、製造者等の所在地及び氏名又は名称、栄養成分、アレルゲン、遺伝子組換え食品、特定保健用食品等 | 【消費者庁・食品表示企画課】<br>03-3507-9225（直通）<br>【都道府県担当窓口】<br>各都道府県に問い合わせ<br>【保健所】<br>お近くの保健所に問い合わせ<br>【地方農政局・農政事務所】<br>北海道農政事務所消費・安全部表示・規格課<br>　（011-642-5490）<br>東北農政局消費・安全部表示・規格課<br>　（022-263-1111(代)）<br>関東農政局消費・安全部表示・規格課<br>　（048-600-0600(代)）<br>北陸農政局消費・安全部表示・規格課<br>　（076-263-2161(代)）<br>東海農政局消費・安全部表示・規格課<br>　（052-201-7271(代)）<br>近畿農政局消費・安全部表示・規格課<br>　（075-451-9161(代)）<br>中国四国農政局消費・安全部表示・規格課<br>　（086-224-4511(代)）<br>九州農政局消費・安全部表示・規格課<br>　（096-211-9111(代)）<br>沖縄総合事務局農林水産部消費・安全課<br>　（098-866-1672）<br>【農林水産消費安全技術センター（FAMIC）】<br>本部050（3797）1830<br>横浜事務所<br>　050（3797）2714<br>札幌センター<br>　050（3797）1758<br>仙台センター<br>　050（3797）1888<br>名古屋センター<br>　050（3797）1896<br>神戸センター<br>　050（3797）1906<br>福岡センター<br>　050（3797）1918 |

| | | | |
|---|---|---|---|
| 食品衛生法 | 飲食上に起因する危害発生の防止 | 名称、食品添加物、消費期限又は賞味期限、保存方法、製造者等の所在地及び氏名又は名称、アレルゲン、遺伝子組換え食品、特定保健用食品等 | 表示の部分は、2009年9月から消費者庁食品表示課に移管<br>【消費者庁・食品表示企画課】<br>　03-3507-9225（直通）<br>【保健所】<br>　お近くの保健所へ |
| 農林物資の規格化及び品質表示の適正化に関する法律（JAS法） | 消費者の適切な商品選択に資するための情報提供 | 名称、原材料名、原料原産地名、内容量、内容量、消費期限又は賞味期限、保存方法、輸入品の場合は原産国名、製造者等の所在地及び氏名又は名称　遺伝子組換え食品、有機食品に関する事項等　JAS規格に関する表示 | ＊表示基準については2009年9月から消費者庁食品表示課に移管<br>【地方農政局・農政事務所】<br>　食品表示法の項参照<br>【農林水産消費安全技術センター（FAMIC）】<br>　食品表示法の項参照<br>JAS規格については<br>【農林水産省・消費安全局表示・規格課】　03-3502-8111<br>一般のJAS規格　食品規格班　03-6744-2098<br>有機JAS規格は有機食品制度班　03-6744-7139<br>特定JAS規格（地鶏肉、熟成ハムなど）生産情報公表JAS規格、定温管理流通JAS規格は生産・流通行程規格班　03-6744-7139<br>林産物関係は林産物規格班　03-6744-2096<br>JAS規格の見直しについては表示・規格専門官<br>　03-6744-2098 |
| 健康増進法 | 国民の健康の保持、回復、向上、発育とともに、健康の保持増進の効果等の虚偽・誇大な表示等の禁止 | 栄養表示（栄養成分、熱量）、特別用途食品等（分類に応じて各項目が定められている） | 表示の部分は、2009年9月から消費者庁食品表示課に移管<br>【消費者庁・食品表示企画課】<br>　03-3507-9225（直通）<br>【保健所】<br>　お近くの保健所へ |

| | | | |
|---|---|---|---|
| 公正競争規約 | 景品表示法第11条の規定により、事業者団体等が表示又は景品類に関する事項について自主的に設定する業界のルール | 表示関係は67規約、食品関係は37規約、酒類関係7規約が定められている | （一社）全国公正取引協議会連合会　03-3568-2020<br>食品ごとに各公正競争規約の担当窓口へ |
| 牛の個体識別のための情報の管理及び伝達に関する特別措置法（牛トレーサビリティ制度） | BSEのまん延防止措置の的確な実施や個体識別情報の提供の促進など | 牛固体識別番号 | 【消費・安全局畜水産安全管理課】牛トレーサビリティ監視班<br>　03-6744-1525（直通） |
| 米トレーサビリティ法 | 適正な米の流通 | 業者間の取引等の記録の作成・保存と産地情報の伝達 | 【消費・安全局表示・規格課米穀流通監視室】<br>　03-6744-1703（直通） |
| 酒類の表示 | 酒類の適正な表示の確保 | 酒類の分類ごとに表示しなければならない事項が定められている | 【国税庁酒税課】<br>　03-3581-4161（代表） |
| 魚介類の名称のガイドラインについて | 魚介類の情報を伝達する際の名称を示したもの | 表示をする場合の標準和名、一般に使用される和名 | 【水産庁漁政部加工流通課企画調査班】<br>　03-3591-5612（直通） |
| 公益通報者保護法 | 国民生活の安心・安全を損なうような事業者の法令違反の発生と被害の防止を図るという観点から、公益通報（内部告発）を行った通報者に対する解雇等の不利益取扱いを禁止する | | 【消費者庁・消費者制度課】<br>　03-3507-9262（直通） |

\*一般社団法人日本フードサービス協会が、公財）食の安全・安心財団と連携して、消費者、JF会員からのメニュー表示に関する問い合わせに対応する「JFメニュー表示相談センター」03-5403-1060
http://www.jfnet.or.jp/contents/soudan/

(2) 関連サイト
【景品表示法関連】
消費者庁・景品表示法サイト
http://www.caa.go.jp/representation/index.html#m06
メニュー表示問題に関する食品表示等問題対策専用ページ
http://www.caa.go.jp/representation/syokuhyou/index.html
不当景品類及び不当表示防止法（景品表示法）
http://law.e-gov.go.jp/htmldata/S37/S37HO134.html
景品表示法等の一部改正等法案（2014年6月成立）
http://www.caa.go.jp/region/index11.html
メニュー・料理等の食品表示に係る景品表示法上の考え方について（ガイドライン）
http://www.caa.go.jp/representation/pdf/140328premiums_4.pdf
景品表示法　よくある質問コーナー（表示関係）
http://www.caa.go.jp/representation/keihyo/qa/hyoujiqa.html
ガイドライン、運用基準等
http://www.caa.go.jp/representation/index4.html
（改正景品表示法で今後成案するガイドライン「事業者が講ずべき景品類の提供及び表示の管理上の措置についての指針」も掲示される予定）

公正競争規約関連
http://www.caa.go.jp/representation/keihyo/link.html
（一社）全国公正取引協議会連合会
http://www.jfftc.org/
（食品ごとの公正競争規約文書が掲載されている）

【食品表示法】
食品表示法の概要
http://www.caa.go.jp/foods/pdf/130621_gaiyo.pdf
食品表示法（2013年6月28日公布・2015年6月施行予定）
http://law.e-gov.go.jp/announce/H25HO070.html
食品表示基準案（2014年7月公表・2015年6月施行予定）概要
http://www.caa.go.jp/foods/pdf/140801_shiryou3.pdf

資 料 編

食品表示基準案（2014年7月公表・2015年6月施行予定）本文
http://search.e-gov.go.jp/servlet/Public?CLASSNAME=PCMMSTDETAIL&id=235080024（食品表示基準案のPDFが掲載されている、なお2014年度中に成案する予定で、正式なものは消費者庁のウェブサイトで掲載される）

【JAS法】
品質表示基準一覧（2015年6月食品表示法施行まで）
http://www.caa.go.jp/jas/hyoji/kijun_Itiran.html

【食品衛生法食品衛生法第十九条第一項の規定に基づく表示の基準に関する内閣府令】
http://law.e-gov.go.jp/cgi-bin/idxselect.cgi?IDX_OPT=1&H_NAME=%90%48%95%69%89%71%90%b6&H_NAME_YOMI=%82%a0&H_NO_GENGO=H&H_NO_YEAR=&H_NO_TYPE=2&H_NO_NO=&H_FILE_NAME=H23F10001000045&H_RYAKU=1&H_CTG=1&H_YOMI_GUN=1&H_CTG_GUN=1

【食品衛生法第十九条第一項の規定に基づく乳及び乳製品並びにこれらを主要原料とする食品の表示の基準に関する内閣府令】
http://law.e-gov.go.jp/cgi-bin/idxselect.cgi?IDX_OPT=1&H_NAME=%90%48%95%69%89%71%90%b6&H_NAME_YOMI=%82%a0&H_NO_GENGO=H&H_NO_YEAR=&H_NO_TYPE=2&H_NO_NO=&H_FILE_NAME=H23F10001000046&H_RYAKU=1&H_CTG=1&H_YOMI_GUN=1&H_CTG_GUN=1

【食品表示関連通知】
http://www.caa.go.jp/foods/index10.html#m01-1

【アレルギー表示】
消費者庁・アレルギー表示に関する情報
http://www.caa.go.jp/foods/index8.html
外食等におけるアレルゲン情報の提供の在り方検討会

http://www.caa.go.jp/foods/index20.html

【栄養表示】
栄養表示基準（2015年6月食品表示法施行まで）
http://www.caa.go.jp/foods/pdf/syokuhin1098.pdf

【酒類の表示】
国税庁・酒類の表示について
https://www.nta.go.jp/shiraberu/senmonjoho/sake/hyoji/mokuji.htm

【JAS規格】
JAS規格について
http://www.maff.go.jp/j/jas/jas_kikaku/
JAS規格一覧
http://www.maff.go.jp/j/jas/jas_kikaku/kikaku_itiran.html
有機JASマーク・有機食品の検査認証制度
http://www.maff.go.jp/j/jas/jas_kikaku/yuuki.html
地鶏肉の日本農林規格
http://www.maff.go.jp/j/jas/jas_kikaku/pdf/kikaku_62_100616.pdf

【魚介類の名称のガイドラインについて】
http://www.jfa.maff.go.jp/j/kakou/hyouzi/meisyou.html
国産の生鮮魚介類の名称例
http://www.jfa.maff.go.jp/j/kakou/hyouzi/pdf/beppyou1.pdf
海外漁場魚介類及び外来種の名称例
http://www.jfa.maff.go.jp/j/kakou/hyouzi/pdf/beppyou2.pdf

【和牛など肉の表示関連】
食肉の表示に関する公正競争規約
http://www.jfftc.org/cgi-bin/data/bunsyo/022.pdf
食肉の表示に関する公正競争規約の一部変更の認定等について
http://www.caa.go.jp/representation/keihyo/kouhyou/05.2/050228.html

資料編

(3) メニュー・料理等の食品表示に係る景品表示法上の考え方について（ガイドライン）

平成26年3月28日<br>
消　費　者　庁

第1　はじめに

　景品表示法が禁止している不当な表示は、事業者が自己の供給する商品・役務の取引について、不当に顧客を誘引し、一般消費者による自主的かつ合理的な選択を阻害するおそれのある表示であり、後記第2のとおりその対象範囲は幅広い。また、景品表示法は、特定の事項の表示を義務付けて、それに反する表示を禁止するものではなく、対象とする商品・役務の範囲を限定していないため、ホテルや百貨店、レストラン等が提供するメニュー・料理等の表示は全て、同法の対象である。

　昨今、ホテルや百貨店、レストラン等が提供するメニュー・料理等の食品表示について、実際に使われていた食材と異なる表示が行われていた事例が相次ぎ、表示に対する消費者の信頼が著しく損なわれる事態が生じている。この食品表示の問題が生じて以降、業界において表示の適正化に向けた自主的な取組の動きがみられることから、消費者庁としては、こうした業界の取組を更に促進するため、この度、メニュー・料理等の食品表示に係る景品表示法上の考え方を、具体的な事例についてのＱ＆Ａを含めて分かりやすく示すこととした。

　なお、実際の表示が景品表示法に違反するかどうかについては、表示上の特定の文言等のみからだけでなく、メニュー・料理等の実際の表示全体から一般消費者が受ける印象と実際との差を個別に検討することとなる。

第2　景品表示法
1　目的

　景品表示法は、「商品及び役務の取引に関連する不当な景品類及び表示による顧客の誘引を防止するため、一般消費者による自主的かつ合理的な選択を阻害するおそれのある行為の制限及び禁止について定めることにより、一般消費者の利益を保護すること」を目的としている（景品表示法第1条）。

2　対象となる者

　景品表示法の規制の対象となる者は、商品・役務を供給する事業者である。

3 対象となる表示

　景品表示法の対象となる表示は、同法第2条第4項に規定する「表示」であり、具体的には、顧客を誘引するための手段として行う広告その他の表示であって、次に掲げるものをいう。

- 商品、容器又は包装による広告その他の表示及びこれらに添付したものによる広告その他の表示
- 見本、チラシ、パンフレット、説明書面その他これらに類似する物による広告その他の表示（ダイレクトメール、ファクシミリ等によるものを含む。）及び口頭による広告その他の表示（電話によるものを含む。）
- ポスター、看板（プラカード及び建物又は電車、自動車等に記載されたものを含む。）、ネオン・サイン、アドバルーン、その他これらに類似する物による広告及び陳列物又は実演による広告
- 新聞紙、雑誌その他の出版物、放送（有線電気通信設備又は拡声器による放送を含む。）、映写、演劇又は電光による広告
- 情報処理の用に供する機器による広告その他の表示（インターネット、パソコン通信等によるものを含む。）

　このように、事業者が商品・役務の供給の際に顧客を誘引するために利用するあらゆる表示が対象であり、容器・包装上のものだけではなく、パンフレット、説明書面、ポスター、看板、インターネットをはじめとして、対象範囲はあらゆるものに及ぶ。口頭によるものも表示に該当する。したがって、店内・店頭のメニューや料理名の表示、陳列物、説明も表示に該当し、景品表示法の対象となる。

4 不当な表示

　商品・役務の広告等に記載される品質や価格についての情報は、一般消費者が商品・役務を選択する際の重要な判断材料であり、一般消費者に正しく伝わる必要がある。

　しかし、商品・役務の品質や価格について、実際よりも著しく優良、又は有利であると誤認される表示が行われると、一般消費者の適正な商品・役務の選択が妨げられることになる。

　このため、景品表示法では、一般消費者に誤認される不当な表示を禁止している（景品表示法第4条）。

　不当な表示には、

> ① 商品・役務の品質、規格、その他の内容についての不当表示（第4条第1項第1号／優良誤認表示）[1]
> ② 商品・役務の価格その他の取引条件についての不当表示
> 　（第4条第1項第2号／有利誤認表示）[2]
> ③ 特定の商品・役務について内閣総理大臣が指定（告示）した不当表示
> 　（第4条第1項第3号／指定告示表示）

の3つがある。

　メニュー・料理等の表示に関して、景品表示法上問題となるのは、通常、自己が供給する商品・役務（料理等）について、一般消費者に対して実際のものよりも著しく優良であると示す表示、つまり、景品表示法第4条第1項第1号に規定されている「優良誤認表示」に当たる場合である。

5　優良誤認表示（景品表示法第4条第1項第1号）

(1) 商品・役務の品質、規格その他の内容（以下「商品・役務の内容」という。）について、一般消費者に対して実際のものよりも著しく優良であると示すこと、又は事実に相違して当該事業者と同種若しくは類似の商品若しくは役務を供給している他の事業者に係るものよりも著しく優良であると示すことにより、不当に顧客を誘引し、一般消費者による自主的かつ合理的な選択を阻害するおそれがあると認められる表示は、不当表示（優良誤認表示）として禁止されている。

　　なお、この際に、不当な表示を行った者の故意・過失は問わない。

(2) 景品表示法による不当表示の規制は、不当な顧客の誘引を防止し、一般消費者の適正な商品・役務の選択を確保することを目的として行われるものである。このため、「著しく優良であると示す」表示に当たるか否かは、業界の慣行や表示を行う事業者の認識により判断するのではなく、表示の受け手である一般消費者に「著しく優良」と認識されるか否か（誤認されるか否か）という観点から判断される。この際、「優良」については、商品・役務の品質等について、科学的・客観的にみて、表示されたものよりも実際のものが上回っているか否かではなく、一般消費者にとって、実際のものと異なる当該表示によって、実際のものよりも「優良」であると認識され、誘引されるか否かによって判断される。

　　また、広告・宣伝の要素を含む表示では、表示対象である商品・役務が消費者から選択されるように、ある程度の誇張がなされることもあるが、一般

消費者もある程度の誇張があることを通常認識していることから、広告・宣伝に通常含まれる程度の誇張があっても、一般消費者の適切な選択を妨げるとはいえない。しかし、この許容される限度を超えるほどに実際のもの等よりも優良であると表示すれば、一般消費者は、広告・宣伝に通常含まれる程度の誇張を割り引いて判断しても、商品・役務の内容が実際のもの等よりも優良であると誤って認識し（誤認し）、その商品・役務の選択に不当に影響を与えることとなる。このように「著しく」とは、当該表示の誇張の程度が、社会一般に許容される程度を超えて、一般消費者による商品・役務の選択に影響を与える場合をいう。

すなわち、商品・役務の内容について「実際のものよりも著しく優良であると示す」又は「事実に相違して当該事業者と同種若しくは類似の商品若しくは役務を供給している他の事業者に係るものよりも著しく優良であると示す」表示とは、一般消費者に対して、社会一般に許容される誇張の程度を超えて、商品・役務の内容が、実際のもの等よりも著しく優良であると示す表示である。このような表示が行われれば、一般消費者は、商品・役務の内容について誤認することになる。

なお、「著しく優良であると示す」表示か否かの判断に当たっては、表示上の特定の文言、図表、写真等から一般消費者が受ける印象・認識ではなく、表示内容全体から一般消費者が受ける印象・認識が基準となる。

6　違反行為に対する措置

消費者庁長官は、景品表示法違反被疑事件に対して調査を行い、違反する行為があるときは、その行為を行った事業者に対し、景品表示法第6条の規定に基づき、一般消費者に与えた誤認を排除すること、その行為の差止め、再発防止のために必要な事項などを命じること（措置命令）ができ、措置命令を行った際はその内容を公表する。

なお、措置命令を行うに当たっては、当該事業者に対し、あらかじめ、書面による弁明、証拠の提出の機会が与えられる。

また、各都道府県においても景品表示法が運用されている。都道府県知事は、景品表示法に違反する行為があると認めるときは、その行為を行った事業者に対し、景品表示法第7条の規定に基づき、行為の取りやめなどに必要な事項を指示することができる。さらに、違反者が指示に従わない場合などには、消費者庁長官に対して適当な措置を採ることを求めることができる。

資料編

第3　不当な表示の禁止に関する基本的な考え方
　表示の規制には、大別すると、一定の事項の表示を義務付ける規制と不当な表示を禁止する規制とがある。
　一定の事項の表示を義務付ける規制は、事業者の自主性に任せておくだけでは必ずしも表示されないが、消費者にとって商品・役務を選択する上で表示されるべき必要な事項（例えば、原材料、食品添加物、内容量、賞味期限、原産国など）をあらかじめ定め、一定の事業者について、一定の表示媒体にその表示を義務付けるもので、農林物資の規格化及び品質表示の適正化に関する法律（昭和25年法律第175号。以下「JAS法」という。）や、今後施行される食品表示法による表示の規制はこれに当たる。
　一定の事項の表示を義務付ける規制の場合、表示を義務付けられる事項、表示義務を遵守すべき事業者、表示すべき媒体等があらかじめ定められている。
　一方、不当な表示を禁止する規制は、事業者が顧客に商品等を訴求するために積極的に行う広告・宣伝などの表示は、原則は自由であるが、それが実際と異なり、それによって消費者に誤認を与える場合、すなわち、消費者がその表示から受けた印象・認識とは異なり、実際には、表示されているほどいいものでもお得でもなかったというような、消費者に誤認される表示を禁止するもので、前記第2で示した景品表示法による不当な表示の禁止は、これに当たる。
　不当な表示を禁止する規制の場合、表示をするかどうか、どのような表示をするかは、事業者の任意であって、消費者と事業者との間には情報の質・量等に格差が存在するところ、自己の供給する商品・役務の内容を一番よく知っているのは、まさにその商品・役務を供給する事業者であるため、事業者は、その商品・役務の実際と異ならない範囲で自由に表示をする（又は、表示をしない）ことが可能である。そして、景品表示法は、表示から受ける一般消費者の印象・認識を基準として、消費者の自主的・合理的な選択を阻害するおそれのある表示を不当な表示として禁止しているものであるから、事前に、どのような表示をすべきか、又はどのような表示をしてはいけないかを具体的・網羅的に明らかとすることはできない。このため、不当な表示にならないようにするためには、自己の供給する商品・役務の需要者と考えられる者（消費者）の立場に立って、自己の行う広告・表示の全体から一般消費者がどのような印象・認識を持つかを考えた上で、その商品・役務の実際の内容などと比べて、顧客に誤解されないようにする（顧客に誤解されるような誤った情報や大げさな情

報は伝えない)ということが基本となる。

　メニュー・料理等の表示については、事業者が任意に行うことができるものであり、上記の不当な表示を禁止する規制の観点から判断されるものであるが、できる限り、事業者の予見可能性を高めるため、本考え方を示すこととしたものである。

第4　メニュー表示に関するＱ＆Ａ
＜目次＞
　1　景品表示法の基本的な考え方に関するＱ＆Ａ（Ｑ－1）
　2　肉類に関するＱ＆Ａ（Ｑ－2からＱ－7まで）
　3　魚介類に関するＱ＆Ａ（Ｑ－8からＱ－22まで）
　4　農産物に関するＱ＆Ａ（Ｑ－23からＱ－27まで）
　5　小麦製品、乳製品、飲料に関するＱ＆Ａ（Ｑ－28からＱ－35まで）

1　景品表示法の基本的な考え方に関するＱ＆Ａ

> **Ｑ－1**
> 飲食店等において提供される料理等に関するメニューや料理名の表示について、どのような場合に景品表示法上問題となるのでしょうか。

＜説明＞
　景品表示法は、商品・役務の内容について、一般消費者に対して実際のものよりも著しく優良であると示すこと、又は事実に相違して当該事業者と同種・類似の商品・役務を供給している他の事業者に係るものよりも著しく優良であると示すことにより、不当に顧客を誘引し、一般消費者による自主的かつ合理的な選択を阻害するおそれがあると認められる表示を不当表示（優良誤認表示）として禁止しています。

　優良誤認表示に当たるか否かについては、実際のものとその表示から受ける一般消費者の印象・認識との間に差が生じて、その表示が商品・役務の内容について著しく優良であると示すものといえるか否かによって判断されます。
実際のものとその表示から受ける一般消費者の印象・認識との間に差が生じるといえるか否かは、社会常識や、用語等の一般的意味、社会的に定着している

と認められる他法令等における定義・基準・規格などを考慮し、実際のものとその表示から受ける一般消費者の印象・認識との間に差が生じる可能性が高いといえるかを個別の事案ごとに判断されます。

　その表示が商品・役務の内容について著しく優良であると示す表示といえるか否かは、特定の文言、図表、写真等それぞれから一般消費者が受ける印象・認識ではなく、表示内容全体から一般消費者が受ける印象・認識を基準として[3]、実際のものとその表示から受ける一般消費者の印象・認識との間に差が生じていることを一般消費者が知っていたら、その商品・役務に惹きつけられることは通常ないだろうと認められる程度に達する誇大表示といえるか否かによって判断されます。そして、その表示を誤認して一般消費者がその商品・役務に惹きつけられるか否かは、商品・役務の性質、一般消費者の知識水準、取引の実態、表示の方法、表示の対象となる内容などを考慮して判断されます。

　飲食店等において提供される料理等については、例えば、料理に特定の食材を使用している旨を表示する場合においても、上記のとおり、実際のものとその表示から受ける一般消費者の印象・認識との間に差が生じて、その表示が商品・役務の内容について著しく優良であると示すものといえるか否かによって判断されます。

　すなわち、当該飲食店で提供される料理において、実際には、その表示から受ける一般消費者の印象・認識と異なる食材を使用しているにもかかわらず、あたかも、当該料理に、実際のものよりも著しく優良である食材を使用しているかのように示す表示といえるか否かによって判断されることとなります。

　具体的には、
① その料理や食材に関する社会常識や、用語等の一般的意味、社会的に定着していると認められるＪＡＳ法等を含めた他法令等における定義・基準・規格などを考慮し、表示された特定の食材（Ａ）と実際に使用されている食材（Ｂ）とが異なるといえる場合において、
② その料理の性質、その料理や食材に関する一般消費者の知識水準、その料理や食材の取引の実態、メニュー等における表示の方法、表示の対象となる内容などを考慮し、表示された特定の食材（Ａ）と実際に使用されている食材（Ｂ）が異なることを一般消費者が知っていたら、その料理に惹きつけられることは通常ないであろうと認められる程度に達する誇大表示

といえるとき
には、優良誤認表示に該当することになります。
　他方、表示された特定の食材（A）と実際に使用されている食材（B）が異なることを一般消費者が知っていたとしても、その料理の選択において、その差異に通常影響されないと認められるのであれば、優良誤認表示には該当しません。
　また、メニュー等における表示が優良誤認表示に該当するか否かは、上記のとおり、メニュー等における料理名だけでなく、そのほかの文言、写真等表示媒体としてのメニュー等全体から一般消費者が受ける印象・認識を基準に判断します。この場合、その料理等が提供される飲食店等の種類や料理等の価格の高低等の事情も考慮して、一般消費者がどのような印象・認識を抱くかを個別事案ごとに判断されることとなります。

　上記のとおり、景品表示法は、特定の用語、文言等の使用を一律に義務付けたり、禁止したりするものではなく、景品表示法上問題となるか否かは、あくまで個別の事案ごと、具体的な表示ごとに判断されます。Q－2以下では、ある特定の表示ごとに、分かりやすさの観点から景品表示法上問題となり得るかを端的に回答していますが、個々の表示が景品表示法違反となるか否かは、上記の基本的な考え方に基づいて個別の事案ごと、具体的な表示ごとに判断されることになります。事業者等の方がこれから行おうとする個別の表示に関して景品表示法上問題となるか否かの判断に迷われた場合には、下記の問合せ先に御相談ください。
　また、景品表示法上問題となるか否かの判断に当たっては、過去の違反事例を参考にすることが有益であると考えられますので、Q－2以下では、参考となり得る過去の違反事例がある場合、それぞれの回答の末尾に参考違反事例を掲載しています。その他の過去の事例は、消費者庁のウェブサイトに掲載されていますので、これらも参考にしてください。

---

【問合せ先】
消費者庁表示対策課指導係　電話03-3507-8800（代表）
　本考え方の内容に関する問合せ　内線2363又は2367
　事業者等がこれから行おうとする具体的な表示に関する事前相談　内線2364

資 料 編

2　肉類に関するＱ＆Ａ

> **Q-2**
> 飲食店において、牛の成形肉（※）を焼いた料理のことを「ビーフステーキ」、「ステーキ」と表示してもよいでしょうか。
> 　※…牛の生肉、脂身、内臓等に酵素添加物や植物たん白等を加えるなどして人工的に結着し、形状を整えたもの。結着肉、圧着肉ともいわれる。
> **A**　問題となります。

＜説明＞

　料理名として「ビーフステーキ」、「ステーキ」と表示した場合、この表示に接した一般消費者は、牛の生肉の切り身を焼いた料理と認識すると考えられます[4]。

　このため、牛の成形肉を焼いた料理について、「ビーフステーキ」、「ステーキ」と表示することは、一般消費者を誤認させるおそれがあるものといえます。

　したがって、実際には、牛の成形肉を使用しているにもかかわらず、あたかも、牛の生肉の切り身を焼いた料理であるかのように示す表示は、景品表示法上問題となります。

　このため、牛の成形肉を焼いた料理を「ビーフステーキ」、「ステーキ」と表示する場合には、あわせて、例えば、「成形肉使用」、「圧着肉を使用したものです。」等と料理名の近傍又は同一視野内に明瞭に記載するなど、この料理の食材が成形肉ではない牛の生肉の切り身であると一般消費者に誤認されないような表示にする必要があります。

　そのような表示を「ビーフステーキ」、「ステーキ」との文字と同一視野にない掛け離れたところに記載したり、極端に小さい文字で記載したりするなどの場合は、牛の生肉の切り身を焼いた料理であると一般消費者が誤認するおそれがありますので、明瞭に記載したとはいえません。

　一方、「ハンバーグステーキ」など、その表示内容全体から、一般消費者が、その料理が牛の生肉の切り身を焼いた料理であると認識することはないと考えられる場合には、その料理に牛の成形肉を使用していたとしても、景品表示法上問題となるものではありません。

　なお、一般的に、牛の成形肉については、使用する結着剤によってはアレル

ギー反応を引き起こす素材が含まれているものもあり、食品衛生法では、スーパー等の小売店で容器包装されて販売される成形肉及び成形肉を使用した加工食品には特定のアレルゲンについて表示を義務付けています。

　この義務付けは、飲食店等のメニュー表示には直接適用されるものではないものの、アレルギー表示といった食品を摂取する際の安全性に関する情報を適切に消費者に伝えることは極めて重要です。これらを考慮して、景品表示法上問題となるかどうかにかかわらず、飲食店等においても、アレルゲンを含む原材料の把握に努めるとともに、調理現場におけるコンタミネーション（意図せざる混入）の状況を踏まえた上で、積極的に、アレルギー表示を行ったり、料理の注文を受ける際にアレルギーの有無を確認するなど、食物アレルギー疾患を有する方に対する情報提供を充実することが求められます。

＜参考違反事例①＞
　公正取引委員会は、平成17年11月15日、料理の写真を掲載するとともに、「ビーフステーキ焼肉ソースランチ」等と表示することにより、あたかも、当該料理に用いている牛肉は牛の生肉の切り身であると認識される表示について、実際には、牛の成形肉であったとして、飲食店を営む事業者に対して景品表示法の規定に基づく排除命令を行っています。
（http://www.caa.go.jp/representation/keihyo/kouhyou/05.11/05111502.html）

＜参考違反事例②＞
　消費者庁は、平成23年3月4日、料理の写真を掲載するとともに、「健康ステーキ」等と表示することにより、あたかも、当該料理に用いている牛肉は牛の生肉の切り身であると認識される表示について、実際には、牛の横隔膜の部分の肉を食用のりで貼り合わせる加工を行ったものであったとして、飲食店を営む事業者に対して景品表示法の規定に基づく措置命令を行っています。
（http://www.caa.go.jp/representation/pdf/110304premiums_1s.pdf）

＜参考違反事例③＞
　消費者庁は、平成25年12月19日、「牛フィレ肉のステーキ」等と記載することにより、あたかも、記載された料理に牛の生肉の切り身を使用しているかの

ように示す表示について、実際には、生鮮食品に該当しない加工食肉製品(成形肉)を使用していたものであったとして、ホテル内の飲食店を営む事業者に対して景品表示法の規定に基づく措置命令を行っています。
(http://www.caa.go.jp/representation/pdf/131219premiums_1.pdf)

> **Q-3**
> 飲食店において、牛脂注入加工肉を焼いた料理のことを「霜降りビーフステーキ」、「さし入りビーフステーキ」と表示してもよいでしょうか。
> **A** 問題となります。

<説明>

「霜降りビーフステーキ」、「さし入りビーフステーキ」と表示した場合、この表示に接した一般消費者は、その料理のことを、一定の飼育方法により脂肪が細かく交雑した状態になった牛の生肉の切り身を焼いた料理であると認識すると考えられます。

一方、牛脂注入加工肉は、牛脂に、水、水あめ、コラーゲン、植物性たん白、ｐＨ調整剤、酸化防止剤、増粘多糖類等を混ぜ合わせたものを「インジェクション」という注射針が針山になったような機械により、牛肉に注入し、人工的に霜降り状の肉質に変質させ、形状を整えたものであり、「インジェクション加工肉」等ともいわれるものです。

このため、牛脂注入加工肉を焼いた料理について、「霜降りビーフステーキ」、「さし入りビーフステーキ」と表示すると、景品表示法上問題となります。

したがって、インジェクション加工肉を焼いた料理を「霜降りビーフステーキ」、「さし入りビーフステーキ」と表示する場合には、あわせて、例えば、「インジェクション加工肉使用」等と料理名の近傍又は同一視野内に明瞭に記載するなど、この料理が一定の飼育方法により脂肪が細かく交雑した状態になった牛の生肉の切り身を焼いたものであると一般消費者に誤認されないような表示にする必要があります。

<参考違反事例>

消費者庁は、平成23年3月4日、料理の写真を掲載するとともに、「霜降サーロインステーキ」等と記載することにより、あたかも、当該料理に用いて

いる牛肉は、霜降りといわれる一定の飼育方法により脂肪が細かく交雑した状態になった牛肉であると認識される表示について、実際には、霜降ステーキ料理に用いた牛肉は、牛脂を注入する加工を行ったものであったとして、飲食店を営む事業者に対して景品表示法の規定に基づく措置命令を行っています。
(http://www.caa.go.jp/representation/pdf/110304premiums_1s.pdf)

> **Q-4**
> 飲食店において、牛脂注入加工肉を焼いた料理のことを「ビーフステーキ」、「ステーキ」と表示することは景品表示法上問題となりますか。
> **A** 問題となります。

<説明>
「ビーフステーキ」、「ステーキ」と表示した場合、Q-2の説明のとおり、この表示に接した一般消費者は、牛脂注入等の加工をしていない牛の生肉の切り身を焼いた料理であると認識するものと考えられます。したがって、実際には、牛脂注入加工肉を使用しているにもかかわらず、あたかも、牛の生肉の切り身を焼いた料理であるかのように示す表示は、景品表示法上問題となります。

<参考違反事例>
消費者庁は、平成25年12月19日、「牛ロース肉のステーキ」等と記載することにより、あたかも、記載された料理に牛の生肉の切り身を使用しているかのように示す表示について、実際には、生鮮食品に該当しない牛脂その他の添加物を注入した加工食肉製品を使用していたものであったとして、ホテル業等を営む事業者に対して景品表示法の規定に基づく措置命令を行っています。
(http://www.caa.go.jp/representation/pdf/131219premiums_1.pdf)

> **Q-5**
> 飲食店のメニューに「国産和牛のステーキ」と表示していますが、実際には、国産和牛ではなく、オーストラリア産の牛肉を使用しています。景品表示法上問題となりますか。
> **A** 問題となります。

資 料 編

＜説明＞
　和牛[5]ではない牛肉を「和牛」と表示することや、国産でないオーストラリア産の牛肉を「国産」と表示することは、実際のものと異なるものを表示していることになります。
　したがって、和牛でないものを「和牛」と表示したり、国産でないものを「国産」と表示したりすると、景品表示法上問題となります。

---

**Q－6**
飲食店のメニューに「××地鶏のグリル」と表示していますが、実際には、××地鶏ではなく、単なる国産鶏肉を使用しています。景品表示法上問題となりますか。
**A**　問題となります。

---

＜説明＞
　「××地鶏のグリル」との表示から、一般消費者は、「××地鶏」を使用した料理が提供されると認識するものと考えられます。このため、××地鶏以外の鶏肉を使用しているにもかかわらず、「××地鶏のグリル」と表示することは、実際のものと異なる表示をしていることになります。したがって、このような表示は、景品表示法上問題となります。

＜参考違反事例①＞
　消費者庁は、平成22年12月9日、「よく味の染みた京地鶏と京豆腐に、とろとろ半熟卵を乗せた"鶏すき焼き"」等と記載することにより、あたかも、京地鶏の肉及び半熟卵を用いているかのような表示について、実際には、当該料理に用いられた鶏肉は京地鶏の肉ではなくブロイラーの肉であった、また、一定期間だけは半熟卵は用いられていなかったとして、飲食店を営む事業者に対して景品表示法の規定に基づく措置命令を行っています。
（http://www.caa.go.jp/representation/pdf/101209premiums_1.pdf）

＜参考違反事例②＞
　消費者庁は、平成25年12月19日、「大和地鶏の唐揚げ」等と記載することにより、あたかも、記載された料理に「大和地鶏」と称する地鶏の肉を使用して

いるかのように示す表示について、実際には、地鶏の定義に該当しない鶏肉を使用していたものであったとして、旅館を運営する事業者に対して景品表示法の規定に基づく措置命令を行っています。
（http://www.caa.go.jp/representation/pdf/131219premiums_1.pdf）

＜参考違反事例③＞
　消費者庁は、平成25年12月19日、「津軽地鶏のマリネ胡麻風味」、「柔らか地鶏のバンバンジー」等と記載することにより、あたかも、記載された料理に「津軽地鶏」と称する地鶏の肉を使用しているかのように示す表示について、実際には、地鶏の定義に該当しない鶏肉を使用していたものであったとして、ホテルを運営する事業者に対して景品表示法の規定に基づく措置命令を行っています。
（http://www.caa.go.jp/representation/pdf/131219premiums_1.pdf）

---

**Q-7**
飲食店のメニューに「鴨南蛮」と表示していますが、実際には、合鴨肉を使用しています。景品表示法上問題となりますか。
**A**　問題となりません。

---

＜説明＞
　一般的な料理の名称として確立しているものであって、かつ、その食材がその料理に現に広く使われていることが社会的に定着している場合など、一般消費者が、その料理等の選択において、それらの食材の違いに通常影響されないと認められる場合には、その料理の名称を単に表示するだけで直ちに景品表示法上問題となるものではありません。したがって、この場合には、料理の名称として、単に「鴨南蛮」と表示することで、直ちに景品表示法上問題となるものではありません。
　一方、例えば、「鴨南蛮」との表示に加えて、メニューや店内の表示において、「マガモを使った」、「希少な鴨肉を使用」、「高級鴨肉を使用」などと使用している材料を強調した表示をしているにもかかわらず、これらが実際とは異なる場合には、景品表示法上問題となります。

資料編

3 魚介類に関するQ＆A

> **Q-8**
> 飲食店で提供する料理の材料としてブラックタイガーを使用していますが、クルマエビを使用している旨をメニュー等に表示しても景品表示法上問題ありませんか。
> **A** 問題となります。

＜説明＞

　ブラックタイガーとクルマエビとは異なる魚介類であり[6]、ブラックタイガーとクルマエビが同じものであるとは一般消費者に認識されていないと考えられますので、クルマエビではないブラックタイガーを料理の材料として使用しているにもかかわらず、クルマエビを使用している旨をメニュー等に表示することは、実際のものと異なるものを表示していることになります。したがって、このような表示は、景品表示法上問題となります。

＜参考違反事例＞

　消費者庁は、平成25年12月19日、「車海老」と記載することにより、あたかも、記載された料理にクルマエビを使用しているかのように示す表示について、実際には、クルマエビよりも安価で取引されているブラックタイガーを使用していたものであったとして、旅館を運営する事業者に対して景品表示法の規定に基づく措置命令を行っています。

（http://www.caa.go.jp/representation/pdf/131219premiums_1.pdf）

> **Q-9**
> 飲食店で提供する料理の材料としてアメリカンロブスター（ザリガニのような大きなはさみのあるもの）を使用していますが、イセエビを使用している旨をメニュー等に表示しても景品表示法上問題ありませんか。
> **A** 問題となります。

＜説明＞

　アメリカンロブスターとイセエビとは異なる魚介類であり[7]アメリカンロブスターとイセエビが同じものであるとは一般消費者に認識されていないと考え

られますので、イセエビではないアメリカンロブスターを料理の材料として使用しているにもかかわらず、イセエビを使用している旨をメニュー等に表示することは、実際のものと異なるものを表示していることになります。したがって、このような表示は、景品表示法上問題となります。

なお、飲食店が実際にはアメリカンロブスターを使用しているにもかかわらず、あえてイセエビを使用している旨の表示をしているのは、その飲食店が、実際のものをそのまま表示するよりも、その方が売上げが伸びると期待しているからと考えられます。

> **Q－10**
> 飲食店で提供する料理の材料として外国産のオーストラリアミナミイセエビ（ザリガニのような大きなはさみのないもの）を使用していますが、伊勢志摩地方の風景写真とともに、イセエビを使用している旨をメニュー等に表示しても景品表示法上問題ありませんか。
> **A** 問題となります。

＜説明＞

飲食店において、伊勢志摩地方の風景写真とともに、イセエビを使用している旨の表示から、一般消費者は、その飲食店において提供される料理には、伊勢志摩産のイセエビが使用されているものと認識すると考えられます。

したがって、伊勢志摩産のイセエビではない外国産のオーストラリアミナミイセエビを料理の材料として使用しているにもかかわらず、このような表示をすると、景品表示法上問題となります。

なお、飲食店が実際には外国産のオーストラリアミナミイセエビを使用しているにもかかわらず、あえて伊勢志摩産のイセエビを使用しているかのような表示をしているのは、その飲食店が、実際のものをそのまま表示するよりも、その方が売上げが伸びると期待しているからと考えられます。

> **Q－11**
> 飲食店で提供する料理の材料としてバナメイエビを使用していますが、シバエビを使用している旨をメニュー等に表示しても景品表示法上問題ありませんか。
> **A** 問題となります。

＜説明＞

　バナメイエビとシバエビとは異なる魚介類であり[8]、バナメイエビとシバエビが同じものであるとは一般消費者に認識されていないと考えられますので、シバエビではないバナメイエビを料理の材料として使用しているにもかかわらず、シバエビを使用している旨をメニュー等に表示することは、実際のものと異なるものを表示していることになります。したがって、このような表示は、景品表示法上問題となります。

＜参考違反事例＞

　消費者庁は、平成25年12月19日、「芝海老とイカの炒め物」と記載することにより、あたかも、記載された料理にシバエビを使用しているかのように示す表示について、実際には、シバエビよりも安価で取引されているバナメイエビを使用していたものであったとして、ホテル業等を営む事業者に対して景品表示法の規定に基づく措置命令を行っています。

（http://www.caa.go.jp/representation/pdf/131219premiums_1.pdf）

> **Q－12**
> 飲食店で提供する料理の材料として赤西貝を使用していますが、サザエを使用している旨をメニュー等に表示しても景品表示法上問題ありませんか。
> **A** 問題となります。

＜説明＞

　赤西貝とサザエとは異なる魚介類であり[9]、赤西貝とサザエが同じものであるとは一般消費者に認識されていないと考えられますので、サザエではない赤西貝を料理の材料として使用しているにもかかわらず、サザエを使用している旨をメニュー等に表示することは、実際のものと異なるものを表示していることになります。

とになります。したがって、このような表示は、景品表示法上問題となります。

なお、飲食店が、実際には赤西貝を使用しているにもかかわらず、あえてサザエを使用している旨の表示をしているのは、その飲食店が、実際のものをそのまま表示するよりも、その方が売上げが伸びると期待しているからと考えられます。

---

**Q－13**
飲食店で提供する料理の材料としてロコ貝を使用していますが、アワビを使用している旨をメニュー等に表示しても景品表示法上問題ありませんか。
**A** 問題となります。

---

＜説明＞

ロコ貝とアワビとは異なる魚介類であり[10]、ロコ貝とアワビが同じものであるとは一般消費者に認識されていないと考えられますので、アワビではないロコ貝を料理の材料として使用しているにもかかわらず、アワビを使用している旨をメニュー等に表示することは、実際のものと異なるものを表示していることになります。したがって、このような表示は、景品表示法上問題となります。

＜参考違反事例＞

公正取引委員会は、平成18年3月29日、あたかも、水産加工品の原材料としてあわびが用いられているかのような表示について、実際には、原材料としてあわびは用いられておらず、ロコ貝等が用いられていたとして、水産加工食品の製造販売業者に対して景品表示法の規定に基づく排除命令を行っています。
（http://www.caa.go.jp/representation/keihyo/kouhyou/06.3/060329.html）

---

**Q－14**
飲食店で提供する料理の材料として、房総地方の風景写真とともに、房総あわびを使用している旨をメニュー等に表示していますが、実際には、北海道産のエゾアワビを使用しています。景品表示法上問題となりますか。
**A** 問題となります。

資 料 編

＜説明＞
　房総地方の風景写真とともに、房総あわびを使用している旨の表示から、一般消費者は、房総地域で採れたアワビを使用した料理が提供されると認識するものと考えられます。このため、北海道産のエゾアワビを使用しているにもかかわらず、房総あわびを使用している旨をメニュー等に表示することは、実際のものと異なる表示をしていることになります。したがって、このような表示は、景品表示法上問題となります。
　なお、飲食店が、実際には北海道産のエゾアワビを使用しているにもかかわらず、あえて房総地方の風景写真とともに、房総あわびを使用している旨の表示をしているのは、その飲食店が、実際のものをそのまま表示するよりも、その方が売上げが伸びると期待しているからと考えられます。

＜参考違反事例＞
　消費者庁は、平成24年10月18日、宿泊プランの表示において、「ブランド食材を堪能♪媛っ子地鶏＋坊ちゃん島あわび★」等と表示することにより、あたかも、当該宿泊プランでは、エゾアワビという高級品に分類される品種のあわびであり、松山市の島しょ部で養殖されている「ぽっちゃん島あわび」を用いているかのような表示について、実際には、当該宿泊プランで用いられたあわびは、ぽっちゃん島あわびではなく、交雑種の外国産養殖あわびであったとして、旅館業を営む事業者に対して景品表示法の規定に基づく措置命令を行っています。
（http://www.caa.go.jp/representation/pdf/121018premiums_1.pdf）

---

**Q-15**
飲食店で提供する料理の材料としてサーモントラウトを使用していますが、キングサーモンを使用している旨をメニュー等に表示しても景品表示法上問題ありませんか。
**A**　問題となります。

---

＜説明＞
　料理の材料としてキングサーモンを使用している旨のメニュー等の表示から、一般消費者は、その料理にはキングサーモンが使用されているものと認識する

と考えられます。また、キングサーモンとサーモントラウトは、いずれもサケ科サケ属に分類される魚ですが、それぞれ異なる魚介類であり[11]、一般消費者においても、キングサーモンとサーモントラウトとは異なるものと認識しているものと考えられます。

したがって、料理の材料としてキングサーモンを使用している旨を表示しながら、実際には、サーモントラウトを使用している場合には、景品表示法上問題となります。

一方、Q－7のとおり、一般的な料理の名称として確立しているものであって、かつ、その食材がその料理に現に広く使われていることが社会的に定着している場合など、一般消費者が、その料理等の選択において、それらの食材の違いに通常影響されないと認められる場合には、その料理等の名称を単に表示するだけで直ちに景品表示法上問題となるものではありません。

したがって、一般的な料理の名称として確立している「サケ弁当」、「サケおにぎり」、「サケ茶漬け」の材料として、一般に「さけ」、「サーモン」として販売されているもの[12]を使用している場合には、単に「サケ弁当」、「サケおにぎり」、「サケ茶漬け」と表示することで、直ちに景品表示法上問題となるものではありません。

> **Q－16**
> 飲食店で提供する料理の材料として日高産キングサーモンを使用している旨をメニュー等に表示していますが、実際には、ニュージーランド産のキングサーモンを使用しています。景品表示法上問題となりますか。
>
> **A** 問題となります。

＜説明＞

日高産キングサーモンを使用している旨の表示から、一般消費者は、北海道日高地域で採れたキングサーモンを使用した料理が提供されると認識するものと考えられます。このため、ニュージーランド産のキングサーモンであるにもかかわらず、日高産キングサーモンを使用している旨をメニュー等に表示することは、実際のものと異なる表示をしていることになります。したがって、このような表示は、景品表示法上問題となります。

なお、飲食店が、実際にはニュージーランド産のキングサーモンを使用して

資料編

いるにもかかわらず、あえて日高産キングサーモンを使用している旨の表示をしているのは、その飲食店が、実際のものをそのまま表示するよりも、その方が売上げが伸びると期待しているからと考えられます。

&lt;参考違反事例&gt;

　公正取引委員会は、平成20年12月16日、「北海道産ボタン海老のマリネ　紫蘇とジンジャーの香り」と記載することにより、あたかも、当該料理に用いているボタンエビは、外国産のものに比べ良質なものとして一般消費者に好まれる傾向にある北海道産のものであるかのような表示について、実際には、当該料理に用いられたボタンエビはすべてカナダ産のものであったとして、飲食店を営む事業者に対して景品表示法の規定に基づく排除命令を行っています。
（http://www.caa.go.jp/representation/keihyo/kouhyou/08.12/08121601.pdf）

---

**Q-17**

飲食店で提供する料理の材料として駿河湾産の魚を使用している旨をメニュー等に表示していますが、実際には、駿河湾産の魚だけでなく、駿河湾産以外の魚も使用しています。景品表示法上問題となりますか。

**A**　問題となります。

---

&lt;説明&gt;

　駿河湾産の魚を使用している旨の表示から、一般消費者は、駿河湾で水揚げされた魚のみを使用した料理が提供されると認識するものと考えられます。このため、駿河湾産以外の魚も使用しているにもかかわらず、駿河湾産の魚を使用している旨をメニュー等に表示することは、実際のものと異なる表示をしていることになります。したがって、このような表示は、景品表示法上問題となります。

　なお、飲食店が、実際には駿河湾産以外の魚を使用しているにもかかわらず、あえて駿河湾産の魚を使用している旨の表示をしているのは、その飲食店が、実際のものをそのまま表示するよりも、その方が売上げが伸びると期待しているからと考えられます。

> Q－18
> 飲食店のメニューとして「鮮魚のムニエル」と表示していますが、このほか特に使用している魚の新鮮さを強調した表示はしていません。実際には、解凍した魚を使用していますが、景品表示法上問題となりますか。
> A　問題となりません。

＜説明＞

　「鮮魚」との表示から一般消費者が抱く認識・期待は様々であると考えられますが、一般的には、単に「鮮魚」との表示から、一般消費者はその飲食店において提供される料理において使用される魚が新鮮なものであると認識するものと考えられますので[13]、解凍した魚をその料理に使用している場合に「鮮魚」と表示しても、このことによって直ちに景品表示法上問題となるものではありません。

　しかしながら、例えば、「鮮魚」という文言に加えて、又はこれに替えて、メニューや店内の表示において、「港で採れたて」、「今朝市場で買い付けた」などと使用している魚の新鮮さについて強調した表示をすると、あたかも、通常の方法で鮮度が維持された魚よりも新鮮な魚を使用しているかのように一般消費者に認識されると考えられます。

　したがって、このような表示をしていながら、実際には、表示された事実とは異なる場合（例えば、「港で採れたて」や「今朝市場で買い付けた」ではない場合）には、景品表示法上問題となります。

> Q－19
> 飲食店で提供する料理の材料としてキャビアを使用している旨をメニュー等に表示していますが、実際には、ランプフィッシュ卵の塩漬けを使用しています。景品表示法上問題となりますか。
> A　問題となります。

＜説明＞

　キャビアは、一般的に、チョウザメ類の卵巣から薄膜を取り除き、卵を粒に分離して洗浄した上で塩蔵するなどの加工を施した食品であるとされています。料理の材料としてキャビアを使用している旨の表示から、一般消費者は、この

ような食品が使用されていると認識するか、少なくとも「キャビア」とは呼べないものが使用されているとは認識しないものと考えられます。このため、ランプフィッシュ卵を使用しているにもかかわらず、キャビアを使用している旨をメニュー等に表示することは、実際のものと異なる表示をしていることになります。したがって、このような表示は、景品表示法上問題となります。

<参考違反事例①>
　消費者庁は、平成23年2月22日、「キャビア」と記載することにより、あたかも、おせち料理の食材にキャビアを使用しているかのような表示について、実際には、キャビアではなく、ランプフィッシュの卵であったとして、飲食業を営む事業者に対して景品表示法の規定に基づく措置命令を行っています。
（http://www.caa.go.jp/representation/pdf/110222premiums_1.pdf）

<参考違反事例②>
　消費者庁は、平成25年12月19日、「キャビア」と記載することにより、あたかも、記載された料理にキャビアを使用しているかのように示す表示について、実際には、キャビアではなく、キャビアよりも安価で取引されているランプフィッシュ卵の塩漬けを使用していたとして、旅館業等を営む事業者に対して景品表示法の規定に基づく措置命令を行っています。
（http://www.caa.go.jp/representation/pdf/131219premiums_1.pdf）

---

**Q－20**
飲食店で提供する料理の材料としてカラスミを使用している旨をメニュー等に表示していますが、実際には、サメやタラの卵を使用したいわゆるカラスミ風の食材を使用しています。景品表示法上問題となりますか。
**A**　問題となります。

---

<説明>
　カラスミを使用している旨の表示から、一般消費者は、ボラの卵巣から作られたカラスミを使用した料理が提供されるものと認識するか、少なくとも使用されているものがいわゆるカラスミ風の食材であるとは認識しないと考えられます。このため、カラスミ風の食材を使用しているにもかかわらず、カラスミ

を使用している旨をメニュー等に表示することは、実際のものと異なる表示をしていることになります。したがって、このような表示は、景品表示法上問題となります。

＜参考違反事例＞
　消費者庁は、平成25年12月19日、「からすみ松葉」、「烏賊からすみ」と記載することにより、あたかも、記載された料理にボラの卵巣で作られるカラスミを使用しているかのように示す表示について、実際には、カラスミよりも安価で取引されているタラ及びサメの卵等から作られる加工食品を使用していたものであったとして、旅館業等を営む事業者に対して景品表示法の規定に基づく措置命令を行っています。
（http://www.caa.go.jp/representation/pdf/131219premiums_1.pdf）

---

**Q-21**
飲食店で提供する料理の材料としてフカヒレを使用している旨をメニュー等に表示していますが、実際には、人工フカヒレを使用したいわゆるフカヒレ風の食材を使用しています。景品表示法上問題となりますか。
**A**　問題となります。

---

＜説明＞
　フカヒレを使用している旨の表示から、一般消費者は、サメのヒレから作られたフカヒレを使用した料理が提供されるものと認識するか、少なくとも使用されているものがいわゆるフカヒレ風の食材であるとは認識しないと考えられます。このため、フカヒレ風の食材を使用しているにもかかわらず、フカヒレを使用している旨をメニュー等に表示することは、実際のものと異なる表示をしていることになります。したがって、このような表示は、景品表示法上問題となります。
　なお、飲食店が、実際には人工フカヒレを使用しているにもかかわらず、あえてフカヒレを使用している旨の表示をしているのは、その飲食店が、実際のものをそのまま表示するよりも、その方が売上げが伸びると期待しているからと考えられます。

資 料 編

> **Q-22**
> 飲食店で提供する料理の材料として岩海苔を使用している旨をメニュー等に表示していますが、実際には、養殖した黒海苔を使用しています。景品表示法上問題となりますか。
> **A** 問題となります。

＜説明＞

　岩海苔を使用している旨の表示から、一般消費者は、岩礁等に自生するのりを原材料とした食品のりを使用した料理が提供されると認識するものと考えられます。このため、養殖した黒海苔を使用しているにもかかわらず、岩海苔を使用しているかのように表示することは、実際のものと異なる表示をしていることになります。したがって、このような表示は、景品表示法上問題となります[14]。

＜参考違反事例＞

　公正取引委員会は、平成18年３月23日、あたかも、食品のりの原材料として岩のりが用いられているかのような表示について、実際には、原材料として岩のりは用いられておらず、養殖ののりが用いられていたとして、食品のり等の製造販売業者に対して景品表示法の規定に基づく排除命令を行っています。
（http://www.caa.go.jp/representation/keihyo/kouhyou/06.3/06032303.html）

4　農産物に関するＱ＆Ａ

> **Q-23**
> 飲食店のメニューに「△△（地域名）野菜使用」と表示していますが、実際には、△△（地域名）野菜だけでなく、それ以外の野菜を多く使用しています。景品表示法上問題となりますか。
> **A** 問題となります。

＜説明＞

　「△△（地域名）野菜使用」との表示から、一般消費者は、△△（地域名）野菜のみが使用されている、又は△△（地域名）で生育・収穫された野菜のみが使用されていると認識するか、少なくとも使用している野菜の多くが△△

（地域名）野菜か△△（地域名）で生育・収穫された野菜であると認識するものと考えられます。

したがって、「△△（地域名）野菜使用」との表示をしていながら、実際には、△△（地域名）野菜や△△（地域名）で生育・収穫された野菜を使用していなかったり、使用している野菜の多くがこれら以外の野菜であったりする場合には、景品表示法上問題となります。

なお、飲食店が、実際には、△△（地域名）野菜以外の野菜を多く使用しているにもかかわらず、あえて「△△（地域名）野菜使用」との表示をしているのは、その飲食店が、実際のものをそのまま表示するよりも、その方が売上げが伸びると期待しているからと考えられます。

**Q－24**
飲食店で提供する料理の材料として九条ねぎを使用している旨をメニュー等に表示していますが、実際には、一般的なねぎを使用しています。景品表示法上問題となりますか。
**A** 問題となります。

＜説明＞
九条ねぎを使用している旨の表示から、一般消費者は、一般的なねぎとは異なる「九条ねぎ」という種類・品種のねぎを使用した料理が提供されると認識するものと考えられます。このため、一般的なねぎを使用しているにもかかわらず、九条ねぎを使用している旨をメニュー等に表示することは、実際のものと異なる表示をしていることになります。したがって、このような表示は、景品表示法上問題となります。

＜参考違反事例＞
消費者庁は、平成25年12月19日、「若鶏の照り焼き　九条ねぎのロティと共に」と記載することにより、あたかも、記載された料理に九条ねぎを使用しているかのように示す表示について、実際には、九条ねぎよりも安価で取引されている青ねぎ又は白ねぎを使用していたものであったとして、ホテル業等を営む事業者に対して景品表示法の規定に基づく措置命令を行っています。
（http://www.caa.go.jp/representation/pdf/131219premiums_1.pdf）

> **Q-25**
> 飲食店で提供する料理の材料としてフランス産の栗を使用している旨をメニュー等に表示していますが、実際には、中国産の栗を使用しています。景品表示法上問題となりますか。
>
> **A** 問題となります。

＜説明＞

　フランス産の栗を使用している旨の表示から、一般消費者は、フランスで採れた栗を使用した料理が提供されると認識するものと考えられます。このため、中国産の栗であるにもかかわらず、フランス産の栗を使用している旨をメニュー等に表示することは、実際のものと異なる表示をしていることになります。したがって、このような表示は、景品表示法上問題となります。

　なお、飲食店が、実際には中国産の栗を使用しているにもかかわらず、あえてフランス産の栗を使用している旨の表示をしているのは、その飲食店が、実際のものをそのまま表示するよりも、その方が売上げが伸びると期待しているからと考えられます。


> **Q-26**
> 飲食店で提供する御飯について「山形県産はえぬき使用」とメニュー等に表示していますが、実際には、山形県産の品種のブレンド米を使用しています。景品表示法上問題となりますか。
>
> **A** 問題となります。

＜説明＞

　「山形県産はえぬき使用」との表示から、一般消費者は、山形県で生産された「はえぬき」という品種のお米のみを使用した御飯が提供されると認識するものと考えられます。このため、山形県産の品種のブレンド米を使用しているにもかかわらず、「山形県産はえぬき使用」と表示することは、実際のものと異なる表示をしていることになります。したがって、このような表示は、景品表示法上問題となります。

　なお、飲食店が、実際には山形県産の品種のブレンド米を使用しているにもかかわらず、あえて「山形県産のはえぬき使用」との表示をしているのは、そ

の飲食店が、実際のものをそのまま表示するよりも、その方が売上げが伸びると期待しているからと考えられます。

> **Q－27**
> 飲食店で提供するサラダの材料として有機野菜を使用している旨をメニュー等に表示していますが、実際には、一部の野菜は有機野菜ではありません。景品表示法上問題となりますか。
> **A** 問題となります。

＜説明＞
　サラダの材料として有機野菜を使用している旨の表示から、一般消費者は、有機野菜のみを使用したサラダが提供されると認識すると考えられます[15]。このため、有機野菜以外の野菜も使用しているにもかかわらず、サラダの材料として有機野菜を使用している旨をメニュー等に表示することは、実際のものと異なる表示をしていることになります。したがって、このような表示は、景品表示法上問題となります。

＜参考違反事例＞
　消費者庁は、平成25年12月19日、「有機野菜のプチサラダと前菜二種盛合せ」と記載することにより、あたかも、記載された料理のうち、プチサラダには有機野菜を使用しているかのように示す表示について、実際には、プチサラダには、有機農産物の定義に該当しない野菜を使用していたものであったとして、ホテル内の飲食店を営む事業者に対して景品表示法の規定に基づく措置命令を行っています。
（http://www.caa.go.jp/representation/pdf/131219premiums_1.pdf）

5　小麦製品、乳製品、飲料に関するQ＆A

> **Q－28**
> 飲食店で提供する料理として「自家製パン」と表示していますが、実際には、市販品のパンを提供しています。景品表示法上問題となりますか。
> **A** 問題となります。

資料編

<説明>

「自家製パン」との表示から、一般消費者は、一般的には、その店舗で一から丁寧に作り上げたパンが提供されていると認識するものと考えられます。このため、市販品のパンが使用されているにもかかわらず、「自家製パン」と表示することは、実際と異なる表示をしていることになります。したがって、このような表示は、景品表示法上問題となります。

なお、飲食店が、実際には、市販品のパンを提供しているにもかかわらず、あえて「自家製パン」との表示をしているのは、その飲食店が、実際のものをそのまま表示するよりも、その方が売上げが伸びると期待しているからと考えられます。

---

**Q-29**

飲食店で提供する料理の材料として手打ち麺を使用している旨をメニュー等に表示していますが、実際に使用しているのは、機械打ちによる麺で、手作業は加わっていません。このような表示は景品表示法上問題となりますか。

**A** 問題となります。

---

<説明>

手打ち麺[16]を使用している旨の表示から、一般消費者は、機械打ちによる麺で、手作業の加わっていないものが提供されるとは認識しないものと考えられます。このため、機械打ちによる麺で、手作業が加わっていないものが使用されているにもかかわらず、手打ち麺を使用している旨をメニュー等に表示することは、実際と異なる表示をしていることになります。したがって、このような表示は、景品表示法上問題となります。

なお、飲食店が、実際には、手作業が加わっていないものを使用しているにもかかわらず、あえて手打ち麺を使用している旨の表示をしているのは、その飲食店が、実際のものをそのまま表示するよりも、その方が売上げが伸びると期待しているからと考えられます。

> Q-30
> 飲食店で提供する料理の材料として生クリームを使用している旨をメニュー等に表示していますが、実際には、牛の乳を原料としておらず、植物油を泡立ててクリームと似たような形状と色にしたホイップクリームを使用しています。景品表示法上問題となりますか。
> **A** 問題となります。

<説明>

生クリームを使用している旨の表示から、一般消費者は、生乳、牛乳又は特別牛乳から乳脂肪分以外の成分を除去したもの[17]、又は少なくとも牛の乳を原料として作られたものが提供されると認識するものと考えられます。このため、牛の乳を原料としておらず、植物油を泡立ててクリームと似たような形状と色にしたホイップクリームを使用しているにもかかわらず、生クリームを使用している旨をメニュー等に表示することは、実際のものと異なるものを表示していることになります。したがって、このような表示は、景品表示法上問題となります。

なお、飲食店が、実際にはホイップクリームを使用しているにもかかわらず、あえて生クリームを使用している旨の表示をしているのは、その飲食店が、実際のものをそのまま表示するよりも、その方が売上が伸びると期待しているからと考えられます。

> Q-31
> 飲食店で提供する料理の材料としてカマンベールチーズを使用している旨をメニュー等に表示していますが、実際には、カマンベールチーズ以外のチーズも使用しています。景品表示法上問題となりますか。
> **A** 問題となります。

<説明>

カマンベールチーズを使用している旨の表示から、一般消費者は、カマンベールチーズのみを使用した料理が提供されると認識するものと考えられます。このため、カマンベールチーズ以外のチーズも使用しているにもかかわらず、カマンベールチーズを使用している旨をメニュー等に表示することは、実際の

ものと異なる表示をしていることになります。したがって、このような表示は、景品表示法上問題となります。

なお、飲食店が、実際にはカマンベールチーズ以外のチーズも使用しているにもかかわらず、あえてカマンベールチーズを使用している旨の表示をしているのは、その飲食店が、実際のものをそのまま表示するよりも、その方が売上げが伸びると期待しているからと考えられます。

---

**Q－32**
レストランで提供する飲料として「牛乳」と表示していますが、実際には、低脂肪牛乳を提供しています。景品表示法上問題となりますか。
**A** 問題となります。

---

<説明>

「牛乳」との表示から、一般消費者は、一般的には、スーパー等の小売店で販売されている牛乳[18]と同規格のものが提供されると認識するものと考えられます。このため、低脂肪牛乳[19]を提供しているにもかかわらず、「牛乳」と表示することは、実際のものと異なるものを表示していることになります。したがって、このような表示は、景品表示法上問題となります。

なお、飲食店が、実際には低脂肪牛乳を提供しているにもかかわらず、あえて「牛乳」との表示をしているのは、その飲食店が、実際のものをそのまま表示するよりも、その方が売上げが伸びると期待しているからと考えられます。

---

**Q－33**
飲食店で提供するアルコール飲料として「純米酒」と表示していますが、実際には、醸造アルコールなどを使用して製造された清酒を提供しています。景品表示法上問題となりますか。
**A** 問題となります。

---

<説明>

「純米酒」との表示から、一般消費者は、醸造アルコールなどを使用せずに製造された清酒[20]が提供されると認識するものと考えられます。このため、醸造アルコールなどを使用して製造された清酒にもかかわらず、「純米酒」と表

示することは、実際のものと異なる表示をしていることになります。したがって、このような表示は、景品表示法上問題となります。

　なお、飲食店が、実際には醸造アルコールなどを使用して製造された清酒を提供しているにもかかわらず、あえて「純米酒」との表示をしているのは、その飲食店が、実際のものをそのまま表示するよりも、その方が売上げが伸びると期待しているからと考えられます。

---

**Q-34**
レストランで提供する飲料として「シャンパン」と表示していますが、実際には、スパークリングワインをコップに注いで提供しています。景品表示法上問題となりますか。
**A**　問題となります。

---

＜説明＞
　「シャンパン」との表示から、一般消費者は、フランスのシャンパーニュ地方において、特定の基準に沿って製造された発泡性のワインであって、一般的に他の発泡性のワイン（スパークリングワイン）と比較して、高級感が期待できるものと認識するものと考えられます。このため、一般的な発泡性のワインを提供しているにもかかわらず、「シャンパン」と表示することは、実際のものと異なる表示をしていることになります。したがって、このような表示は、景品表示法上問題となります。

＜参考違反事例＞
　消費者庁は、平成25年12月19日、「シャンパン」と記載することにより、あたかも、「シャンパン」と称する発泡性ワインを提供しているかのように示す表示について、実際には、「シャンパン」と称する発泡性ワインよりも安価で取引されているものを提供していたものであったとして、ホテル業等を営む事業者に対して景品表示法の規定に基づく措置命令を行っています。
（http://www.caa.go.jp/representation/pdf/131219premiums_1.pdf）

資料編

> **Q-35**
> 飲食店で提供する飲料として「フレッシュジュース」と表示していますが、実際には、既製品のオレンジジュースや紙パックのジュースをコップに注いで提供しています。景品表示法上問題となりますか。
> **A** 問題となります。

<説明>

「フレッシュジュース」との表示から、一般消費者は、その場で果物が搾られて作られたものといった新鮮感のある果実飲料が提供されると認識するか、少なくとも既製品のオレンジジュースや紙パックのジュース[21]が提供されるとは認識しないものと考えられます。このため、既製品のオレンジジュースや紙パックのジュースを使用しているにもかかわらず、「フレッシュジュース」と表示することは、実際のものと異なる表示をしていることになります。したがって、このような表示は、景品表示法上問題となります。

なお、飲食店が、実際には既製品のオレンジジュースや紙パックのジュースを使用しているにもかかわらず、あえて「フレッシュジュース」との表示をしているのは、その飲食店が、実際のものをそのまま表示するよりも、その方が売上げが伸びると期待しているからと考えられます。

〈注〉

1 「いいものですよ」と訴える表示をしているにもかかわらず、実際には表示されているほどいいものではない場合がこれに当たる。
　痩身効果や空気清浄機能等のような効果、性能に関する表示について、消費者庁は、優良誤認を招く不当な表示に当たるかどうかを判断する材料として、その表示の裏付けとなる合理的な根拠を示す資料の提出を事業者に求めることができる。その結果、当該資料が提出されないときは、不当表示とみなされる（不当景品類及び不当表示防止法第4条第2項の運用基準－不実証広告規制に関する指針（平成15年10月28日公正取引委員会））。
2 「お得ですよ」と訴える表示をしているにもかかわらず、実際には表示されているほどお得ではない場合がこれに当たる。
3 　一般消費者がどのような印象・認識を抱くかは、当該商品・役務を提供する事業者や店舗の形態、価格の高低等から、当該商品・役務の需要者と考えられる一般消費者を基準に判断します。
4 「ステーキ」とは、一般に、肉や魚の厚めの切り身を焼いた料理、特にビーフステーキの略称とされています（新村出編『広辞苑（第六版）』1508頁（平成23年、岩波書店）（以下『広辞苑』といいます。））。JAS法では、牛の生肉、脂身、内臓に酵素添加物や植物たん白等を加えるなどして肉質を変化させ、人工的に結合し、形状を整えたような成形肉については、牛の生肉の切り身と区別されています。また、食品衛生法では、その処理により病原微生物による汚染が内部に拡大するおそれがあることから、中心部まで加熱する必要があり、成形された生肉が容器包装されている場合は、その全体について十分加熱を要する旨などを表示することとしており、牛の生肉の切り身とは、その取扱いを異にしています。なお、Q－2は牛の成形肉を焼いた料理についての「ステーキ」等の表示について景品表示法上の問題を示すものです。ポークなど牛肉以外の肉であって生肉の切り身を焼いたもの以外のものを「ステーキ」と表示することについては、個別事案ごとに景品表示法上の問題が判断されます。
5 　和牛については、「和牛等特色ある食肉の表示に関するガイドライン（和牛・黒豚）」（平成19年3月26日　18生畜第2676号　農林水産省生産局長通知）及び「食肉の表示に関する公正競争規約」において、規格が定められています。
6 　生鮮食品を小売店等で販売する場合、JAS法では「名称」等の表示事項を記載することが義務付けられています。魚介類の名称については、一般的な名称を記載することになります。「魚介類の名称のガイドライン」（平成19年7月水産庁策定）別記注では、参考文献として『日本産魚名大辞典』（日本魚類学会編）、『日本産魚類検索（第3版）』（中坊徹次）、『日本近海貝類図鑑』（三宅貞祥）が紹介されているとともに、国語辞典、百科事典、公的機関による刊行物等での使用例も活用できる旨が記載されています。
7 　前掲注6参照。
8 　前掲注6参照。
9 　前掲注6参照。
10 　前掲注6参照。
11 　前掲注6参照。
12 「アレルギー物質を含む食品に関する表示について」（平成25年9月20日、消食表第257号 別添2の20頁）では、いわゆる一般に「さけ」として販売されているものは、サケ科のサケ属、サルモ属に属するもので、陸封性を除いたものとしています。

資 料 編

13 「鮮魚」とは、一般に、新しい魚、いきのよい魚とされています(『広辞苑』1591頁)。
14 食品のりについては、「食品のりの表示に関する公正競争規約」第7条第4号において、原料であるのりに関し、岩礁等に自生するのりであるとの履歴の明確でないものについて、岩礁等に自生するのりであるかのように誤認を与えるおそれのある表示(養殖生産品への、岩のりとの表示)を禁止しています。
15 有機農産物とは、登録認定機関から認定を受けた生産者が、「有機農産物の日本農林規格」で定める次の方法により生産した農産物とされています。
　①たい肥等で土作りを行い、種まき又は植え付けの前2年以上(多年生作物の場合は収穫前3年以上)、同規格で使用が認められている一部の農薬以外の農薬や化学肥料を使用しない
　②土壌の性質に由来する農地の生産力を発揮させる
　③農業生産に由来する環境への負荷をできる限り低減させる
　④遺伝子組換え技術を使用しない
16 「手打ち麺」については、「生めん類の表示に関する公正競争規約」第4条第1項第1号において「手打」の定義が定められています。それによれば、「製めんに際し、原料に加水して麩質(グルテン)が形成するように混練し、熟成させた後、麺棒で圧延し、包丁でめん線状に裁断すること及び熟成させた後、手作業によりめん線状に延ばし一定の長さに切断することであって、その工程をすべて手作業により行うことをいう。ただし、混練工程のみ機械で行うことができる。」こととされています。
17 クリームについては、「乳及び乳製品の成分規格等に関する省令」(昭和26年12月27日厚生省令第52号)において定義や成分規格等が定められています。
18 「乳及び乳製品の成分規格等に関する省令」において定義や成分規格等が定められており、「牛乳」は、重量百分率で無脂乳固形分が8.0%以上、乳脂肪分が3.0%以上等とされています。
19 「乳及び乳製品の成分規格等に関する省令」において、「低脂肪牛乳」は、重量百分率で無脂乳固形分が8.0%以上、乳脂肪分0.5%以上1.5%以下等とされています。
20 純米酒については、「清酒の製法品質表示基準」(平成元年11月22日国税庁告示第8号)において、規格が定められています。
21 生鮮食品を小売店等で販売する場合、JAS法では、「名称」等の表示事項を記載することが義務付けられています。また、「果実飲料品質表示基準」では、果実飲料(容器に入れ、又は包装されたものに限る。)の品質に関する表示が定められており、第6条において、「生、フレッシュ、その他新鮮であることを示す用語」を表示してはならないこととされています。

(4) 魚介類の名称のガイドラインについて

平成19年7月

水　産　庁

(別表１)

### 国産の生鮮魚介類の名称例

| 標準和名<br>(種名) | 左欄に代わる<br>一般的名称例 | 学名<br>(種名) | 備考 |
|---|---|---|---|
| 【 魚　類 】 ||||
| ネズミザメ | － | *Lamna ditropis* | |
| アオザメ | － | *Isurus oxyrinchus* | |
| アブラツノザメ | － | *Squalus acanthias* | |
| アカエイ | － | *Dasyatis akajei* | |
| ウルメイワシ | － | *Etrumeus teres* | |
| マイワシ | － | *Sardinops melanostictus* | |
| カタクチイワシ | － | *Engraulis japonicus* | |
| ニシン | － | *Clupea pallasii* | |
| ウナギ | － | *Anguilla japonica* | |
| マアナゴ | アナゴ（＊） | *Conger myriaster* | ＊アナゴ科の総称 |
| クロアナゴ | アナゴ（＊） | *Conger japonicus* | |
| ハモ | － | *Muraenesox cinereus* | |
| スズハモ | ハモ | *Muraenesox bagio* | |
| ニギス | － | *Glossanodon semifasciatus* | |
| キュウリウオ | － | *Osmeruseperlanus mordax* | |
| シシャモ | － | *Spirinchus lanceolatus* | |
| ワカサギ | － | *Hypomesus nipponensis* | |
| チカ | － | *Hypomesus japonicus* | |
| アユ | － | *Plecoglossus altivelis altivelis* | |
| シラウオ | － | *Salangichthys microdon* | |
| イワナ | － | *Salvelinus leucomaenis* | |
| ニジマス | － | *Oncorhynchus mykiss* | |
| ヤマメ（＊１） | － | *Oncorhynchus masou masou* | ＊１サクラマスの陸封型 |
| アマゴ（＊２） | － | *Oncorhynchus masou ishikawae* | |
| カラフトマス | アオマス | *Oncorhynchus gorbuscha* | ＊２サツキマスの陸封型 |
| サケ | シロサケ、アキサケ、アキアジ | *Oncorhynchus keta* | |
| ギンザケ | － | *Oncorhynchus kisutch* | |

資料編

| | | | |
|---|---|---|---|
| マスノスケ | キングサーモン | *Oncorhynchus tschawytscha* | |
| ベニサケ | − | *Oncorhynchus nerka* | |
| マエソ | − | *Saurida sp.* | |
| ワニエソ | − | *Saurida wanieso* | |
| アオメエソ | メヒカリ | *Chlorophthalmus albatrossis* | |
| サンマ | − | *Cololabis saira* | |
| サヨリ | − | *Hyporhamphus sajori* | |
| トビウオ | − | *Cypselurus agoo agoo* | |
| エゾイソアイナメ | − | *Physiculus maximowiczi* | |
| マダラ | − | *Gadus macrocephalus* | |
| スケトウダラ | スケソウダラ | *Theragra chalcogramma* | |
| キアンコウ | アンコウ | *Lophius litulon* | |
| キンメダイ | | *Beryx splendens* | |
| ボラ | − | *Mugil cephalus cephalus* | |
| アカカマス | − | *Sphyraena pinguis* | |
| ヤマトカマス | − | *Sphyraena japonica* | |
| スズキ | − | *Lateolabrax japonicus* | |
| キジハタ | − | *Epinephelus akaara* | |
| クエ | − | *Epinephelus bruneus* | |
| マハタ | − | *Epinephelus septemfasciantus* | |
| ムツ | − | *Scombrops boops* | |
| ブリ | − | *Seriola quinqueradiata* | |
| ヒラマサ | − | *Seriola lalandi* | |
| カンパチ | − | *Seriola dumerili* | |
| マアジ | − | *Trachurus japonicus* | |
| ムロアジ | − | *Decapterus muroadsi* | |
| マルアジ | − | *Decapterus maruadsi* | |
| シマアジ | − | *Pseudocaranx dentex* | |
| イトヒラアジ | − | *Carangichthys dinema* | ＊ギンガメアジ属の総称 |
| ギンガメアジ | ヒラアジ（＊） | *Caranx sexfasciatus* | |
| シイラ | − | *Coryphaena hippurus* | |
| シログチ | イシモチ | *Pennahia argentata* | |
| クログチ | − | *Atrobucca nibe* | |
| キグチ | − | *Larimichthys polyactis* | |
| バラヒメダイ | − | *Pristipomoides typus* | |
| イサキ | − | *Parapristipoma trilineatum* | |
| ソコイトヨリ | − | *Nemipterus bathybius* | |
| イトヨリダイ | イトヨリ | *Nemipterus virgatus* | |
| キダイ | レンコダイ | *Dentex tumifrons* | |
| チダイ | − | *Evynnis japonica* | |

| | | | |
|---|---|---|---|
| マダイ | - | *Pagrus major* | |
| クロダイ | - | *Acanthopagrus schlegelii* | |
| ツボダイ | - | *Pentaceros japonicus* | |
| イシダイ | - | *Oplegnathus fasciatus* | |
| ハタハタ | - | *Arctoscopus japonicus* | |
| スギ | - | *Rachycentron canadum* | |
| バショウカジキ | - | *Istiophorus platypterus* | |
| マカジキ | - | *Tetrapturus audax* | |
| クロカジキ | - | *Makaira mazara* | |
| シロカジキ | - | *Makaira indica* | |
| メカジキ | - | *Xiphias gladius* | |
| マサバ | - | *Scomber japonicus* | |
| ゴマサバ | - | *Scomber australasicus* | |
| サワラ | - | *Scomberomorus niphonius* | |
| ハガツオ | - | *Sarda orientalis* | |
| ヒラソウダ | - | *Auxis thazard* | |
| カツオ | - | *Katsuwonus pelamis* | |
| キハダ | キハダマグロ | *Thunnus albacares* | |
| メバチ | バチマグロ、メバチマグロ | *Thunnus obesus* | |
| ビンナガ | ビンチョウ、ビンナガマグロ | *Thunnus alalunga* | |
| クロマグロ | ホンマグロ | *Thunnus thynnus* | |
| ミナミマグロ | インドマグロ | *Thunnus maccoyii* | |
| タチウオ | - | *Trichiurus japonicus* | |
| メバル | - | *Sebastes inermis* | |
| ウスメバル | - | *Sebastes thompsoni* | |
| クロメヌケ | - | *Sebastes glaucus* | |
| ヤナギメバル | - | *Sebastes itinus* | |
| ヤナギノマイ | - | *Sebastes steindachneri* | |
| アコウダイ | - | *Sebastes matsubarae* | |
| アラメヌケ | - | *Sebastes aleutianus* | |
| アラスカメヌケ | - | *Sebastes alutus* | |
| ヒレグロメヌケ | - | *Sebastes borealis* | |
| オオサガ | - | *Sebastes iracundus* | |
| バラメヌケ | - | *Sebastes baramenuke* | |
| クロソイ | - | *Sebastes schlegelii* | |
| カサゴ | - | *Sebastiscus marmoratus* | |
| キチジ | - | *Sebastolobus macrochir* | |
| ギンダラ | - | *Anoplopoma fimbria* | |
| アイナメ | - | *Hexagrammos otakii* | |
| ホッケ | - | *Pleurogrammus azonus* | |

資料編

| | | | |
|---|---|---|---|
| キタノホッケ | シマホッケ | *Pleurogrammus monopterygius* | |
| ホウボウ | − | *Chelidonichthys spinosus* | |
| カナガシラ | − | *Lepidotrigla microptera* | |
| ヒラメ | − | *Paralichthys olivaceus* | |
| クロウシノシタ | シタビラメ（*） | *Paraplagusia japonica* | *ウシノシタ科の総称 |
| アカシタビラメ | シタビラメ（*） | *Cynoglossus joyneri* | |
| アブラガレイ | − | *Atheresthes evermanni* | |
| カラスガレイ | − | *Reinharadtius hippoglossoides* | |
| オヒョウ | − | *Hippoglossus stenolepis* | |
| アカガレイ | − | *Hippoglossoides dubius* | |
| ソウハチ | − | *Hippoglossoides pinetorum* | |
| ムシガレイ | − | *Eopsetta grigorjewi* | |
| マツカワ | − | *Verasper moseri* | |
| メイタガレイ | − | *Pleuronichthys cornutus* | |
| アサバカレイ | − | *Pleuronectes mochigarei* | |
| コガネガレイ | − | *Pleuronectes asper* | |
| マガレイ | − | *Pleuronectes herzensteini* | |
| マコガレイ | − | *Pleuronectes yokohamae* | |
| クロガレイ | − | *Pleuronectes obscurus* | |
| イシガレイ | − | *Kareius bicoloratus* | |
| ヤナギムシガレイ | − | *Tanakius kitaharai* | |
| ヒレグロ | − | *Glypotocephalus stelleri* | |
| ババガレイ | ナメタガレイ | *Microstomus achne* | |
| カワハギ | − | *Stephanolepis cirrhifer* | |
| ウマヅラハギ | − | *Thamnaconus modestus* | |
| トラフグ | − | *Takifugu rubripes* | |
| カラス | − | *Takifugu chinensis* | |
| ショウサイフグ | − | *Takifugu snyderi* | |
| ナシフグ | − | *Takifugu rermicularis* | |
| マフグ | − | *Takifugu porphyreus* | |
| シロサバフグ | − | *Lagocephalus wheeleri* | |
| クロサバフグ | − | *Lagocephalus gloveri* | |

【 貝 類 】

| | | | |
|---|---|---|---|
| トコブシ | − | *Haliotis diversicolor aquatilis* | |
| メガイアワビ | アワビ（*） | *Haliotis gigantea* | *ミミガイ科の大型巻貝の総称 |
| クロアワビ | アワビ（*） | *Haliotis discus discus* | |
| エゾアワビ | アワビ（*） | *Haliotis discus hannai* | |
| マダカアワビ | アワビ（*） | *Haliotis madaka* | |

| | | | |
|---|---|---|---|
| サザエ | − | *Turbo cornutus* | |
| アカニシ | − | *Rapana venosa* | |
| エゾボラ、チジミエゾボラ、チョウセンボラ等 | ツブ、バイ | *Neptunea* 属（エゾボラ属） | |
| エゾバイ、ツバイ、シライトマキバイ等 | ツブ、バイ | *Buccinum* 属（エゾバイ属） | |
| アカガイ | − | *Scapharca broughtonii* | |
| サルボウガイ | − | *Scapharca kagoshimensis* | |
| ムラサキイガイ | ムールガイ | *Mytilus galloprovincialis* | |
| イガイ | − | *Mytilus coruscus* | |
| タイラギ | タイラガイ | *Atrina pectinata* | |
| イタヤガイ | − | *Pecten albicans albicans* | |
| ホタテガイ | − | *Patinopecten yessoensis* | |
| マガキ | − | *Crassostrea gigas* | |
| イワガキ | − | *Crassostrea nippona* | |
| スミノエガキ | − | *Crassostrea ariakensis* | |
| バカガイ | アオヤギ | *Mactra chinensis* | |
| ウバガイ | ホッキガイ | *Pseudocaradium sachalinensis* | |
| ミルクイ | ミルガイ | *Tresus keenae* | |
| ヤマトシジミ | シジミ | *Corbicula japonica* | |
| アサリ | − | *Ruditapes philippinarum* | |
| ハマグリ | ハマグリ（＊） | *Meretrix lusoria* | ＊ハマグリ属の総称 |
| ミスハマグリ | ハマグリ（＊） | *Metetrix lyrata* | |
| チョウセンハマグリ | ハマグリ（＊） | *Metetrix lamarckii* | |
| ナミガイ | シロミル | *Panopea japonica* | |

【 頭 足 類 】

| | | | |
|---|---|---|---|
| コウイカ | − | *Sepia esculenta* | |
| ケンサキイカ | − | *Loligo edulis* | |
| ヤリイカ | − | *Loligo bleeker* | |
| アオリイカ | − | *Sepioteuthis lessoniana* | |
| ホタルイカ | − | *Watasenia scintillans* | |
| スルメイカ | − | *Todarodes pacificus* | |
| アカイカ | − | *Ommastrephes bartramii* | |
| マダコ | − | *Octopus vulgaris* | |
| テナガダコ | − | *Octopus minor* | |
| イイダコ | − | *Octopus ocellatus* | |
| ミズダコ | − | *Octopus dofleini* | |
| ヤナギダコ | − | *Octopus conispadiceus* | |

資料編

| | | | |
|---|---|---|---|
| 【 甲 殻 類 】 ||||
| クマエビ | − | *Penaeus semisulcatus* | |
| ウシエビ | ブラックタイガー | *Penaeus monodon* | |
| クルマエビ | − | *Marsupenaeus japonicus* | |
| コウライエビ | タイショウエビ | *Fenneropenaeus chinensis* | |
| サクラエビ | − | *Sergia lucens* | |
| シバエビ | − | *Metapenaeus joyneri* | |
| ヨシエビ | − | *Metapenaeus ensis* | |
| ボタンエビ | − | *Pandalus nipponensis* | |
| ホッカイエビ | ホッカイシマエビ | *Pandalus latirostlis* | |
| ホッコクアカエビ | アマエビ、ナンバンエビ | *Pandalus eous* | |
| トヤマエビ | − | *Pandalus hypsinotus* | |
| イセエビ | − | *Panulirus japonicus* | |
| タラバガニ | − | *Paralithodes camtschatica* | |
| アブラガニ | − | *Paralithodes platypus* | |
| ハナサキガニ | − | *Paralithodes brevipes* | |
| イバラガニ | − | *Lithodes turritus* | |
| ズワイガニ | − | *Chionoecetes opilio* | |
| ベニズワイガニ | − | *Chionoecetes japonicus* | |
| ケガニ | − | *Erimacrus isenbeckii* | |
| ガザミ | ワタリガニ | *Portunus trituberculatus* | |
| シャコ | − | *Oratosquilla oratoria* | |
| 【 そ の 他 】 ||||
| イワシクジラ | − | *Balaenoptera borealis* | |
| ミンククジラ | − | *Balaenoptera acutorostrata* | |
| ナガスクジラ | − | *Balaenoptera physalus* | |
| ニタリクジラ | − | *Balaenoptera edeni* | |
| ザトウクジラ | − | *Megaptera nouvaengliae* | |
| マッコウクジラ | − | *Physeter macrocephalus* | |
| ツチクジラ | − | *Barardius bairdii* | |
| コビレゴンドウ | − | *Globicephala macrorhynchus* | |
| ハナゴンドウ | − | *Grampus griseus* | |
| オキゴンドウ | − | *Pseudorca crassidens* | |
| バンドウイルカ | − | *Tursiops truncatus* | |
| スジイルカ | − | *Stenella coeruleoalba* | |
| マダライルカ | − | *Stenella attenuata* | |
| イシイルカ | − | *Phocoenoides dalli* | |

注) 1. 平仮名、カタカナ、漢字、混合いずれの表記も可。
　　2. 複合名の場合、下接名の語頭の濁音の取扱いは任意。

（例）スケトウダラ、スケソウタラ
また、発音の違いによる表記の若干の変化も可。
（例）イボダイ、エボダイ
3．標準和名は「日本産魚名大辞典」（日本魚類学会編）、「日本産魚類検索（第2版）」（中坊徹次）、「日本近海貝類図鑑」（奥谷喬司）、「世界海産貝類大図鑑」（波部忠重・奥谷喬司）、「原色日本大型甲殻類図鑑」（三宅貞祥）「日本産エビ類の分類と生態」（林健一）等による。
4．一般的名称例は、本表に記載のない名称でも、標準和名（種名）より広く一般に使用されている名称があれば、国語辞典、百科事典、公的機関による刊行物等での使用例に基づき記載できる。

（別表2）

## 海外漁場魚介類及び外来種の名称例

| 学名<br>(種名) | 標準和名<br>(種名) | 左欄に代わる<br>一般的名称例 | 使用しないこ<br>ととする名称 | 備考 |
|---|---|---|---|---|
| 【 魚 類 】 ||||||
| *Ophichthus remiger* | マルアナゴ | － | － | |
| *Ictalurus punctatus* | アメリカナマズ | チャネルキャットフィッシュ（＊） | シミズダイカワフグ | ＊英名 |
| *Pangasius hypophthalmus* | － | ナマズ、カイヤン（＊） | － | ＊英名 |
| *Mallotus villosus* | カラフトシシャモ | － | シシャモ | |
| *Sardinella aurita* | － | サーディン、イワシ | － | |
| *Sardina pilchardus* | － | サーディン、ピルチャード、イワシ | － | |
| *Oncorhynchus mykiss*<br>（降海型） | ニジマス<br>（降海型） | スチールヘッドトラウト（＊）<br>サーモントラウト（＊＊）<br>スチールヘッド | － | ＊英名<br>＊＊（河川生活性の強い）サケ・マス類の降海型の総称 |
| *Salmo salar* | タイセイヨウサケ | アトランティックサーモン（＊） | － | ＊英名 |
| *Genypterus capensis* | キングクリップ | － | アマダイ | |
| *Pseudophycis bachus* | アカダラ | － | － | |
| *Macruronus novaezalandiae* | ホキ | － | － | |
| タラ目メルルーサ科<br>*Merluccius*属 | － | メルルーサ（＊） | － | ＊科名 |

| | | | | |
|---|---|---|---|---|
| *Merluccius productus* | シロガネダラ | パシフィックホワイティング | − | |
| *Gadus morhua* | タイセイヨウマダラ | − | − | |
| *Micromesistius australis pallidus* | ミナミダラ | ミナミダラ | − | |
| *Micromesistius australis australis* | パタゴニアミナミダラ | − | − | |
| *Micromesistius poutassou* | プタスダラ | ブルーホワイティング（＊） | − | ＊英名 |
| *Pollachius virens* | シロイトダラ | グリーンポラック（＊＊） | − | ＊＊他に標準和名として提唱されたもの |
| *Pseudocyttus maculatus* | ヒョウマトウダイ | − | − | |
| *Helicolenus percoides* | ミナミユメカサゴ | シーパーチ（＊） | − | ＊英名 |
| *Sebastes marinus* | モトアカウオ | ゴールデン・レッドフィッシュ（＊）、タイセイヨウアカウオ（＊＊）、アカウオ、メヌケ | − | ＊英名 ＊＊他に標準和名として提唱されたもの |
| *Sebastes alutus* | アラスカメヌケ | アカウオ、メヌケ | − | |
| *Sebastes mentella* | チヒロアカウオ | オキアカウオ（＊＊）、アカウオ、メヌケ | − | ＊＊他に標準和名として提唱されたもの |
| *Lates niloticus* | ナイルアカメ | ナイルパーチ（＊） | スズキ シロスズキ | ＊英名 |
| *Lateolabrax sp.*（学名未定） | タイリクスズキ | − | − | |
| *Trachurus trachurus* | ニシマアジ | アジ | − | |
| *Dissostichus eleginoides* | マジェランアイナメ | メロ（＊）、オオクチ（＊＊） | ギンムツ ムツ | ＊取引名 ＊＊他に標準和名として提唱されたもの |
| *Dissostichus mawsoni* | ライギョダマシ | メロ（＊） | | |
| *Rexea solandri* | ミナミカゴカマス | オオカゴカマス（＊＊） | − | |

| | | | | |
|---|---|---|---|---|
| *Thyrsites atun* | ミナミクロタチ | ミナミオオスミヤキ、バラクータ、オオシビカマス（＊＊） | － | ＊＊全て他に標準和名として提唱されたもの |
| *Gasterochisma melampus* | ガストロ | ウロコマグロ（＊＊） | － | ＊＊他に標準和名として提唱されたもの |
| *Rachycentron canadum* | スギ | － | クロカンパチ トロカンパチ | |
| *Pomatomus saltatrix* | アミキリ | ブルーフィッシュ（＊） | － | ＊英名 |
| *Scomber scombrus* | タイセイヨウサバ | ノルウェーサバ、サバ | － | |
| *Oreochromis mossambicus* | カワスズメ | － | － | |
| *Oreochromis niloticus* | ナイルティラピア | チカダイ、イズミダイ | － | |
| *Hyperoglyphe antarctica* | ミナミメダイ | ナンキョクメダイ（＊＊） | － | ＊＊他に標準和名として提唱されたもの |
| *Seriolella punctata* | シルバー | シルバーワレフー（＊）、ギンヒラス、ギンワレフー（＊＊） | オキブリ | ＊英名 ＊＊他に標準和名として提唱されたもの |
| *Seriolella caerulea* | シロヒラス | ホワイトワレフー（＊） | オキブリ、ギンヒラス | |
| *Seriolella brama* | オキヒラス | ブルーワレフー（＊）、ワレフー（＊＊） | | |
| *Glyptocephalus cynoglossus* | タイセイヨウヒレグロ | ウィッチ（＊）、カレイ（＊＊） | － | ＊英名 ＊＊カレイ科の総称 |
| *Hippoglossoides platessoides* | グリーンランドアカガレイ | カレイ（＊） | － | |
| *Limanda ferruginea* | － | イエローテールフラウンダー（＊）、カレイ（＊） | － | |
| *Limanda limanda* | ニシマガレイ | カレイ（＊） | － | |

| | | | | |
|---|---|---|---|---|
| *Isopsetta isolepis* | － | バターソール（＊）、カレイ（＊＊） | － | |
| 【 貝　類 】 ||||
| *Notohaliotis ruber* | アカアワビ | － | － | |
| *Haliotis* 属（ミミガイ属）、*Stomatella* 属（ヒメアワビ属） | アカネアワビ、ヒメアワビ等 | アワビ | － | |
| *Concholepas concholepas* | アワビモドキ | ロコガイ（＊） | チリアワビ | ＊原産国チリでの名称 |
| *Neptunea arthritica cumingii* | チョウセンボラ | ツブ、バイ | サザエ | |
| *Rapana venosa* | アカニシ | － | サザエ | |
| *Perna canaliculus* | モエギイガイ | パーナガイ | | |
| *Argopecten irradians* | － | アメリカイタヤガイ ベイ・スキャロップ（＊） | ホタテガイ | ＊英名 |
| *Argopecten purpuratus* | － | ムラサキイタヤガイ パープリッシュ・スキャロップ（＊） | ホタテガイ | ＊英名 |
| *Placopecten magellanicus* | － | マゼランツキヒガイ ディープ・シー・スキャロップ（＊） | ホタテガイ | ＊英名 |
| *Spisula solidissima* | － | アメリカウバガイ アトランティック・サーフクラム（＊） カナダホッキガイ | ウバガイ ホッキガイ | ＊英名 |
| *Spisula polynyma* | ナガウバガイ | カナダホッキガイ | ウバガイ ホッキガイ | |
| *Corbicula* 属（シジミ属）<br>　*Corbicula fulminea* | タイワンシジミ | シジミ（＊） | － | ＊シジミ属の総称 |
| *Ruditapes variegatus* | ヒメアサリ | アサリ | － | |
| *Metetrix* 属（ハマグリ属）<br>　*Meretrix lusoria*<br>　*Metetrix lamarckii* | ハマグリ チョウセンハマグリ | ハマグリ（＊） | － | ＊ハマグリ属の総称 |

| | | | | |
|---|---|---|---|---|
| *Metetrix petechialis* | シナハマグリ | | | |
| *Metetrix meretrix* | タイワンハマグリ | | | |
| *Metetrix lyrata* | ミスハマグリ等 | | | |
| *Mercenaria mercenaria* | － | ホンビノスガイ | ハマグリ | |
| *Semele zebuensis* | アサジガイ | － | － | |
| *Paphia undulata* | イヨスダレ | － | － | |
| 【 頭 足 類 】 ||||
| *Loligo opalescens* | カリフォルニアヤリイカ | － | － | |
| *Dosidicus gigas* | アメリカオオアカイカ | － | － | |
| 【 甲 殻 類 】 ||||
| *Pleoticus muelleri* | － | アルゼンチンアカエビ | － | |
| *Penaeus dourarum* など | － | ピンクエビ、エビ | － | |
| *Penaeus indicus* | インドエビ | エビ | － | |
| *Penaeus merguiensis* | － | バナナエビ、エビ | － | |
| *Penaeus vannamei* | シロアシエビ | バナメイ | － | |
| *Penaeus monodon* | ウシエビ | ブラックタイガー | － | |
| *Penaeus esculentus* | － | イリアンタイガー、オーストラリアタイガー、エビ | － | |
| *Metapenaeus endeavouri* | － | エンデバーシュリンプ(＊)、エビ | － | ＊英名 |
| *Pandalus platyceros* | － | ボタンエビ | － | |
| *Homarus americanus* | － | アメリカンロブスター | － | |
| *Panulirus cygnus* | オーストラリアイセエビ | オーストラリアスパイニーロブスター | － | |
| *Jasus novaeholandiae* | オーストラリアミナミイセエビ | － | － | |
| *Jasus lalandii* | アフリカミナミイセエビ | － | － | |
| *Lithodes antarcticus* | チリイバラガニ | － | － | |

資 料 編

注） 1．平仮名、カタカナ、漢字、混合いずれの表記も可。
　　 2．複合名の場合、下接名の語頭の濁音の取扱いは任意。
　　（例）すけそうだら、すけそうたら
　　また、発音の違いによる表記の若干の変化も可。
　　（例）ナイルティラピア、ナイルテラピア
　　 3．標準和名は「日本産魚名大辞典」（日本魚類学会編）、「日本産魚類検索（第2版）」（中坊徹次）、「新顔の魚」（阿部宗明）、「日本近海貝類図鑑」（奥谷喬司）、「世界海産貝類大図鑑」（波部忠重・奥谷喬司）、「原色日本大型甲殻類図鑑」（三宅貞祥）、「日本産エビ類の分類と生態」（林健一）等による。
　　 4．一般的名称例は、本表に記載のない名称でも、標準和名（種名）より広く一般に使用されている名称があれば、国語辞典、百科事典、公的機関による刊行物等での使用例に基づき記載できる。

森田満樹（もりた　まき）プロフィール

消費生活コンサルタント、東京海洋大学非常勤講師。
昭和60年3月　九州大学農学部食糧科学工学科卒業。
食品会社研究所、民間研究機関勤務等を経て、現在は科学的根拠に基づく情報を発信する消費者団体である一般社団法人 FOOD COMMUNICATION COMPASS 事務局長。食品安全、食品表示、消費者関連について講演・執筆活動を行っている。
食品表示関連委員の経験は、農林水産省JAS調査会（農林物資規格調査会）部会委員、JAS調査会総会委員、外食における原産地等の表示に関する検討会委員、消費者庁「食品表示一元化検討会」委員、消費者庁「食品の新たな機能性表示に関する検討会」委員など。

## 食材偽装
### メニュー表示のグレーゾーン
### ～景品表示法の正しい理解のために

平成26年9月25日　　第1刷発行
平成26年11月25日　　第2刷発行

編　著　　森田　満樹
発　行　　株式会社 ぎょうせい

本社　東京都中央区銀座7-4-12（〒104-0061）
本部　東京都江東区新木場1-18-11（〒136-8575）
電話　編集　03-6892-6508
　　　営業　03-6892-6666
　　　フリーコール　0120-953-431

URL：http://gyosei.jp

印刷　ぎょうせいデジタル㈱　　　Ⓒ2014 Printed in Japan
※乱丁・落丁本はおとりかえいたします。

ISBN978-4-324-09815-8
(5108049-00-000)
〔略号：食材偽装〕